STADT IN DER GESCHICHTE
Band 24

Stadt in der Geschichte

Veröffentlichungen
des Südwestdeutschen Arbeitskreises
für Stadtgeschichtsforschung

Band 24

Begründet von
Erich Maschke und Jürgen Sydow

Jan Thorbecke Verlag Sigmaringen
1997

Stadt und Bildung

34. Arbeitstagung in Mainz
1995

Herausgegeben von
Bernhard Kirchgässner und Hans-Peter Becht

Jan Thorbecke Verlag Sigmaringen
1997

Die Deutsche Bibliothek – CIP-Einheitsaufnahme

Südwestdeutscher Arbeitskreis für Stadtgeschichtsforschung:
... Arbeitstagung ... / Südwestdeutscher Arbeitskreis für Stadtgeschichtsforschung. – Sigmaringen: Thorbecke.
Früher Schriftenreihe
34. Stadt und Bildung. – 1997

Stadt und Bildung: 1995 / hrsg. von Bernhard Kirchgässner und Hans-Peter Becht. – Sigmaringen: Thorbecke, 1997
(... Arbeitstagung ... / Südwestdeutscher Arbeitskreis für Stadtgeschichtsforschung; 34)
(Stadt in der Geschichte; Bd. 24)
ISBN 3-7995-6424-1

NE: Kirchgässner, Bernhard [Hrsg.]; 2. GT

Dieses Buch ist aus säurefreiem Papier hergestellt und entspricht den Frankfurter Forderungen zur Verwendung alterungsbeständiger Papiere für die Buchherstellung.

Gesamtherstellung: M. Liehners Hofbuchdruckerei GmbH & Co. Verlagsanstalt, Sigmaringen
Printed in Germany · ISBN 3-7995-6424-1

Inhaltsübersicht

Edith Ennen
zum 90. Geburtstag
am 28. Oktober 1997

Vorwort

In Zeiten knapper öffentlicher Mittel sieht sich das Bildungswesen in seinen unterschiedlichsten Ausformungen besonderen Belastungen ausgesetzt. Der Südwestdeutsche Arbeitskreis für Stadtgeschichtsforschung hat deshalb gerade das Thema »Stadt und Bildung« in den Mittelpunkt seiner Mainzer Tagung gestellt, um in Referaten und Diskussionen Stellenwert und Ausformung der Bildungsanstrengungen innerhalb städtischen Lebens in unterschiedlichstem zeitlichem Kontext zu reflektieren. Referenten und Diskussionsteilnehmern ist der Arbeitskreis für ihr engagiertes Mitwirken zu lebhaftem Dank verpflichtet.

Unser Dank gilt des weiteren der gastgebenden Stadt, dem Stadtoberhaupt wie auch allen beteiligten Mitarbeitern der Stadtverwaltung, die in vorbereitender Planung wie in der Durchführung mannigfache Hilfestellung geleistet haben. Darüber hinaus danken wir dem Ministerium für Wissenschaft und Kunst Baden-Württemberg für seine Förderung; Dank dürfen wir schließlich auch allen Städten sagen, die uns in dauerhafter Unterstützung eine kontinuierliche Arbeit überhaupt erst ermöglichen. Herr Olaf Schulze hat sich der mühevollen Arbeit der Register-Erstellung unterzogen, wofür wir ihm den schuldigen Dank sagen.

Der Südwestdeutsche Arbeitskreis für Stadtgeschichtsforschung widmet diesen Band Edith Ennen, die über Jahrzehnte hinweg unsere Bemühungen um wissenschaftliche Arbeit in der Stadtgeschichtsforschung durch vielerlei Hilfestellung, durch eigene Referate und engagiertes Mitdiskutieren unterstützt hat. Ihr ganzes Lebenswerk galt der Geschichte der europäischen Stadt; der Gesamtbereich der Urbanistik hat ihrer Forschungsarbeit grundlegende Einsichten zu verdanken.

Bernhard Kirchgässner *Hans-Peter Becht*

Bildung, Wissenschaft und Gelehrte in der Stadt um 1500

Ansätze zu einem Vergleich Nord- und Südwestdeutschlands

von Ulrich Andermann

Der Zusammenhang von Stadt und Bildung ist facetten- und perspektivenreich zugleich. Er umfaßt mehr als nur die historische Darstellung der in einer Stadtgemeinde ansässigen Lehreinrichtungen. So wird niemand bestreiten wollen, daß dieser Themenkomplex über die reine Bildungsgeschichte hinaus immer auch eine verfassungsrechtliche, sozioökonomische oder personengeschichtliche Dimension besitzt und von daher entsprechende Schwerpunktbildungen erlaubt. Doch was bedeutet dies für einen Eröffnungsvortrag, dessen Aufgabenstellung lautete, die städtischen Bildungs*anstrengungen* an der Wende zur frühen Neuzeit vorzustellen? Da die Tagung gemäß ihrem Programm im wesentlichen neuzeitlich und an der Schulgeschichte orientiert ist, wird der folgende Beitrag das Thema bewußt breiter ausfalten. Daß überdies nicht nur eine einzelne Kommune, wie unsere Gastgeberin Mainz, sondern zwei Städtelandschaften miteinander verglichen werden sollen, ergibt sich einerseits aus dem eigenen, vornehmlich in Norddeutschland angesiedelten Forschungsgebiet, geschieht aber andererseits auch in der Hoffnung, der späteren Diskussion damit Vergleichsmaßstäbe zu liefern. Dem gleichen Ziel kann die Tatsache zugute kommen, daß hier der Blickwinkel des Mediävisten eingenommen wird, mithin eine Perspektive, die in der Bewertung der hier thematisierten Übergangsphase durchaus zu anderen Resultaten führen kann.

Doch betrachten wir zunächst den Untersuchungszeitraum: um 1500. Kaum eine andere Zeit ist bewegter und spannender als diese. Aber auch keinem anderen Mosaik fehlen noch so viele Bausteine wie jenem Zeitraum, wenn wir von der bildungsgeschichtlich gut erforschten Reformationszeit einmal absehen. Dies hat seinen Grund in der historisch gewachsenen Wissenschaftsorganisation, worauf jedoch nicht näher einzugehen ist. – Denken wir ferner an den Vergleich zwischen Nord- und Südwestdeutschland. Hier begegnet im Blick auf die dazu nötigen Vorarbeiten eine deutliche Diskrepanz. So ist die Forschung zu Norddeutschland noch weit davon entfernt, Ergebnisse in der Art vorlegen zu können, wie sie zum Beispiel 1993 in dem Sammelband über die südwestdeutschen Humanisten zusammengefaßt worden sind[1]. Nun ließe sich darauf kritisch und durchaus nachvollziehbar einwenden: Gab es denn überhaupt namhafte norddeutsche Humanisten? Lassen wir diese Frage zunächst offen. Aber das grundsätzliche Problem ist damit deutlich: Je mehr wir noch von einer wie auch immer geschlossenen »Bildungs-

1 Humanismus im deutschen Südwesten. Biographische Profile, hg. v. Paul Gerhard Schmidt, Sigmaringen 1993.

landschaft« Norddeutschland entfernt sind, desto mehr stellt sich die Frage, wie dann ein überregionaler Vergleich gelingen kann. – Schließlich geht es nicht um Bildungspolitik und -einrichtungen *der* Stadt, sondern im weiteren Sinne um Bildung *in* der Stadt – ein kleines, doch folgenschweres Wort mehr, das uns notwendig zur Aufgabe macht, den Fragenhorizont erheblich zu erweitern.

Daß in diesem Beitrag Nord- und Südwestdeutschland gegenübergestellt werden sollen, versteht sich nicht von selbst und rührt aus den eigenen Forschungen über den um 1500 arbeitenden Hamburger Humanisten Albert Krantz († 1517)[2]. Bei ihnen hatte sich zunehmend der Eindruck verstärkt, daß es eine künftige lohnenswerte Aufgabe sein würde, den südwestdeutschen Zeitgenossen Jakob Wimpfeling mit dem hansestädtischen Gelehrten zu vergleichen. Denn obwohl – soweit erkennbar – keine direkten Kontakte zwischen ihnen bestanden, boten sie doch zahlreiche Parallelen. Der Schlettstädter lieferte insofern einen personengeschichtlichen Anknüpfungspunkt für das Interesse an der südwestdeutschen Bildungslandschaft.

Der hier vorgelegte Versuch, die beiden Städteräume miteinander zu vergleichen, ist von zwei grundsätzlichen Fragestellungen überlagert: Angesichts des zu behandelnden Zeitraumes um 1500, der den Beginn der Reformation mit einschließen soll, gilt der Blick zum einen den Wandlungsphänomenen und möglichen Kontinuitätsmerkmalen, zum anderen der Frage, wo Nord und Süd beziehungsweise Südwest sich einander berührten, austauschten und beeinflußten. Daß ein solcher überregionaler Vergleich in einem Vortrag nur in Ansätzen möglich ist, muß uns von vornherein deutlich sein. Dies gilt um so mehr, als solche komplexen Phänomene wie Schule und Universität, Bibliotheken und Buchdruck, humanistische Sodalitäten, Formen städtisch-bürgerlicher Wissenschaftsförderung, das Verhältnis von Stadt und Gelehrtentum sowie allgemeine Gesichtspunkte des Nord-Süd-Verhältnisses erörtert werden sollen.

2 Ulrich ANDERMANN, Albert Krantz. Wissenschaft und Historiographie um 1500. Habil.-Schrift Osnabrück 1994; DERS., Der Hamburger Gelehrte Albert Krantz und sein Wirken an der Universität Rostock. Ein Beitrag zum Humanismus in Norddeutschland. In: Universität und Stadt. Wissenschaftliche Tagung anläßlich des 575. Jubiläums der Eröffnung der Universität Rostock, hg. v. Peter JAKUBOWSKI und Ernst MÜNCH, Rostock 1995, S. 55–67; DERS., Albert Krantz (1448–1517). Bemerkungen zum Verhältnis von lateinischer und volkssprachlicher Gelehrsamkeit am Beispiel eines norddeutschen Humanisten. In: Latein und Nationalsprachen in der Renaissance. 37. Wolfenbütteler Symposion in der Herzog August Bibliothek Wolfenbüttel vom 25. bis 28. September 1995. Vorträge hg. v. Bodo GUTHMÜLLER (Wolfenbütteler Abhandlungen zur Renaissanceforschung), Wiesbaden (im Druck); DERS., Geographisches Wissen und humanistische Geschichtsschreibung, dargestellt am Beispiel des Hamburger Gelehrten Albert Krantz. In: Raumerfassung und Raumbewußtsein im späteren Mittelalter, 12.–15. Jh., hg. v. Peter MORAW (Vorträge und Forschungen), Sigmaringen (im Druck).

I. *Das institutionelle Bildungsangebot in der Stadt*

1) Die Schulen:

Die Frage, wie viele Schulen es von Stadt zu Stadt gab und welche Typen sie verkörperten, ist keineswegs ein banales Erkenntnisinteresse, sondern überlieferungsbedingt nicht selten schwer zu beantworten. Dennoch soll hier nicht untersucht werden, welche Kommune eine Dom-, Kloster- oder Stiftsschule, eine Pfarr- oder städtische Lateinschule, eine private, gegebenenfalls vom Rat konzessionierte Schreib- oder Rechenschule besaß oder welchen Umfang der privathäusliche Unterricht einnahm. Über die Faktizität der Einrichtungen hinaus ist zunächst vielmehr der Frage nachzugehen, inwieweit die Stadt auf sie einen Einfluß besaß oder sogar als deren Träger galt. Das Maß, in dem die Bürgergemeinden auf rechtlich-institutioneller Ebene Bildungspolitik betreiben konnten, hing entscheidend von dem Stadtwerdungsprozeß, somit der verfassungsrechtlichen Entwicklung ab. Auch ihre wirtschaftlich-soziale Kennzeichnung und nicht zuletzt die Größe der Kommune bildeten wichtige Faktoren[3].

Im Norden Deutschlands lassen sich drei verschiedene Stadttypen ausmachen[4]: Zur ersten Kategorie gehören die Bischofsstädte, wie Bremen, Hamburg, Osnabrück oder Hildesheim, deren Charakteristikum darin besteht, daß die dort gegründeten Kathedralschulen, vor allem aber die Domscholaster, für das gesamte Mittelalter die dominierende Stellung behalten sollten[5]. Die Orte der zweiten Kategorie zeichnen sich darin aus, daß anstelle der Bischofskirchen die teilweise ebenso bereits aus karolingischer Zeit stammenden Benediktinerklöster und Kollegiatstifte nachhaltig die Entwicklung bestimmten. Beispiele sind hier Braunschweig mit den Stiften St. Cyriakus, St. Blasius und dem Aegidienkloster sowie Helmstedt mit dem St. Liudgeri-Kloster oder Lüneburg mit St. Michael. Schließlich sind drittens die Neugründungsstädte des 13. Jahrhunderts entlang der Ostseeküste und im Kolonisationsgebiet jenseits der Elbe zu unterscheiden: In Wismar, Rostock oder Stralsund fehlten jene älteren kirchlichen Institutionen. Indem

3 Bereits 1957 heißt es bei Edith ENNEN: »Der Bildungsdrang entspricht in seiner Stärke der Größe und Wirtschaftsmacht der Stadt.« Hier zitiert nach: DIES., Stadt und Schule in ihrem wechselseitigen Verhältnis vornehmlich im Mittelalter. In: Die Stadt des Mittelalters, 3. Bd.: Wirtschaft und Gesellschaft, hg. v. Carl HAASE (WdF 245), Darmstadt 1976, S. 455–479, hier S. 471. Zum Verhältnis von Schule und Stadt im Hinblick auf deren ökonomische Qualität, demographische Quantität, kultisch-kulturellen Voraussetzungen und politisch-rechtliche Verfaßtheit siehe: Reinhard JAKOB, Die Verbreitung von Schulen in Franken und in der Kuroberpfalz zwischen 1250 und 1520 unter historisch-geographischer Fragestellung. In: Bildungs- und schulgeschichtliche Studien zu Spätmittelalter, Reformation und konfessionellem Zeitalter, hg. v. Harald DICKERHOF (Wissensliteratur im Mittelalter 19), Wiesbaden 1994, S. 117–128.

4 Zu den folgenden Ausführungen siehe: Klaus WRIEDT, Schule und Universitätsbesuch in norddeutschen Städten des Spätmittelalters. In: Bildungs- und schulgeschichtliche Studien (wie Anm. 3), S. 75–90, hier S. 76–79.

5 Zur Stellung des Domscholasters – zum Beispiel in Hamburg – siehe: Rainer POSTEL, Die Reformation in Hamburg 1517–1528 (Quellen und Forschungen zur Reformationsgeschichte 52), Heidelberg 1986, S. 158–181.

aber dort die Stadtwerdung im wesentlichen mit dem Aufbau des Pfarrsystems zusammenfiel, besaßen die Kommunen entweder von Beginn an das Patronatsrecht über ihre Kirchen und deren Schulen oder erlangten es vom Landesherrn und Stadtgründer spätestens zum Anfang des 14. Jahrhunderts.

Anstatt nun für den süd(west)deutschen Städteraum gleichermaßen Kategorien zu entwickeln, sei vielmehr darauf hingewiesen, daß – wie im Falle Augsburgs – die Dinge strukturell bedingt einen anderen Lauf nehmen konnten. Denn daß sich dort der Rat in vorreformatorischer Zeit um eine seiner eigenen Direktive unterstehende Schule bemüht hätte, läßt sich nicht nachweisen[6]. Anders als zum Beispiel in Freiburg/Br. (1316), Ulm (ab 1383), Memmingen (ab 1424), Überlingen (1456), Nördlingen (1415, 1443/51) oder Esslingen, wo es dem Rat unterstellte Lateinschulen beziehungsweise von ihm bestallte Schulmeister gab[7], war in der Bischofsstadt Augsburg die geistliche Präsenz offenbar zu stark. Da sämtliche Pfarreien der Stadt in die alten Stifte und Klöster inkorporiert waren, sah sich die Kommune hier daran gehindert, kirchliche Schulrechte abzulösen. Erst die konfessionelle Spaltung im Zuge der Reformation veränderte die Situation. Das nunmehr protestantische Augsburg erhielt 1531 bei St. Anna ein humanistisches Gymnasium, die fürstbischöfliche Residenzstadt Dillingen durch Kardinal Otto Truchseß von Waldburg (1543–1573) im Jahr 1549/51 eine gegenreformatorische Hohe Schule[8].

Bleiben wir bei dem höheren Schulwesen. Das Stichwort Gymnasium verweist auf bedeutsame, durch Humanismus und Konfessionalisierung bewirkte Verände-

6 Rolf KIESSLING, Das gebildete Bürgertum und die kulturelle Zentralität Augsburgs im Spätmittelalter. In: Studien zum städtischen Bildungswesen des späten Mittelalters und der frühen Neuzeit. Bericht über Kolloquien der Kommission zur Erforschung der Kultur des Spätmittelalters 1978 bis 1981, hg. v. Bernd MOELLER u. a. (Abh. d. Akad. d. Wissenschaften in Göttingen, Philol.-hist. Kl., 3. F. 137), Göttingen 1983, S. 553–584, hier S. 583.

7 Johannes MÜLLER (Hg.), Vor- und frühreformatorische Schulordnungen und Schulverträge in deutscher und niederländischer Sprache, 1. Abt., Zschopau 1885: Freiburg/Br. Nr. 2 C, S. 4; Nördlingen Nr. 21, S. 34–35, Nr. 29, S. 50–52; Überlingen Nr. 35, S. 67–69; 2. Abt., Zschopau 1886, Nachträge: Memmingen Nr. 8, S. 273–274 (1424/27), Nr. 11, S. 278–279 (1443), Nr. 21, S. 302–304 (1469/1474). Zu Ulm siehe: Hans Eugen SPECKER, Das Gymnasium academicum in seiner Bedeutung für die Reichsstadt Ulm. In: Stadt und Universität im Mittelalter und in der früheren Neuzeit, 13. Arbeitstagung in Tübingen 8.–10.11.1974, hg. v. Erich MASCHKE und Jürgen SYDOW (Stadt in der Geschichte 3), Sigmaringen 1977, S. 142–160, hier: S. 142 f. Zu Esslingen s. Sabine HOLTZ, Schule und Reichsstadt. Bildungsangebote in der Freien Reichsstadt Esslingen am Ende des späten Mittelalters. In: Schule und Schüler im Mittelalter. Beiträge zur europäischen Bildungsgeschichte des 9. bis 15. Jahrhunderts, hg. v. Martin KINTZINGER u. a. (Beihefte z. AKG 42), Köln, Weimar, Wien 1996, S. 441–468.

8 Adolf LAYER, Universität und Stadt Dillingen a. d. Donau. In: Stadt und Universität (wie Anm. 7), S. 84–98, hier S. 84 f. Nach Layer ist die Gründung in Dillingen »als katholische Gegenreaktion auf die Errichtung einer protestantischen Lehranstalt in Augsburg (1531), an der Melanchthon beteiligt war, und auf den Übergang zur Reformation an der Universität Tübingen (1534) (zu verstehen), wie andererseits wiederum die Gründung eines protestantischen akademischen Gymnasiums in der Dillingen unmittelbar benachbarten Stadt Lauingen eine Reaktion des Pfalzgrafen von Neuburg auf die Errichtung der Schule in Dillingen darstellte« (ebd., S. 93). Zum Gymnasium in Augsburg siehe: Karl KÖBERLEIN, Geschichte des humanistischen Gymnasiums St. Anna in Augsburg von 1531–1931, Augsburg 1931.

rungen. Vereinfacht ließe sich sagen, daß die Reformation eine stärkere Grenzziehung zwischen Schule und Universität herbeiführte, die Ambitionen der Vertreter der neuen Lehre dabei aber im wesentlichen nicht auf die »Volks-«, sondern die Gelehrtenschule gerichtet waren[9]. Genauer betrachtet vermochten es die Konfessionsparteien, die humanistische Forderung nach einem voruniversitären Ausbildungswesen durchzusetzen, aber auch zu instrumentalisieren. Von der Errichtung sogenannter Pädagogien durch evangelische Universitäten wie Heidelberg oder Marburg abgesehen, entsprach der Schultyp des Gymnasiums illustre in Straßburg und Altdorf am meisten den Ausbildungsbedürfnissen frühmoderner Staatlichkeit[10]. Wir können auf altkirchlicher Seite diese Schulen mit den Jesuitengymnasien vergleichen[11]. Beide Typen verkörperten das konfessionelle Gelehrtenschulwesen, von dem insbesondere die stadtbürgerliche Oberschicht profitieren sollte.

Es kann hier nicht der Ort sein, die an sich recht gut bekannten Veränderungen des Schulwesens durch die Reformation im einzelnen auszuführen[12]. Deshalb beschränken wir uns auf das bereits von den Humanisten Geiler von Kaysersberg

9 Wolf VÖLKER, Der Beitrag Rostocker Universitätsprofessoren zur Entwicklung des evangelischen Schulwesens im Mecklenburg des Reformationszeitalters. In: Universität und Stadt (wie Anm. 2), S. 115–129, hier S. 118, 120 f.

10 Anton SCHINDLING, Universität im 16. und 17. Jahrhundert. In: Carl August LÜCKERATH (Hg.), Von den Generalstudien zur spezialisierten Universität. Vier Kolloquiumsvorträge zur deutschen Bildungs- und Wissenschaftsgeschichte, Köln 1990, S. 29–52, hier S. 31 f. Zu den *Gymnasia illustria* auch Arno SEIFERT, Das höhere Schulwesen. Universitäten und Gymnasien, in: Handbuch der deutschen Bildungsgeschichte, Bd. 1: 15. bis 17. Jahrhundert. Von der Renaissance und der Reformation bis zum Ende der Glaubenskämpfe, hg. v. Norbert HAMMERSTEIN, München 1996, S. 197–374, hier S. 292.

11 SCHINDLING, Universität im 16. und 17. Jh. (wie Anm. 10), S. 33 f.: »Die Parallelität von katholischem und protestantischem Gelehrtenschulwesen wurde besonders deutlich in bikonfessionellen Städten wie Augsburg und Osnabrück. Hier gab es nebeneinander jeweils ein protestantisches Gymnasium und ein Jesuiten-Gymnasium.« Zu den höheren Lehranstalten der Societas Jesu: Otto KRAMMER, Das Bildungswesen und die Gegenreformation. Die Hohen Schulen der Jesuiten im katholischen Deutschland vom 16. bis zum 18. Jahrhundert (Veröff. d. Archivvereins d. Markomannia 31) Würzburg 1988; Rainer A. MÜLLER, Jesuitenstudium und Stadt – Fallbeispiele München und Ingolstadt. In: Stadt und Universität (wie Anm. 7), S. 107–125.

12 Siehe hierzu vor allem schon die älteren Untersuchungen (Auswahl): Heinrich Julius KAEMMEL, Geschichte des Deutschen Schulwesens im Uebergange vom Mittelalter zur Neuzeit, Aus seinem Nachlasse hg. v. Otto KAEMMEL, Leipzig 1882 (ND Hildesheim, Zürich, New York 1986); Georg MERTZ, Das Schulwesen der deutschen Reformation im 16. Jahrhundert, Heidelberg 1902; Friedrich ROTH, Der Einfluß des Humanismus und der Reformation auf das gleichzeitige Erziehungs- und Schulwesen bis in die ersten Jahrzehnte nach Melanchthons Tod, Halle 1898; Friedrich KOLDEWEY, Geschichte des Schulwesens im Herzogtum Braunschweig von den ältesten Zeiten bis zum Regierungsantritt des Herzogs Wilhelm im Jahre 1831, Wolfenbüttel 1891; zeitlich früher abbrechend: Joseph KNEPPER, Das Schul- und Unterrichtswesen im Elsaß von den Anfängen bis gegen das Jahr 1530, Straßburg 1905; Carl HAASE, Die Lateinschule in Niedersachsen von der Reformation bis zur napoleonischen Zeit. Versuch eines Überblicks. In: Niedersächs. Jb. 51 (1979), S. 137–194; als Beitrag der DDR-Forschung zu Norddeutschland: Günther HELLFELDT, Auswirkungen der lutherischen Reformation auf das Schulwesen in norddeutschen Städten. In: Wiss. Zs. d. Wilhelm-Pieck-Univ. Rostock 31 (1982), Gesellschaftswiss. Reihe H. 6, S. 1–6.

und Jakob Wimpfeling 1485 bzw. 1501 geforderte, doch erst 1538 gegründete Gymnasium in Straßburg, um an diesem weitgehend verallgemeinerbare Wandlungsphänomene aufzuzeigen[13]. Wie die neue Schule im ehemaligen Dominikanerkloster untergebracht wurde, so profitierten das neue Unterrichtswesen und künftige Schulvermögen gleichermaßen vom Besitz der aufgehobenen städtischen Klöster. Die Auflösung ehemals autonomer kirchlicher Korporationen, die Schaffung eines einheitlichen Bürgerrechts und Eingliederung der Kleriker in die Stadtgemeinde waren wesentliche, durch die Reformation bewirkte Veränderungen im Verfassungsgefüge[14]. Bei dem Bemühen Straßburgs, das Erreichte zu bewahren, erfüllte sein Gymnasium, das wie das vergleichbare nürnbergische in Altdorf (1578) nie über den Status einer sog. »Semiuniversität« (seit 1566) hinauskam, am besten die Erfordernisse der Stadtobrigkeit. Das aus dem Mißtrauen der Bürgergemeinde gegenüber Selbstverwaltungskörperschaften geborene »reichsstädtische Hochschulmodell« unterlag dabei dem Einfluß des bereits 1525 vom Magistrat geschaffenen Schulherrenausschusses, der in zahlreichen oberdeutschen Städten anzutreffen ist[15]. Während die sog. Scholarchie als politisches Amt konzipiert war, gab es viele andere evangelische Städte, bei denen das Schulwesen eine kirchliche Angelegenheit blieb. Als Beispiel kann hier Ulm dienen, wo es eine Kirchenordnung war, die – unter maßgeblichem Einfluß Martin Bucers von Bürgermeister und Rat am 6. August 1531 erlassen – die Bestellung von drei Schulpflegern bzw. Scholarchen vorsah[16]. Vergleichbar hiermit wären die Kirchenordnungen Johann Bugenhagens für norddeutsche Städte, in denen entsprechend Luthers Sendschreiben von 1524 Schulunterricht und Gottesdienst als zwei gleichwertige Aspekte behandelt wurden[17]. Der Schultyp, so wie Bugenhagen ihn für Hamburg (1529) und ähnlich für Lübeck (1531) und Schleswig (1542) entwarf, war dem Straßburger Modell sehr ähnlich. Deshalb meinte Arno Seifert feststellen zu können, daß »sich zwischen der schweizerisch-oberdeutschen und der sächsischen Konzeption kein echter Gegensatz konstruieren läßt«[18].

13 Zum Straßburger Gymnasium siehe: A. Schindling, Die reichsstädtische Hochschule in Straßburg 1538–1621. In: Stadt und Universität (wie Anm. 7), S. 71–83, hier S. 72; Ders., Humanistische Hochschule und Freie Reichsstadt. Gymnasium und Akademie in Straßburg 1538–1621 (Veröff. d. Inst. f. Europ. Geschichte Mainz 77), Wiesbaden 1977.

14 Schindling, Die reichsstädtische Hochschule (wie Anm. 13), S. 75.

15 Ebd., S. 74, 76.

16 Specker, Das Gymnasium academicum (wie Anm. 7), S. 144. Für die drei Schulpfleger sah die Ordnung *ainen von uns auß unserm rath, ainen von predigern und ainen von denen, so in götlicher schrifft und sprachen lesen werden*, vor. Ihre Aufgabe bestand darin, »geeignete Lehrer vorzuschlagen, ... begabte Schüler als Nachwuchs für Kirche und Staat zu fördern ... (sowie) monatlich die Schule zu visitieren« (ebd.).

17 Zu Luthers Sendschreiben siehe: Klaus Goebel, Luther als Reformer der Schule. Seine Schrift »An die Ratsherren ...« und Äußerungen des Reformators zu Schule und Erziehung. In: Luther in der Schule. Beiträge zur Erziehungs- und Schulgeschichte, Pädagogik und Theologie, hg. v. Dems. (Dortmunder Arbeiten zur Schulgeschichte und zur historischen Didaktik 6), Bochum 1985, S. 7- 26.

18 Seifert, Das höhere Schulwesen (wie Anm. 10), S. 296.

Über die institutionell-rechtlichen Veränderungen hinaus hat die Reformation, wie wir gleichfalls noch in bezug auf die Universitäten, Buchdrucker oder Sodalitäten sehen werden, eine religiöse Intoleranz erzeugt, derentwegen manche Schulleiter persönliche Konsequenzen zogen oder ziehen mußten. Betrachten wir beispielsweise die berühmte Lateinschule im elsässischen Schlettstadt. Nachdem bereits der aus Kaysersberg gebürtige Rektor Hieronymus Gebwiler[19] im Jahr 1509 einem Ruf an die Domschule von Straßburg gefolgt und als entschiedener Gegner der Reformation vor dieser nach Hagenau ausgewichen war, erlitt sein Nachfolger im Rektorenamt, Johann Sapidus[20],– wenngleich unter anderem Vorzeichen – ein ähnliches Schicksal. Unter ihm hatte die Schlettstädter Schule ihren Höhepunkt erreicht, doch Sapidus war Parteigänger Luthers, was ihm mehrere ernste Vermahnungen des altgläubigen Rates einbrachte. Hans Witz – so sein deutscher Name – beantragte seine Entlassung, zog 1526 nach Straßburg und führte damit den »Niedergang der Schule« herbei[21].

Bleiben wir beim Beispiel Schlettstadt, so wirft dessen Lateinschule ebenso ein Licht auf das Phänomen überregionaler Wanderungen. Kein Geringerer als der um 1410 geborene Humanist und Schulreformer Ludwig von Dringenberg, der der Anstalt von 1441 bis zu seinem Tode 1477 vorstand, stammte aus dem bei Paderborn gelegenen Amtsstädtchen Dringenberg[22]. Er ist damit ein früher, eindrucksvoller Beleg dafür, daß – entgegen der verbreiteten Meinung – der Export geistiger Neuerungen auch die Richtung von Nord nach Süd nehmen konnte. Sein zeitweiliger Schüler Jakob Wimpfeling bewertete die Leistung seines niederdeutschen Lehrers in seiner Schrift *De arte impressoria* wie folgt: »Er arbeitete gleichsam als Apostel an der Heranbildung der Jugend; das Elsaß verdankt ihm einen bedeutenden Teil seiner Kultur«[23].

19 Von Hieronymus Gebwiler, der acht Jahre in Schlettstadt verbrachte, ist eine Chronik überliefert; sie ist ediert von Josef GENY (Hg.), Schlettstadter Chronik des Schulmeisters Hieronymus Gebweiler, Schlettstadt 1890.

20 Zu diesem Schulrektor siehe Paul MERKER, Der elsässische Humanist J. Sapidus. Beiträge zur Geistes- und Kulturgeschichte der Oberrheinländer, Frankfurt/M. 1938.

21 Zu Gebwiler und Sapidus siehe: Frédéric HARTWEG, Das »Bildungsangebot« in Schlettstadt in der zweiten Hälfte des XV. und im ersten Viertel des XVI. Jahrhunderts. In: Literatur und Laienbildung im Spätmittelalter und in der Reformationszeit. Symposion Wolfenbüttel 1981, hg. v. Ludger GRENZMANN und Karl STACKMANN (Germanistische Symposien. Berichtsbände 5), Stuttgart 1984, S. 24–38, hier S. 27 f., 35. Zu Sapidus als Spitze der lutherfreundlichen Partei in Schlettstadt und seinem Weggang 1526: Francis RAPP, Die Lateinschule von Schlettstadt – eine große Schule für eine Kleinstadt. In: Studien zum städtischen Bildungswesen (wie Anm. 6), S. 215–234, hier S. 232 f.

22 HARTWEG, Das Bildungsangebot (wie Anm. 21), S. 26; Heinz-Dieter HEIMANN u. Ludger TEWES, Ludwig von Dringenberg. Humanist und Schulreformer. In: Von Soest – aus Westfalen. Wege und Wirkung abgewanderter Westfalen im späten Mittelalter und in der frühen Neuzeit, hg. v. Heinz-Dieter HEIMANN, Paderborn 1986, S. 197–208; RAPP, Die Lateinschule (wie Anm. 21), S. 221–224.

23 Hier zitiert nach Paul ADAM, Der Humanismus zu Schlettstadt (L'humanisme à Sélestat), Sélestat 1981, S. 19.

2) Die Universitäten:

Universitäten prägten die Städte in vielerlei Hinsicht, und zwar nicht nur bildungsmäßig, weil etwa die eigenen Bürgersöhne an ihnen studieren konnten oder universitätsgelehrte Personen sich nunmehr für ein städtisches Amt empfahlen. Auch baulich wurde die Stadtgemeinde von einer Universität durchdrungen; es gab personelle Verflechtungen zwischen Bürgern und Angehörigen der Hohen Schule, und nicht zuletzt vermochten die vielfach als Prestigeobjekt dienenden Universitäten sowohl das Selbstbewußtsein der Bürgergemeinde zu stärken als auch durch ihre dortige geistig-geistliche Verwurzelung das Selbstverständnis der Stadt mitzubestimmen[24]. Daß die Kommunen an den spätmittelalterlichen Universitätsgründungen nicht nur, wie bei Köln, Erfurt oder Basel, formell, sondern auch faktisch großen Anteil hatten, ist mittlerweile bekannt[25]. Der Arbeitskreis hat bereits im Jahr 1977 zum Verhältnis »Stadt und Universität« einen Aufsatzband vorgelegt, weshalb wir uns zu diesem Thema kurzfassen können[26].

Was sind die prägenden Faktoren der Universität um 1500? Beziehen wir wiederum die Zeit der Reformation mit ein[27], so ergibt sich ein ganzes Bündel an

24 Unter den zuletzt genannten Aspekten hat Götz-Rüdiger TEWES das Verhältnis von Stadt und Bursen untersucht. Siehe: DERS., Stadt und Bursen: Das Beispiel Köln. In: Stadt und Universität, hg. v. Heinz DUCHHARDT (Städteforschung, R. A 33), Köln, Weimar, Wien 1993, S. 1–11; DERS., Die Bursen der Kölner Artisten-Fakultät bis zur Mitte des 16. Jahrhunderts, Köln, Weimar, Wien 1993.

25 Frank REXROTH, Deutsche Universitätsstiftungen von Prag bis Köln. Die Intentionen des Stifters und die Wege und Chancen ihrer Verwirklichung im spätmittelalterlichen deutschen Territorialstaat (Beihefte zum Archiv für Kulturgeschichte 34), Köln, Weimar, Wien 1992; für das Beispiel Freiburg/Br.: DERS., Städtisches Bürgertum und landesherrliche Universitätsstiftung in Wien und Freiburg. In: Stadt und Universität (wie Anm. 24), S. 13–31, bes. S. 24 ff.

26 Stadt und Universität (wie Anm. 7). Zum Verhältnis einzelner Städte zu ihrer Universität siehe (Auswahl): Ludwig PETRY, Stadt und Universität – ein Kapitel deutscher Kulturgeschichte. In: Jb. d. Vereinigung »Freunde der Universität Mainz« 10 (1961), S. 5–76; F. RAPP, Les Strasbourgeois et les Universités rhénanes à la fin du Moyen Age et jusqu'à la Réforme, Annuaire des Amis du Vieux Strasbourg 1974, S. 11–22; Hubert FREILINGER, Ingolstadt als Universitätsstadt. In: Die mittelalterliche Stadt in Bayern, hg. v. Karl BOSL (ZBLG Beih. 6), München 1974, S. 143–162; Hans-Wolf THÜMMEL, Universität und Stadt Tübingen. In: Beiträge zur Geschichte der Universität Tübingen 1477–1977, Tübingen 1977, S. 33–84; Anna-Dorothee VON DEN BRINCKEN, Die Stadt Köln und ihre Hohen Schulen. In: Stadt und Universität (wie Anm. 7), S. 27–52; Michael MATHEUS, Das Verhältnis der Stadt Trier zur Universität in der zweiten Hälfte des 15. Jahrhunderts. In: Kurtrier. Jb. 20 (1980), S. 60–139; Peter MORAW, Heidelberg: Universität, Hof und Stadt im ausgehenden Mittelalter. In: Studien zum städtischen Bildungswesen (wie Anm. 6), S. 524–552; schließlich die Beiträge der Wissenschaftlichen Tagung »Universität und Stadt« anläßlich des 575. Jubiläums der Eröffnung der Universität Rostock (wie Anm. 2).

27 Allgemein zu den folgenden hier erörterten Aspekten: Ernst SCHUBERT, Motive und Probleme deutscher Universitätsgründungen des 15. Jahrhunderts. In: Beiträge zu Problemen deutscher Universitätsgründungen der frühen Neuzeit, hg. v. Notker HAMMERSTEIN (Wolfenbütteler Forschungen 14), Nendeln 1978, S. 13–74. Langfristige Entwicklungen untersucht Otto Gerhard OEXLE, Alteuropäische Voraussetzungen des Bildungsbürgertums – Universitäten, Gelehrte und Studierte. In: Bildungsbürgertum im 19. Jahrhundert, Teil 1, hg. v. Werner CONZE und Jürgen KOCKA (Industrielle Welt 38), Stuttgart 1985, S. 29–78. Zu den

Schlagworten, mit denen in der Forschung die Universität jenes Zeitraumes verknüpft wird. Heben wir die wichtigsten heraus, und zwar zunächst die der Provinzialisierung und Territorialisierung der Hohen Schulen. Wenngleich bei der Gründung laut werdende Absichten – so beispielsweise in Heidelberg (1386) oder Basel – zu erkennen geben konnten, daß der Stifter auch auf den Zuzug »landfremder« Studenten setzte, sind die Hochschulen gegen 1500 doch mehrheitlich zu »Landesuniversitäten« mit einem häufig stark eingeengten Rekrutierungsgebiet geworden[28]. Mit Blick auf die Mobilität ist die Studentenschaft nach ihrer sozialen Herkunft und wirtschaftlichen Potenz zu unterscheiden. Davon abgesehen, wäre aber im 15. Jahrhundert »die externe Migration zum Erliegen gekommen ..., wenn ihr nicht der italienische Humanismus einen neuen Aufschwung gegeben hätte«[29].

Zu differenzieren ist indes die Vorstellung von der »Landesuniversität«, sofern hierunter verstanden werden sollte, daß mit der zunehmenden Territorialisierung,

Auswirkungen des Humanismus auf die Universitätsverfassung: Laetitia BOEHM, Humanistische Bildungsbewegung und mittelalterliche Universitätsverfassung: Aspekte zur frühneuzeitlichen Reformgeschichte der deutschen Universitäten. In: The Universities in the Late Middle Ages, hg. v. Josef IJSEWIJN u. Jacques PAQUET (Mediaevalia Lovaniensia, Series I, 6), Leuven 1978, S. 315–346. Zum Thema Universität und Reformation allgemein siehe: L. PETRY, Die Reformation als Epoche der deutschen Universitätsgeschichte. In: Glaube – Geschichte, FS Joseph Lortz, hg. v. Erwin ISERLOH u. P. MANNS, Bd. 2, Baden-Baden 1958, S. 317–353; Gustav Adolf BENRATH, Die Universität der Reformationszeit. In: Archiv für Reformationsgeschichte 57 (1966), S. 32–51; DERS., Die Deutsche Evangelische Universität der Reformationszeit. In: Universität und Gelehrtenstand 1400–1800, hg. v. Hellmuth RÖSSLER und Günther FRANZ, Limburg 1970, S. 63–84; Hans RÜCKERT, Die Stellung der Reformation zur mittelalterlichen Universität. In: DERS., Vorträge und Aufsätze zur historischen Theologie, Tübingen 1972, S. 71–95; Leif GRANE (Hg.), University and Reformation, Leiden 1981; N. HAMMERSTEIN, Universitäten und Reformation. In: HZ 258 (1994), S. 339–357.

28 Jürgen MIETHKE, Die Welt der Professoren und Studenten an der Wende vom Mittelalter zur Neuzeit. In: Historiographie am Oberrhein im späten Mittelalter und in der frühen Neuzeit, hg. v. Kurt ANDERMANN (Oberrheinische Studien 7), Sigmaringen 1988, S. 11–33, hier S. 15. In dem Heidelberger Gründungsprivileg Urbans VI., dessen Narratio vielleicht die eingereichte Supplik Ruprechts I. wiedergibt, heißt es, die Gründung sei *non solum ad utilitatem et prosperitatem huiusmodi reipublicae ac incolarum terrarum sibi subiectarum, sed etiam aliarum partium vicinarum* (ebd.). Auch die Basler Universität war gegründet worden *non solum ad rei publice ipsius Civitatis sed etiam ad aliarum partium illi vicinarum utilitatem et prosperitatem intendentens.* Hier zitiert nach: Marc SIEBER, Die Universität Basel und die Eidgenossenschaft 1460 bis 1529. Eidgenössische Studenten in Basel (Studien zur Geschichte der Wissenschaften in Basel 10), Basel 1960, S. 18. Von den zahlreichen Untersuchungen zur Rekrutierung einzelner Universitäten sei hier lediglich verwiesen auf Rainer Christoph SCHWINGES, Deutsche Universitätsbesucher im 14. und 15. Jahrhundert. Studien zur Sozialgeschichte des Alten Reiches (Veröffentlichungen des Instituts für Europäische Geschichte Mainz, Abt. Universalgeschichte 123; Beiträge zur Sozial- und Verfassungsgeschichte des Alten Reiches 6), Stuttgart 1986. Allgemeiner: Jacques LEGOFF, Die Intellektuellen im Mittelalter, 2. Aufl., Stuttgart 1987, S. 147–151.

29 Hilde DE RIDDER-SYMOENS, Mobilität. In: Geschichte der Universität in Europa, Bd. 1: Mittelalter, hg. v. Walter RÜEGG, München 1993, S. 255–275, hier S. 261; Winfried DOTZAUER, Deutsches Studium und deutsche Studenten an europäischen Hochschulen (Frankreich, Italien) und die nachfolgende Tätigkeit in Stadt, Kirche und Territorium in Deutschland. In: Stadt und Universität (wie Anm. 7), S. 112–141, hier S. 120.

vor allem nach der Reformation, der rechtliche Freiraum der Universität eingeschränkt und dieselbe gleichsam verstaatlicht worden sei[30]. Von einer solchen »Verstaatlichung« kann nur einschränkend gesprochen werden, denn schon die vorreformatorische Universität war als Korporation keineswegs in vollem Sinne autonom. Die Stiftungsurkunden und die Rechtspraxis zeugen davon, daß die Hohen Schulen in bezug auf ihre Statutengesetzgebung, ihr Vermögen oder Berufungsrecht immer schon Einbußen in ihrer Freiheit hinnehmen mußten. Die Reformation – und dies ist kaum zu übersehen – intensivierte nur »das staatliche Universitätsregiment«, und zwar dadurch, daß die Territorien nunmehr versuchten, ihre Landeskinder konfessionell gleichzuschalten. Im Gegensatz zu den Professoren und Promovenden erlitt die *peregrinatio academica* der Studenten hierdurch jedoch keine Einbußen. Deshalb ist auch die These von der Territorialisierung und die Rede von den »Landesuniversitäten« nur in dem Sinne zu verstehen, daß diese »die Bedürfnisse des Territoriums zu befriedigen hatten, nicht aber, daß sie sich nicht nach wie vor um überregionale Anziehung und Ausstrahlung bemühten«[31].

Als zweites Schlagwort(paar) ist hier das der Akademisierung und Professionalisierung des Lehrbetriebs und -personals zu nennen. Was sich dahinter verbirgt, ist im wesentlichen der Strukturwandel der Artistenfakultäten, wir können auch sagen: der Übergang vom Regenzsystem zur Ordinarienverfassung. Auslöser war die große Frequenzkrise der 20er Jahre, die es notwendig erscheinen ließ, auf Hörgeldforderungen zu verzichten und besoldete Lekturen einzurichten, d.h. an die Stelle der mittelalterlichen *magistri regentes* nunmehr *lectores* bzw. *professores publici* treten zu lassen. Zwar hatte es für gebührenfreie artistische Lehrveranstaltungen mit Wittenberg, Leipzig und Frankfurt/O. bereits »vorreformatorische Präzedenzfälle« gegeben, doch wurden durch den Einbruch der Immatrikulationszahlen auch die meisten anderen deutschen Universitäten zu diesem Schritt gezwungen, so etwa Greifswald, Tübingen und Heidelberg im Jahr 1522[32]. Darüber hinaus wurde hinsichtlich der Unterrichtsorganisation der alte *cursus artium* jetzt »in ein hierarchisch ungeordnetes Nebeneinander von *lectiones publicae* aufgelöst«[33]. Insgesamt können wir also sagen, daß sich die »facultas artium« nach dem Muster der drei oberen Fakultäten umbildete und den akademischen Charakter ihres philosophischen Unterrichts verstärkte, was nicht zuletzt dadurch zum Ausdruck kommt, daß sie sich zunehmend als Philosophische Fakultät bezeichnete und begriff[34].

Mit den hier aufgezeigten Entwicklungen hängt gleichsam auch die Begründung des Ideals »studentischer Freiheit« zusammen. Späterhin vielfach als akade-

30 Hiervon geht für Heidelberg Peter MORAW aus; siehe: Heidelberg: Universität, Hof und Stadt (wie Anm. 26), S. 526.

31 SEIFERT, Das höhere Schulwesen (wie Anm. 10), S. 277 f.

32 Ebd., S. 259 f.

33 Ebd., S. 266.

34 Ebd., S. 261. Zur »Entakademisierung« und Verschulung des artistischen Unterrichts noch am Vorabend der Reformation: ebd., S. 258 f.

mische Freiheit eingefordert, hatte es seine Voraussetzung darin, daß zur Zeit der Reformation der vormals übliche Bursenzwang entfiel. Entsprechend begriff A. Seifert die akademische Freiheit – pointiert gesagt – als »das zum positiven Wert ausgemünzte Zerfallsprodukt der vorreformatorischen Studien- und Lebensordnung«[35]. Und dies hatte unmittelbare Auswirkung auf die Universitätsstadt, denn die Studenten lebten seitdem im »Freien« mit den Stadtbürgern zusammen, trugen auch nicht mehr ihre halbklerikale Tracht, sondern bürgerliche bzw. adlige Kleidung[36].

Zweifelsfrei eignen sich die eben berührten Vorgänge zu eigenen Referatsthemen, weshalb sie nicht weiter ausgeführt werden können. Gab es aber noch weitere sich ebenfalls auf das Städtewesen auswirkende Veränderungen? Wenngleich mit der Rekrutierungsbasis schon implizit angesprochen, kommt dem Phänomen der *peregrinatio academica* in unserem Zusammenhang ein besonderer Stellenwert zu. So läßt sich fragen, ob Wanderungsbewegungen südwestdeutscher Studenten an norddeutsche Universitäten zu beobachten sind und umgekehrt. Klaus Wriedt hat 1990 aus der Perspektive des Nordens betont, daß wir nahezu geschlossene »Universitätslandschaften« zu unterscheiden haben, die durch »bestimmte Einzugs- und Ausstrahlungsbereiche« gekennzeichnet sind[37]. Abgesehen von dem seit Ende des 13. Jahrhunderts nachweisbaren Studium norddeutscher Bürgersöhne in Italien und Frankreich waren sie – so vor allem im 15. Jahrhundert und nach Ablösung der Dominanz Prags – mehrheitlich in Erfurt, Leipzig und Rostock eingeschrieben. Die späteren Neugründungen Greifswald (1456), Wittenberg (1502) und Frankfurt/Oder (1506) verdichteten nur die »Landschaft«. Die Universitätsneugründungen der zweiten Hälfte des 15. Jahrhunderts, insbesondere die südwestdeutschen von Freiburg bis Tübingen, wurden von den Norddeutschen hingegen am wenigsten besucht, so daß hier lediglich Einzelfälle zu verbuchen sind[38]. Bei der höheren Dichte an Universitäten in Südwestdeutschland läßt sich in der

35 HAMMERSTEIN, Universitäten und Reformation (wie Anm. 27), S. 348. Ausführlich hierzu: A. SEIFERT, Studienordnung und Studienfreiheit zwischen Reformation und katholischer Reform. In: Remigius BÄUMER (Hg.), Reformatio Ecclesiae. Beiträge zu kirchlichen Reformbewegungen von der Alten Kirche bis zur Neuzeit, FS für Erwin Iserloh, Paderborn, München, Wien, Zürich 1980, S. 661–677, hier: S. 661. Seifert beleuchtete in seiner Untersuchung vornehmlich Ingolstädter Vorgänge.

36 HAMMERSTEIN, Universitäten und Reformation (wie Anm. 27), S. 348; SEIFERT, Das höhere Schulwesen (wie Anm. 10), S. 266.

37 K. WRIEDT, Universitätsbesucher und graduierte Amtsträger zwischen Nord- und Süddeutschland. In: Nord und Süd in der deutschen Geschichte des Mittelalters. Akten des Kolloquiums veranstaltet zu Ehren von Karl Jordan, 1907–1984, Kiel, 15.–16. Mai 1987, hg. v. Werner PARAVICINI (Kieler Historische Studien 34), Sigmaringen 1990, S. 193–201, hier S. 194. Nach MORAW (Heidelberg: Universität, Hof und Stadt, wie Anm. 26, S. 530) korrespondierten »Heimat- und Schulort ... verhältnismäßig intensiv miteinander und bildeten zusammen eine ›Landschaft‹...«; und ebd., S. 545.

38 WRIEDT, Universitätsbesucher (wie Anm. 37), S. 195 f. Nach Wriedt »zeichnet sich als generelles Ergebnis ab, daß die oberdeutschen Lande, darunter vor allem die habsburgischen und wittelsbachischen Territorien, aber auch die Kurfürstentümer am Rhein von den Studierenden aus Norddeutschland selten besucht worden sind« (ebd., S. 196).

Wahl des Studienplatzes ein noch größerer Regionalismus feststellen. Daß die Hochschulen auch hinsichtlich der Tätigkeitsfelder ihrer graduierten Absolventen stark auf die regionale Umwelt bezogen waren, hat uns noch an späterer Stelle zu beschäftigen.

Im Blick auf die fraglichen Veränderungen im Zuge der Glaubenskämpfe läßt sich feststellen, daß die schon vordem bestehende Aufgabe der Universität, Pflanzstätte künftiger Staats- und Kirchendiener zu sein, durch die Reformation noch wesentlich verstärkt wurde. Das Integrationsbedürfnis des durch Konfessionalismus geprägten frühmodernen Territorialstaates förderte die obrigkeitliche Bevormundung. Dabei war es zugleich für den zunehmenden Verlust der Universitäten an korporativer Eigenständigkeit, aber auch der Freiheit von Wissenschaft und Lehre verantwortlich. Die Sorge um die religiöse Geschlossenheit erwies sich nicht nur als eine Begleiterscheinung des Konfessionalismus, sondern forcierte ebenso die Provinzialität der Hohen Schulen. Dies gilt nicht zuletzt für den Lehrkörper. Einheimische, deren glaubensmäßige Zuverlässigkeit bekannt war, besaßen größere Chancen, berufen und bestallt zu werden, als »Ausländer«. Wenn an der Tübinger Universität seit dem Jahr 1480 jeder *baccalaureus biblicus* den Irrlehren von Wyclif und Hus abschwören mußte, war dies für das späte Mittelalter noch eine Ausnahme. Bei der katholischen wie protestantischen Konfessionsbildung im 16. Jahrhundert indes behauptete sich das *iuramentum religionis*, die eidliche Verpflichtung auf das Tridentinische Glaubensbekenntnis oder die Konkordienformel und das Konkordienbuch, bei beiden Parteien als das gleichermaßen benutzte Instrument zur Kontrolle und Integration von Pfarrern, Lehrern und Professoren[39].

3) Die Bibliotheken:

Die Bibliotheken, in denen sich eine andere Form von Bildungsangebot manifestiert, werfen die Frage auf, inwieweit für die Zeit um 1500 schon von Stadtbüchereien ausgegangen werden kann. Lassen wir also die Verschiebungen hinsichtlich des in ihnen gesammelten Bildungsstoffs und der Leserschaft außer acht. Sicherlich haben hier Humanismus und Reformation, etwa in bezug auf vermehrte Bestände an klassischen Autoren, religiösen Erbauungsschriften oder volkssprachlichen Titeln, ihre Spuren hinterlassen. Doch wie sieht die Entwicklung unter institutionellem Aspekt aus? Blicken wir zeitlich ein wenig voraus, ist zweifellos bemerkenswert, was die Säkularisierung von Klöstern während der Reformation bewirkt hat[40]. Unstreitig ist, daß mit ihr, wie im Fall der Straßburger Domini-

39 Zum Konfessionseid als Paradigma für die Durchdringung von Religion und Politik siehe: Klaus SCHREINER, Iuramentum Religionis. Entstehung, Geschichte und Funktion des Konfessionseides der Staats- und Kirchendiener im Territorialstaat der frühen Neuzeit. In: Der Staat 24 (1985), S. 211–246, zu den Eiden in Tübingen: ebd., S. 214 f. Zu den Verhältnissen in Tübingen unter Herzog Christoph (1550–1568) siehe: DERS., Disziplinierte Wissenschaftsfreiheit. Gedankliche Begründung und geschichtliche Praxis freien Forschens, Lehrens und Lernens an der Universität Tübingen (1477–1945) (Contubernium 22), Tübingen 1981, S. 8 ff.

40 Siehe allgemein: Heinrich KRAMM, Deutsche Bibliotheken unter dem Einfluß von Humanismus und Reformation. Ein Beitrag zur deutschen Bildungsgeschichte (Zentralblatt für

kanerbibliothek (1524), auch Plünderungen und Zerstörungen verbunden sein konnten[41]. Für uns sind jedoch jene zahlreichen Aufhebungen von Belang, bei denen die Klosterbüchereien in den Besitz der Magistrate übergingen und mit den wenigen vorhandenen oder etwa zeitgleich entstehenden Stadtbibliotheken vereinigt wurden. Wenngleich wir nach Umfang und Zweck näher zu differenzieren hätten, so zeigen das Barfüßerkloster zu Frankfurt (1529), das Predigerkloster zu Nürnberg (1538) oder die Bibliothek der Minoriten zu Hannover (1533), wie Kommunen einen Zustrom solcher nun zu ihrer Verfügung stehender Bücher erfuhren[42]. Ebenfalls konnten die neuen städtischen Schulen, die oftmals in den Räumen der säkularisierten Klöster eingerichtet wurden, in den Besitz solcher Bibliotheksbestände kommen. Die Universitätsbibliotheken sind bekanntlich gleichermaßen zu »Sammelbecken der seit der Reformation ... herrenlos gewordenen diffusen Büchermassen geworden«. Basel ist hierfür ein gutes Beispiel, wie Max Burckhardt 1983 gezeigt hat[43]. Aber auch von den Bibliotheken in Leipzig, Marburg oder Tübingen ist bekannt, in welchem Maße sie durch die in Sachsen, Hessen und Württemberg aufgelösten Klöster bereichert wurden.

Doch kehren wir zu der Ausgangsfrage zurück. Zu den Keimzellen der späteren Stadtbibliotheken gehörten die Ratshandbibliotheken sowie die Buchbestände von Kirchen, Prädikaturen oder Privatpersonen[44]. Als »öffentliche« Stadtbüchereien entwickelten sie sich vornehmlich in politisch eigenständigen Kommunen, so vor allem in den Freien Reichsstädten. Wie hatte Martin Luther bereits 1524 im Sendbrief »An die Ratsherrn aller Städte deutsches Lands« gesagt: Man solle *fleis und Koste nicht spare, gutte Librareyen odder Bücher heuser, sonderlich ynn den grossen städten, die solichs wol vermügen, zuverschaffen*[45].

Bibliothekswesen, Beih. 70), Leipzig 1938 (ND Wiesbaden 1968); Paul KAEGBEIN, Deutsche Ratsbüchereien bis zur Reformation, Leipzig 1950.

41 Ein zweiter Faktor, der zur Zerstörung zahlreicher Bibliotheken führte, war der Bauernkrieg. Hierzu: Karl SCHOTTENLOHER, Schicksale von Büchern und Bibliotheken im Bauernkrieg. In: Zs. f. Bücherfreunde 12 (1908–9), S. 396–408. Zu den unmittelbaren Folgen der Reformation und des Bauernkrieges im thüringischen Raum (bis zur Elster-Saale-Linie und ohne Halle und Merseburg), wo schließlich ca. 173 Klöster und Stifte säkularisiert wurden, jüngst: Manfred STRAUBE, *ufrur und emporung* im Nordharzgebiet im Zeichen von Reformation und Bauernkrieg. In: Hanse – Städte – Bünde. Die sächsischen Städte zwischen Elbe und Weser um 1500, Bd. 1, hg. v. Matthias PUHLE, Magdeburg 1996, S. 633–653. Die Auswirkungen auf die Bibliotheken sind hier jedoch kein Gegenstand. So wird lediglich einmal, und zwar in bezug auf das Kloster Huysburg, die Plünderung von einer Buchpresse und Büchern erwähnt (S. 638 f.).

42 Klemens LÖFFLER, Deutsche Klosterbibliotheken (Görres-Gesellschaft, Erste Vereinsschrift 1918), Köln 1918, S. 32, nennt z.B. noch Augsburg, Heilbronn, Lindau und Ulm bzw. Hamburg, Lübeck und Lüneburg.

43 Max BURCKHARDT, Bibliotheksaufbau, Bücherbesitz und Leserschaft im spätmittelalterlichen Basel. In: Studien zum städtischen Bildungswesen (wie Anm. 6), S. 33–52, hier S. 33.

44 Hierzu: B. MOELLER, Die Anfänge kommunaler Bibliotheken in Deutschland. In: Studien zum städtischen Bildungswesen (wie Anm. 6), S. 136–151.

45 Dr. Martin Luthers Werke. Kritische Gesammtausgabe, WA 15, Weimar 1899 (ND 1966), S. 49. Allgemein zum Verhältnis Luther und Buch: Holger FLACHMANN, Martin Luther und das Buch. Eine historische Studie zur Bedeutung des Buchs im Handeln und Denken des Reformators (Spätmittelalter u. Reformation, Neue Reihe 8), Tübingen 1996.

In der Tat waren es die großen Städte, wie Nürnberg oder Straßburg, die Luthers Aufruf folgten. Neben der Größe spielte dabei – wie gesagt – der rechtliche Status der Kommune eine erhebliche Rolle. Dort, wo die Kirchen- und Schulpolitik beim Rat lagen, konnte es am ehesten gelingen, die Anregungen des Reformators umzusetzen. Wir können dies zum Beispiel in den kleineren fränkischen Reichsstädten beobachten. So fiel die Entscheidung, eine »öffentliche« Stadtbibliothek aufzubauen, in Weißenburg im Jahr 1517, in Rothenburg o.d.T. 1537, in Schweinfurt nach 1554 und in Windsheim 1559[46]. Aus dem Südwesten wäre Esslingen am Neckar vergleichbar. Hier wurde ebenso infolge der reformatorischen Neuordnung durch den Rat eine städtische »Liberj« geschaffen, indem die Buchbestände der aufgehobenen Klöster, der Weltgeistlichkeit wie auch der Ratskanzlei zusammengefaßt wurden[47].

Von der norddeutschen Städtelandschaft, die im Mittelalter mit Lübeck, Goslar und Dortmund nur drei Reichsstädte besaß, verdient Hamburg, das erst im Jahre 1510 diesen Status erhielt, eine besondere Beachtung. Die Reformation wurde hier im Jahr 1529 durchgeführt, und Johann Bugenhagen, der Freund und Beichtvater Luthers, gründete daselbst das Johanneum und die Stadtbibliothek[48]. Bemerkenswerter indessen ist die älteste städtische Bibliothek, deren Gründung bereits aus den Jahren 1479 bis 1481 datiert. Bemerkenswert deshalb, weil sie – lange vor der Reformation – auf die Initiative des seit 1467 in Hamburg als Bürgermeister amtierenden Hinrich Murmester zurückging[49]. Dieser in Padua zum Doctor le-

46 Uwe MÜLLER, Reichsstädtische Bibliotheken in Franken. In: Reichsstädte in Franken. Aufsätze 2: Wirtschaft, Gesellschaft und Kultur, hg. v. R. A. MÜLLER (Veröff. z. Bayer. Geschichte u. Kultur 15,2/1987), München 1987, S. 271–283, hier S. 271. Rudolf ENDRES, Sozial- und Bildungsstrukturen fränkischer Reichsstädte im Spätmittelalter und in der frühen Neuzeit. In: Literatur in der Stadt. Bedingungen und Beispiele städtischer Literatur des 15. bis 17. Jahrhunderts, hg. v. Horst BRUNNER (Göppinger Arbeiten zur Germanistik 343), Göppingen 1982, S. 37–72, hier S. 62 f. Zu Schweinfurt siehe: Else-Maria MORITZ, Die Bibliothek der Freien Reichsstadt Schweinfurt, Schweinfurt 1959; zu Rothenburg: Günter HEISCHMANN, Die Bibliotheken der Freien Reichsstadt Rothenburg o.d.T. In: Archiv für Geschichte des Buchwesens 14 (1974), Sp. 1589–1878 zu Windsheim: Gerlinde LAMPING, Die Bibliothek der Freien Reichsstadt Windsheim, Bad Windsheim 1966.

47 Erdmann WEYRAUCH, Überlegungen zur Bedeutung des Buches im Jahrhundert der Reformation. In: Flugschriften als Massenmedium der Reformationszeit. Beiträge zum Tübinger Symposion 1980, hg. v. Hans-Joachim KÖHLER (Spätmittelalter und Frühe Neuzeit. Tübinger Beiträge zur Geschichtsforschung 13), Stuttgart 1981, S. 243–259, hier S. 251. Zu Esslingen ferner schon: Otto BORST, Buch und Presse in Esslingen am Neckar. Studien zur städtischen Geistes- und Sozialgeschichte von der Frührenaissance bis zur Gegenwart, Esslingen 1975; HOLTZ, Schule und Reichsstadt (wie Anm. 7), S. 463 f.

48 Werner KAYSER, Drucker und Verleger in Hamburg 1491 bis 1860. In: Buchhandel in Hamburg. Eine Festschrift anläßlich der Gründung des Hamburg-Altonaer Buchhändler-Vereins vor hundert Jahren, hg. durch den Norddeutschen Verleger- und Buchhändler-Verband im Februar 1960, Hamburg 1960, S. 31.

49 Zu Hinrich Murmester und der ältesten Stadtbibliothek in Hamburg siehe: Hans NIRRNHEIM, Hinrich Murmester. Ein hamburgischer Bürgermeister in der hansischen Blütezeit (Pfingstblätter des Hansischen Geschichtsvereins 4), Leipzig 1908; Erich ZIMMERMANN, Hinrich Murmester und die älteste Hamburger Stadtbibliothek (1479/81). In: Libris et Litteris. Festschrift für Hermann Tiemann, hg. v. Christian VOIGT und E. ZIMMERMANN, Ham-

gum promovierte – wir können sagen – »juristische Frühhumanist« vermachte in seinem Todesjahr 1481 testamentarisch *ad honorem, necessitatem et utilitatem reipublice Hamburgensis* seine Bücher[50].

Auch im Süden Deutschlands gab es vor der Reformation, zum Beispiel in Nürnberg[51], Bemühungen des Rates um eine Bibliothek. Ebenso entstanden dort wie in Hamburg die Initiativen aus der Berührung mit dem italienischen Humanismus, wie sich an den Buchbeständen ablesen läßt, die inhaltlich kaum mehr den Begriff einer dienstlichen Handbibliothek rechtfertigen. Murmesters Gründung scheint dagegen, wenn wir die von Peter Karstedt bereits 1954 dafür festgelegten Kriterien zugrunde legen, tatsächlich die Anforderungen an eine »öffentliche« Bibliothek erfüllt zu haben[52]. Denn erstens richtete sich seine Stiftung direkt an den Rat der Stadt, die die *nova liberaria* als ihr Eigentum im Rathaus unterbrachte. Zweitens wurde diese fortan aus öffentlichen Geldern unterhalten und vermehrt, und drittens verwirklichte die Bibliothek – hier hat die Forschung den wesentlichen Unterschied zu Nürnberg gesehen – bereits den Gedanken der öffentlichen Zugänglichkeit. Denn in Hamburg sollten die Bücher nicht wie in der fränkischen Reichsstadt nur von Ratsangehörigen ausgeliehen, sondern auch von Bürgern, die dies wünschten, benutzt werden können[53].

burg 1959, S. 40–49; DERS., Die Bibliothek in der »neuen Schreiberei«. Hinrich Murmester und die älteste Hamburger Stadtbibliothek (1479/1481). In: 500 Jahre wissenschaftliche Bibliothek in Hamburg 1479–1979. Von der Ratsbücherei zur Staats- u. Universitätsbibliothek (Mitt. aus d. Staats- u. Universitätsbibliothek Hamburg 8), Hamburg 1979, S. 17–26; Peter GABRIELSSON, Die letztwillige Verfügung des Hamburger Bürgermeisters Dr. Hinrich Murmester. In: Zeitschrift des Vereins für Hamburgische Geschichte 60 (1974), S. 35–57.

50 Hier zitiert nach GABRIELSSON, Die letztwillige Verfügung (wie Anm. 49), S. 45. Zur Kennzeichnung Murmesters als »juristischen Frühhumanisten«: ZIMMERMANN, Die Bibliothek in der »neuen Schreiberei« (wie Anm. 49), S. 23, und DERS., Hinrich Murmester (wie Anm. 49), S. 45. Ähnlich verhielt es sich bei dem Frankfurter Bürger und Juristen Dr. Ludwig zum Paradies († 1502), aus dessen Nachlaß 157 Bücher über die Witwe († 1504) und ihren Neffen 1527 an den Rat gelangten, um *ein libery damit im Romer uffzurichten*. Siehe Felicitas SCHMIEDER und Kerstin SCHULMEYER, Bürgerstadt. In: FFM 1200. Traditionen und Perspektiven einer Stadt, hg. v. Lothar GALL, Sigmaringen 1994, S. 45.

51 Zur Integration der Klosterbibliotheken in die dortige Ratsbibliothek siehe Franz MACHILEK, Klosterhumanismus in Nürnberg um 1500. In: Mitt. d. Ver. f. Geschichte d. Stadt Nürnberg 64 (1977), S. 10–45, hier S. 43, und bereits früher: Karlheinz GOLDMANN, Geschichte der Stadtbibliothek Nürnberg. Nebst einem Beitrag »Die Nürnberger Stadtbibliothek als Museum« v. Wilhelm Schwemmer, Nürnberg 1957.

52 Peter KARSTEDT, Studien zur Soziologie der Bibliothek (Beiträge zum Buch- u. Bibliothekswesen 1), Wiesbaden 1954, S. 6 ff., 2. Aufl. Wiesbaden 1965, S. 8. Zur Öffentlichkeit von Bibliotheken siehe auch K. SCHREINER, Bücher, Bibliotheken und »Gemeiner Nutzen« im Spätmittelalter und in der Frühneuzeit. Geistes- und sozialgeschichtliche Beiträge zur Frage nach der »utilitas librorum«. In: Bibliothek und Wissenschaft 9 (1975), S. 202–249.

53 James Westfall THOMPSON geht für die vorreformatorische Zeit noch von folgenden Stadtbibliotheken aus: Braunschweig (1413), Frankfurt/M. (1477), Aachen, Danzig, Lübeck, Hannover, Leipzig, Erfurt, Nördlingen, Naumburg, Memmingen und Regensburg (The Medieval Library, New York, London 1967, ND, S. 470 f.). Ob diese Bibliotheken den von Karstedt zugrunde gelegten Kriterien genügten, wäre zu überprüfen. Auch Thompson sieht sich gehalten zu differenzieren, wenn es heißt: »Apart from Frankfort and Nuremberg, actual city libraries (»public libraries«, in the American sense of the word) were established also in

Daß Murmester als Vertreter des Frühhumanismus tatsächlich an die freie allgemeine Zugänglichkeit der Bücher gedacht haben könnte, würde der Einstellung vieler gleichgesinnter Zeitgenossen, nicht aber der damaligen Praxis entsprechen[54]. Ob mit den eben angesprochenen Bürgern »Jedermann« gemeint sein kann, ist deshalb äußerst fraglich. Denn Karstedt hat – dies bemerkte bereits Klaus Schreiner 1975 – den Demokratisierungseffekt der Reformation überbewertet und geradezu idealisiert, indem er einen Öffentlichkeits- und Demokratiebegriff benutzte, »der auf den liberalen Verfassungsstaat des 19. Jh. zutrifft, nicht aber auf das Verfassungsleben der deutschen Reichsstädte in der frühen Neuzeit«[55]. So dürfte es wohl mehr der Wirklichkeit entsprochen haben, wenn die »Öffentlichkeit« der neu entstehenden Stadtbibliotheken auch weiterhin auf »die mit ›potestas‹ ausgestatteten ›personae publicae‹« beschränkt blieb und nicht unterschiedslos auf die gesamte Bürgerschaft ausgedehnt wurde[56]. Zugang besaßen demnach die gelehrten, für das *bonum commune* tätigen weltlichen und kirchlichen Amtsträger. Dies trifft auf Fürstenebene für die von Herzog Christoph von Württemberg im Jahr 1554/55 als »bibliotheca publica« eingerichtete »Juristen-Liberey« ebenso zu wie für die von Ulrich Kraft 1516 dem Ulmer Rat geschenkte »Lyberey« oder für die 1562 gegründete Stadtbibliothek von Augsburg[57].

Hamburg, Memmingen, and Regensburg« (ebd., S. 471). Zu vorreformatorischen Rats- und Stadtbibliotheken auch: Gustav KOHFELDT, Zur Geschichte der Büchersammlungen und des Bücherbesitzes in Deutschland. In: Zs. f. Kulturgeschichte 7 (1900), S. 325–388, hier S. 339 f. Kohfeldt spricht an späterer Stelle von den Stadtbibliotheken, die »in hohem Maaße den Charakter der Oeffentlichkeit trugen«, um daraufhin solche aufzulisten, bei denen es »sich nur um eigentliche Stadtbibliotheken und nicht um die viel häufiger vorkommenden, weniger öffentlichen Ratsbüchereien handelt« (S. 361 f.).

54 SCHREINER, Bücher, Bibliotheken (wie Anm. 52), S. 244.

55 Ebd., S. 242 Anm. 155. Bei Karstedt hatte es geheißen: »Hier, also in erster Linie in den alten freien Reichsstädten, ist die Demokratie, ist der moderne Staatsgedanke und mit ihm die öffentliche Bibliothek zuerst Wirklichkeit geworden« (2. Aufl., 1965, S. 39). Den verschiedenen, vor allem an Jürgen Habermas orientierten Versuchen, den modernen Begriff der »Öffentlichkeit« mit der Reformation zu verbinden, setzt Rainer WOHLFEIL den Terminus »reformatorische Öffentlichkeit« entgegen, der an das Adjektiv »öffentlich« nicht im Sinne von »staatlich«, sondern von »klar« und »offensichtlich« anknüpft. Siehe: »Reformatorische Öffentlichkeit«. In: Literatur und Laienbildung (wie Anm. 21), S. 41–52, hier S. 47. Zum Problem »Buch und Öffentlichkeit« auch FLACHMANN, Martin Luther (wie Anm. 45), S. 174–183.

56 SCHREINER, Bücher, Bibliotheken (wie Anm. 52), S. 243.

57 Zu Württemberg siehe: K. SCHREINER, Württembergs Buch- und Bibliothekswesen unter Herzog Christoph (1550–1568). In: Zs. f. Württembergische Landesgeschichte 31 (1972), S. 121–193; zu Ulm: Hans GREINER, Ulms Bibliothekswesen. In: Württembergische Vierteljahreshefte 26 (1917), S. 73, und Gottfried GEIGER, Die Reichsstadt Ulm vor der Reformation. Städtisches und kirchliches Leben am Ausgang des Mittelalters (Forschungen zur Geschichte der Stadt Ulm 11), Ulm 1971, S. 114, 141; zu Augsburg: Leonhard LENK, Augsburger Bürgertum im Späthumanismus und Frühbarock (1580–1700), Augsburg 1968, S. 154; Josef BELLOT, Augsburger Buchdruck und Buchillustration im Zeitalter der Glaubenskämpfe. In: Welt im Umbruch. Augsburg zwischen Renaissance und Barock, Bd. 1: Zeughaus (Ausstellungskatalog), Augsburg 1980; S. 89–93, hier S. 91, geht hingegen von einer Gründung im Jahr 1537 aus.

II. *Der Buchdruck*

Der Buchdruck als Produzent von Bildungsgut war – wie die vielfach mit ihm eng verknüpfte Universität – ein Phänomen der Stadt[58]. Da die »Schwarze Kunst« ein sehr kostenintensives Gewerbe darstellte, findet sie sich zunächst vor allem in den großen, d. h. wirtschaftlich potenten und kapitalkräftigen Bürgergemeinden oder aber in Residenz- und Bischofsstädten. Daß derartige Kommunen zu Zentren des Buchdrucks avancierten, kann auch als »kulturwirtschaftliches Folgesymptom ihrer intellektuellen Führungsrolle« bewertet werden, und diese gründete auf dem Vorhandensein von Latein- und/oder Hohen Schulen[59]. Für das üblicherweise bis 1500 reichende Inkunabelzeitalter erweist die südwestdeutsche Landkarte folgende Druckorte: Straßburg (um 1458/59), Basel (um 1468), Augsburg (1468), Esslingen (1472), Ulm (1473), Reutlingen (um 1477), Urach (1479/80), Memmingen (1485), Heidelberg (1485), Stuttgart (1486), Dillingen (1488), Freiburg i.Br. (1493), Offenburg (1496) und Tübingen (1498). In Norddeutschland können wir entsprechend der geringeren Dichte an städtischen Gemeinwesen nur wenige Druckorte nennen. Neben Köln (um 1465) als *der* Buchdruckerstadt für den Nordwesten handelt es sich dabei um Lübeck (1474), Rostock (1476), Schleswig (1486) und Hamburg (1491).

Buchdrucker, die sich in einer Stadt niederließen, zogen Verleger an und diese wiederum auswärtige Gelehrte – ein Zusammenhang, der um so stärker zu beobachten ist, wenn die Stadt eine Universität in ihren Mauern beherbergte. Basel, das sowohl durch die dort ansässigen Humanisten wie auch durch das Druckgewerbe eine geradezu europäische Ausstrahlung besaß, ist hierfür ein gutes Beispiel. Die Druckerherren Johannes Oporinus, Johannes Amerbach und Johannes Froben konnten die für ihre Editionsarbeiten notwendige gelehrte Text- und Sprachkenntnis vor allem bei den Universitätsangehörigen abrufen. So erhielten manche Magister und Dozenten nicht nur die Gelegenheit zu einer praktisch-wissenschaftlichen Tätigkeit, sondern überdies zu einem erwünschten Nebenerwerb[60].

58 Zur Stadt als der für den Buchdruck »unentbehrliche(n) Voraussetzung« und zur Frage, »welche Rolle die Typographen und Druckerverleger innerhalb der städtischen Gesellschaft gespielt haben, welchen Platz sie zwischen den Gewerbetreibenden und den städtischen Führungsschichten eingenommen haben«, siehe: Severin CORSTEN, Der frühe Buchdruck und die Stadt. In: Studien zum städtischen Bildungswesen (wie Anm. 6), S. 9–32 (zum Zitat S. 9).

59 Erich KLEINSCHMIDT, Gelehrtentum und Volkssprache in der frühneuzeitlichen Stadt. Zur literaturgesellschaftlichen Funktion Johann Fischarts in Straßburg. In: Zs. f. Literaturwissenschaft u. Linguistik 10 (1980), H. 37, S. 128–151, hier S. 128.

60 Zu Basel, seinen Druckern und deren Zusammenarbeit mit humanistischen Gelehrten siehe Hans Rudolf HAGEMANN, Rechtswissenschaft und Basler Buchdruck an der Wende vom Mittelalter zur Neuzeit. In: ZRG GA 77 (1960), S. 241–287 (siehe dort die ältere Literatur zum Basler Buchdruck insgesamt). Zu den deutschen Buchdruckern sind immer noch hilfreich: Ferdinand GELDNER, Die deutschen Inkunabeldrucker. Ein Handbuch der deutschen Buchdrucker des XV. Jahrhunderts nach Druckorten, 1. Bd.: Das deutsche Sprachgebiet, Stuttgart 1968; Josef BENZING, Die Buchdrucker des 16. und 17. Jahrhunderts im deutschen Sprachgebiet (Beiträge zum Buch- und Bibliothekswesen 12), Wiesbaden 1963.

Auf einer anderen Ebene des Verhältnisses zwischen Stadt und Buchdruck bewegt sich die Frage nach der Leserschaft. Sie kann hier nicht ausgespart, aber auch nicht näher verfolgt werden. Denn allzu schnell gerieten wir damit zum Problem des Alphabetisierungsgrades, der Lesefähigkeit des Bürgertums und der sich anschließenden Frage, welche Druckschriften von welchen wirtschaftlich-sozial zu unterscheidenden Leserschichten gekauft wurden[61]. Daß bei der Kostenintensität des frühen Druckgewerbes dieses sich in seinen unternehmerischen Entscheidungen in starkem Maße absatzorientiert verhalten mußte und die Bürgerschaft als einen potentiellen Käuferkreis betrachtet oder besser erhofft haben dürfte, liegt auf der Hand. Denn die wachsende Zahl an städtischen Schulen, die Universitätsgründungen, aber auch die Leseimpulse seitens der kirchlichen Reformbewegungen des 15. Jahrhunderts hatten einen Bedarf an Büchern geschaffen, der kaum mehr noch von der Handschriftenproduktion, sondern erst durch die »Schwarze Kunst« gedeckt werden konnte. Diesen Fragenkomplex abschließend, zeigt uns die vorliegende Forschung, daß wir sowohl hinsichtlich der Leserschichten als auch mit Blick auf das Lesegut von keinen wesentlichen Veränderungen durch den Buchdruck auszugehen haben. Vielmehr erlauben es die Ergebnisse, die Elemente der Kontinuität in den Vordergrund zu rücken[62].

Einem Wandel wurde jedoch der Buchdruck durch die Wirren der Reformationszeit unterworfen. Mit der humanistischen Bildungsbewegung bisweilen eng verflochten, besaßen die Glaubenskämpfe eine eigene Wirkung auf die Stadt und ihr Druckgewerbe[63]. Blicken wir nach Hamburg und auf den kurz nach Luthers Thesenanschlag verstorbenen Albert Krantz: Keines seiner Werke, einschließlich der postum erschienenen, ist in seiner Heimatstadt gedruckt worden. Es ließe sich darüber spekulieren, warum das so ist. Hier indessen ist vielmehr darauf hinzuweisen, daß in Hamburg, in dem erst seit 1491 ein Drucker arbeitete, sich mit der Reformation die Situation schlagartig änderte. Nachdem Karl V. im Juni 1521 das Wormser Edikt auf die gesamten Niederlande ausgedehnt und die Verfolgung von Anhängern Luthers veranlaßt hatte, kam dadurch vermutlich im Herbst 1522 der aus Zwolle stammende Drucker Simon Korver nach Hamburg. Seine von Johann Martin Lappenberg als »Presse der Ketzer« bezeichnete Druckerei schuf in weniger als einem Jahr mindestens 16 verschiedene Druckerzeugnisse, darunter allein

61 Rolf Engelsing, Analphabetentum und Lektüre. Zur Sozialgeschichte des Lesens in Deutschland zwischen feudaler und industrieller Gesellschaft, Stuttgart 1973; Ders., Der Bürger als Leser. Lesergeschichte in Deutschland 1500–1800, Stuttgart 1974.

62 So resümiert bereits Dieter Mertens, Früher Buchdruck und Historiographie. Zur Rezeption historiographischer Literatur im Bürgertum des deutschen Spätmittelalters beim Übergang vom Schreiben zum Drucken. In: Studien zum städtischen Bildungswesen (wie Anm. 6), S. 83–111, hier: S. 87.

63 Zum Zusammenhang von Buch und Reformation: Elizabeth Eisenstein, L'avènement de l'imprimerie et la Réforme. In: Annales E. S. C. 26 (1971), S. 1355–1382; B. Moeller, Stadt und Buch. Bemerkungen zur Struktur der reformatorischen Bewegung in Deutschland. In: Stadtbürgertum und Adel in der Reformation, hg. v. Wolfgang J. Mommsen, Stuttgart 1979, S. 25–39; Weyrauch, Überlegungen zur Bedeutung des Buches (wie Anm. 47).

elf Schriften von Luther selbst[64]. Die Elbemetropole war aus ihrem bisherigen Schattendasein herausgetreten und in wenigen Monaten – wenngleich nur für einen kurzen Zeitraum – »zu einem Mittelpunkt der reformatorischen Propaganda in Niederdeutschland geworden«[65]. Hamburg dient als anschaulicher Beleg dafür, daß das Druckwesen eine Schrittmacherfunktion für die neue Lehre, die Reformation umgekehrt einen stimulierenden Impuls auf den Buchdruck besitzen konnte[66].

Dieser Zusammenhang gilt sogar für Städteräume, in denen in vorreformatorischer Zeit überhaupt kein Druckgewerbe anzutreffen ist. Hierfür dient Westfalen als gutes Beispiel. Gemessen an den Universitäts-, Handels-, Bischofs- und Residenzstädten als den bevorzugten Niederlassungsorten, bestanden hier offenbar besonders ungünstige Voraussetzungen für Drucker[67]. Dies änderte sich in der Tat erst mit der Reformation, die in »Lippstadt und Soest 1523, Wesel 1541, Dortmund 1545 und Lemgo 1559« eine Buchproduktion entstehen ließ[68].

Obgleich wir also zunächst im westfälischen Städteraum kein Druckgewerbe antreffen, gab es dennoch von hier stammende Landsleute, die den Beruf des Druckers erlernt, ihn aber in der Fremde ausgeübt haben. Drei Vertreter dieses Gewerbes mögen das belegen: Der aus Olpe kommende Johann Bergmann begegnet in Basel, wo er studierte und späterhin mehrere geistliche Ämter am Domstift bekleidete. Seine Bedeutung als Drucker gewann er dort zwischen 1490 und 1500, als er Werke von Reuchlin, Wimpfeling und Locher, vor allem aber Sebastian Brants »Narrenschiff« druckte[69]. Die zweite Person war ebenfalls südsauerländischer Herkunft und hieß Peter Attendorn. Als vormaliger Schüler Wimpfelings in Heidelberg erwarb er 1476 in Straßburg das Bürgerrecht, wo er auch das Druckgewerbe, zumal als Berufskollege von Mentelin-Rusch und Amerbach, ausübte[70]. Schließlich sei hier Johann von Paderborn genannt, der ebenfalls in Straßburg,

64 Postel, Reformation in Hamburg (wie Anm. 5), S. 184–187; Johann Martin Lappenberg, Zur Geschichte der Buchdruckerkunst in Hamburg, Hamburg 1840, S. XXX ff.

65 Postel, Die Reformation in Hamburg (wie Anm. 5), S. 184, 193.

66 Ebd., S. 193. Grundsätzlich ist zu fragen, inwiefern auch die altkirchliche Seite den Buchdruck als Kommunikations- und Propagandamittel eingesetzt hat. Daß der Begriff der »reformatorischen Öffentlichkeit« nicht konfessionell eindeutig besetzbar ist, hat H.-D. Heimann am Beispiel zweier Mendikanten, des Westfalen Daniel von Soest und des Elsässers Thomas Murner, gezeigt: *Buoch um buoch. Ich wil mich rechen und sie mit büchlin uberstechen.* Das öffentliche Agitieren von Mendikanten gegen reformatorische Bestrebungen als Ausdruck kirchlichen und sozialen Wandels. In: Bettelorden und Stadt. Bettelorden und städtisches Leben im Mittelalter und in der Neuzeit, hg. v. Dieter Berg (Saxonia Franciscana 1), Werl 1992, S. 235–248, hier S. 247.

67 Hermann-Josef Schmalor verweist vor allem auf die Drucker-Konkurrenz in Köln und das Fehlen einer westfälischen Universität im 15. und 16. Jahrhundert; siehe: Johann von Paderborn. Universitätsdrucker und Verleger. In: Von Soest – aus Westfalen (wie Anm. 22), S. 79–89, hier S. 79 f.

68 Ebd., S. 80.

69 Ebd., S. 81.

70 Ebd.

wenngleich nur kurz (vielleicht Herbst/Winter 1472 bis Frühjahr 1473), die Druckertätigkeit wahrnahm[71]. Die drei Westfalen sind ein Beleg für vorhandene Wanderungsbewegungen zwischen Nord und Südwest. Sie beweisen darüber hinaus, daß – wie bei Ludwig von Dringenberg und Schlettstadt – kulturelle oder bildungsmäßige Begegnungen und Beeinflussungen nicht nur einseitig von Süd nach Nord verliefen, sondern einmal mehr auch die Oberdeutschen von Niederdeutschen profitieren konnten.

Doch kehren wir zu unserer Ausgangsfrage zurück. Ein Blick nach Süden, und zwar nach Augsburg zeigt, welche anderen Wirkungen die Reformation auf den Buchdruck einer Stadt besaß. Anders als Hamburg war Augsburg, insbesondere in den beiden ersten Jahrzehnten des 16. Jahrhunderts, mit seiner »Schwarzen Kunst« hervorgetreten. Zu verweisen wäre hier auf den humanistischen Kreis um Konrad Peutinger und Kaiser Maximilian. Nachdem der Kaiser 1519 verstorben war, fast gleichzeitig die Augsburger Drucker Erhard Ratdolt und Hans Schönsperger ihre Werkstätten geschlossen hatten, bewirkte der Ausbruch der Glaubenskämpfe eine qualitative Veränderung des Druckgewerbes, und zwar zum einen hinsichtlich der Inhalte[72]. Druckhäuser, wie das von Erhard Öglin und Hans Miller, die den humanistischen Gelehrten nahegestanden hatten, mußten aufgeben oder waren gezwungen, ihr Programm zu ändern. Zum anderen dominierte nunmehr, sicherlich ebenfalls inhaltlich bedingt, das Kleinschrifttum, das Pamphlet, womit tendenziell schneller und weniger sorgfältig gedruckt wurde. Philologisch exakte Publikationen, wie sie das Ziel der humanistischen Forschung gewesen waren, entwickelten sich demgegenüber nicht weiter.

Augsburg, das zwischen 1520 und 1530 zu den großen Verbreitungsorten von Reformationsschriften zählte, besaß – und dies ist ein weiterer Aspekt – offenbar kein Klima, in dem es auch religiös Andersdenkenden auf Dauer möglich war, zu leben und zu arbeiten. Denken wir nur an den Drucker Alexander Weißenhorn, der die altkirchliche Glaubensrichtung beibehielt und nach Ingolstadt abwanderte[73]. Auch der Straßburger Johannes Grüninger bekam Schwierigkeiten mit dem Rat der Stadt, weil er die Schmähschriften Thomas Murners gegen Luther druckte[74]. In der seit 1476 belegten Rostocker Offizin der Fraterherren oder Michaelisbrüder druckte Johannes Holt im Jahr 1530 das »papistische« niederdeutsche

71 Ebd., S. 83.

72 Nach Tilo Brandis ist – allgemein gesehen – ein »markanter Einschnitt in der Buchentwicklung ... um 1520 anzusetzen, als sich mit Beginn der Reformation auch die Buchinhalte grundlegend änderten«; siehe: Handschriften- und Buchproduktion im 15. und frühen 16. Jahrhundert. In: Literatur und Laienbildung (wie Anm. 21), S. 176–193, hier S. 189.

73 Zu Augsburg siehe: Bellot, Augsburger Buchdruck (wie Anm. 57), S. 90 f.; allgemein zum Augsburger Buchdruck um 1500: Carl Wehmer, *Ne Italo cedere videamur*. Augsburger Buchdrucker und Schreiber um 1500. In: Augusta 955–1955, hg. v. Hermann Rinn, München 1955, S. 145–172.

74 Geldner, Die deutschen Inkunabeldrucker (wie Anm. 60), S. 75. Zur Ausnahmestellung Grüningers auch: Sidney Herbert Scott, The Schotts of Strassburg and their Press. In: Transactions of the bibliographical Society London 11 (1909/11), S. 165–188, hier: S. 179.

Neue Testament nach der Übersetzung des Dr. Hieronymus Emser. Der Rat der Stadt nahm ihn daraufhin in Haft und belegte den Rektor des Fraterhauses Martin Hillemann mit Hausarrest. Die Begründung lautete, beide hätten »die Druckerei zum Nachteil der Reformation in der Stadt angewandt«[75]. Hier gibt es sicherlich eine Fülle weiterer Beispiele, die zeigen könnten, wie der Buchdruck mit dem beginnenden Konfessionalismus unter der zunehmenden Engherzigkeit und Intoleranz zu leiden hatte.

Wenden wir uns schließlich dem Buch als Handelsware und der Frage zu, inwieweit dadurch zwischen dem Norden und Südwesten eine Verbindung bestand. Einen Einblick in diesen Zusammenhang bietet die Lübecker Stadtbibliothek, die bis zum Jahr 1942 mit fast 1000 Drucken seinerzeit eine der bedeutendsten deutschen Wiegendrucksammlungen besaß. Unter den Druckorten ihrer fast ausschließlich im 15. Jahrhundert zusammengetragenen Inkunabeln sind bei den zahlenmäßig am häufigsten genannten ebenso süd(west)deutsche vertreten. Es erscheinen Straßburg mit 114 und Nürnberg mit 100 Druckerzeugnissen. Aber auch Basel, Mainz, Augsburg, Speyer, Hagenau, Reutlingen, Ulm, Esslingen, Tübingen, Heidelberg und Freiburg sind in der Bestandsliste aufzufinden[76]. Was sich hieran ablesen läßt, sind die einstigen Vorzüge Lübecks als Fernhandelsstadt im Schnittpunkt nicht nur west-östlicher, sondern auch nord-südlicher Handelsverbindungen. Lübeck war ein gerade von auswärtigen Buchführern und Druckerverlegern aufgesuchter Umschlagplatz. Seine Pfundzollbücher belegen für die Jahre 1492 bis 1496, in welchem Maße Bücher aus Süd- und Mitteldeutschland ihren Weg zu Käufern in Norddeutschland, Skandinavien, vorzugsweise Schweden, und im Baltikum fanden[77]. Der Nürnberger Druckerverleger Anthonius Koberger hielt sich zeitweilig Jahr für Jahr in Lübeck zum Bücherverkauf auf, so erstmals 1485. Auch ist die Mainzer Verlagsgemeinschaft Peter Schöffer / Johann (später Witwe) Fust zu nennen, die in Lübeck bevollmächtigte Buchführer besaß und bereits in den

75 Carl MELTZ, Die Drucke der Michaelisbrüder zu Rostock 1476 bis 1530. In: Wiss. Zs. d. Univ. Rostock, mathem.-naturwiss. Reihe 5 (1955/56), Sonderheft, S. 229–262, hier: S. 231 f. Die Druckerei kam mit dem Neuen Testament von 1530 zeitweilig zum Erliegen. Siehe ferner die ältere Arbeit von Friedrich JENSSEN, Emsers Neues Testament in niederdeutscher Übertragung. Geschichte des Druckes, Diss. Rostock 1933.

76 Timothy SODMANN, Buchdruck, Buchhandel und Sprachkontakt im hansischen Raum. In: Sprachkontakt in der Hanse. Aspekte des Sprachausgleichs im Ostsee- und Nordseeraum, Akten des 7. Internationalen Symposions über Sprachkontakt in Europa, Lübeck 1986, hg. v. Per Sture URELAND (Linguistische Arbeiten 191), Tübingen 1987, S. 81–105, hier S. 94; Jörg FLIGGE, Statt eines Geleitworts: Die Lübecker Stadtbibliothek und ihre Inkunabeln. In: Die Lübecker Buchdrucker im 15. und 16. Jahrhundert. Buchdruck für den Ostseeraum, hg. v. Alken BRUNS und Dieter LOHMEIER, Heide/Holstein 1994, S. 7–10.

77 SODMANN, Buchdruck, Buchhandel (wie Anm. 76), S. 95; Hubertus MENKE, *Na dem Holme 1 Vat mit Boken*. Zum spätmittelalterlichen Buchvertrieb Lübecks in den Ostseeraum. In: Niederdeutsch in Skandinavien. Akten des 1. nordischen Symposions ›Niederdeutsch in Skandinavien‹ in Oslo 27.2.–1.3.1985, hg. v. Kurt Erich SCHÖNDORF und Kai-Erik WESTERGAARD (Beihefte zur Zs. f. dt. Philologie 4), Berlin 1987, S. 147–157, hier: S. 148 f. Zu den Lübecker Pfundzollbüchern: Hans J. VOGTHERR, Die Lübecker Pfundzollbücher 1492–1496 (Quellen u. Darstellungen z. Hansischen Gesch. 41), Köln, Weimar, Wien 1996.

60er und 70er Jahren nach dorthin große Büchermengen absetzte[78]. Von dem Verkauf von Büchern süddeutscher Druckhäuser zeugt auch die 1478 in Latein gedruckte Bücheranzeige aus der Lübecker Offizin Lucas Brandis' (GW 5013), in der – wenngleich ohne Titelangabe – Druckerzeugnisse aus Mainz, Nürnberg oder Basel erwähnt sind[79].

III. *Die Sodalitäten*

Bei den Sodalitäten ist nicht von vornherein einleuchtend, warum und in welcher Hinsicht sie in unseren Kontext »Stadt und Bildung« hineingehören. So ist unser Wissen über diese humanistischen Zirkel noch nicht ausreichend genug, um sagen zu können, aus welchen Personen sie sich jeweils rekrutierten. Der Forschungsstand zu diesem Gegenstand kann hier kaum befriedigen[80]. Einzelne noch vorzustellende und bereits vorliegende Resultate indes geben zu erkennen, daß die Sodalitäten nicht nur allein Sache von Universitätsgelehrten oder Poeten waren, sondern auch die Bürger einer Stadt, vor allem bildungsbeflissene Amtsträger, anzogen.

Über die persönliche Zusammensetzung der *sodalitates* hinaus läßt der Hamburger Humanist Albert Krantz – zumindest ansatzweise – eine weitere Bedeutung für die Stadt erkennen. Daß dieser im Jahr 1491 nach Mainz ging, um den Grad des *doctor decretorum* zu erwerben[81], ist von der älteren Forschung mit Kon-

78 SODMANN, Buchdruck, Buchhandel (wie Anm. 76), S. 96. Zu den Buchführern allgemein: Heinrich GRIMM, Die Buchführer des deutschen Kulturbereichs und ihre Niederlassungsorte in der Zeitspanne 1490 bis um 1550. In: Archiv für Geschichte des Buchwesens 7 (1967), S. 1153–1771.

79 SODMANN, Buchdruck, Buchhandel (wie Anm. 76), S. 96; DERS., Art. »Bücheranzeige«. In: Stadt im Wandel. Kunst und Kultur des Bürgertums in Norddeutschland 1150–1650, hg. v. Cord MECKSEPER, Ausst.-Kat., Bd. 1, Stuttgart-Bad Cannstatt 1985, Nr. 482, S. 557.

80 Gerhard HUMMEL, Die humanistischen Sodalitäten und ihr Einfluß auf die Entwicklung des Bildungswesens der Reformationszeit, Leipzig 1940; Raimund KEMPER, Die Redaktion der Epigramme des Celtis (Scriptor Hochschulschriften. Literaturwissenschaft 9), Kronberg/Ts. 1975 (hier insbesondere die Literaturzusammenstellung); D. MERTENS, »Sodalitas Celtica impetrata?« Zum Kolophon des Nürnberger Hrotsvith-Druckes von 1501. In: Euphorion 71 (1977), S. 277–280; Heinrich LUTZ, Die Sodalitäten im oberdeutschen Humanismus des späten 15. und frühen 16. Jahrhunderts. In: Humanismus im Bildungswesen des 15. und 16. Jahrhunderts, hg. v. Wolfgang REINHARD (Komm. f. Humanismusforschung, Mitt. 12), Weinheim 1984, S. 45–60; Franz MACHILEK, Konrad Celtis und die Gelehrtensodalitäten, insbesondere in Ostmitteleuropa. In: Winfried EBERHARD und Alfred A. STRNAD (Hgg.), Humanismus und Renaissance in Ostmitteleuropa vor der Reformation (Forschungen u. Quellen z. Kirchen- u. Kulturgesch. Ostdeutschlands 28), Köln, Weimar, Wien 1996, S. 137–155.

81 Die Promotion in Mainz erwähnt Krantz in einer von ihm selbst stammenden Notiz in einer im Staatsarchiv Hamburg überlieferten, undatierten Handschrift der hamburgischen Domlektur. Dort heißt es: *Magister Albertus Krantz, decretorum et sacre theologie professor, Rostock quidem cursu percepit in vtraque facultate usque ad licenciam exclusiue. Moguntii in decretorum doctoratu et Perusii in theologia magisterii accepit insignia* (hier zitiert nach: Eduard MEYER, Geschichte des hamburgischen Schul- und Unterrichtswesens im Mittelalter, Hamburg 1843, S. 362 f.).

rad Celtis' Gründung der *Sodalitas literaria Rhenana* erklärt worden[82]. Mittlerweile wissen wir, daß mit dem Jahr 1491 lediglich der Plan, nicht aber die Gründung selbst verknüpft werden kann; diese ist erst für 1495 mit Sitz in Heidelberg verbürgt[83]. Wenn somit Krantz die Mainzer Universität aus anderen Gründen besucht haben muß, ist dennoch der frühere Erklärungsansatz für uns bedeutsam. Denn die Sodalitäten vermochten die auf die Gelehrten wirkende Anziehungskraft der Stadt zu erhöhen und deren ohnehin vorhandene Zentralität zu verstärken[84].

Als »wissenschaftlich-gesinnungsmäßige Zusammenschlüsse humanistischer Prägung« waren die *sodalitates* gemäß ihrem Begriff durch das personale Freundschaftsprinzip geprägt, doch darüber hinaus immer auch zu einem gewissen Grad institutionell verfestigt[85]. Der im Humanismus wiedergeborenen Idee der athenischen Akademie[86] entsprachen die spezifischen Organisationsformen. Das heißt: Die Gelehrtenzirkel standen außerhalb der herkömmlichen Schul- und Bildungseinrichtungen und trafen – soweit wir dies bisher überschauen können – stets in Privathäusern zusammen.

Konrad Celtis, der sich 1486 in Italien aufgehalten und dort die Florentiner Akademie des Marsilio Ficino (1433–1499) wie auch die römische von Pomponius Laetus (1428–1498), die *Academia Romana* bzw. *Pomponiana*, kennengelernt hatte, war durch beide offenbar inspiriert worden, ähnliche Einrichtungen nördlich der Alpen zu schaffen[87]. Aus seiner Ode an den kurpfälzischen Kanzler und Bi-

82 Heinrich REINCKE, Albert Krantz als Geschichtsforscher und Geschichtsschreiber. In: Festschrift der Hamburgischen Universität ihrem Ehrendoktor Herrn Bürgermeister Werner von Melle, Hamburg 1933, S. 111–147, hier S. 115; Heinz STOOB, Albert Krantz (1448–1517). Ein Gelehrter, Geistlicher und hansischer Syndikus zwischen den Zeiten. In: HansGbll. 100 (1982), S. 87–109, hier S. 97. Entsprechend hatte es bei Karl HARTFELDER gelautet: »... am 1. Februar 1491 wurde in letzter Stadt [Mainz] ... die sodalitas literaria Rhenana oder Celtica gestiftet« (Konrad Celtes und der Heidelberger Humanistenkreis. In: HZ 47, 1882, S. 15–36, hier S. 19).

83 Hans RUPPRICH, Die deutsche Literatur vom späten Mittelalter bis zum Barock, 1. Teil, München 1970, S. 508.

84 Zu den bildungsmäßigen Auswirkungen städtischer Zentralität: KIESSLING, Das gebildete Bürgertum (wie Anm. 6), und R. ENDRES, Stadt und Umland im bildungspolitischen Bereich im Spätmittelalter und in der Frühneuzeit. In: Hans K. SCHULZE (Hg.), Städtisches Um- und Hinterland in vorindustrieller Zeit (Städteforschung, R. A 22), Köln, Wien 1985, S. 157–182.

85 LUTZ, Die humanistischen Sodalitäten (wie Anm. 80), S. 47. Gemäß Günther BÖHME ist unter den Sodalitäten »nicht mehr eine Institution geregelten Forschens und systematischen Wissenschaftsbetriebs, sondern eine lockere Gemeinschaft humanistischer Gesinnungsfreunde zu verstehen ...« (Bildungsgeschichte des frühen Humanismus, Darmstadt 1984, S. 182).

86 Zur Akademie siehe: W. RÜEGG, Art. »Akademie«. In: Lexikon des Mittelalters, Bd. 1, München-Zürich 1980, Sp. 248–249.

87 BÖHME, Bildungsgeschichte (wie Anm. 85), S. 183. Zum Versammlungsort der Gelehrten um Marsilio Ficino verweist Böhme auf das Landhaus im toskanischen Carregi, das Cosimo di Medici dem Sohn seines Leibarztes Marsilio übereignet hatte (S. 181 f.). Wilhelm KÜHLMANN stellt fest, daß der Gelehrtenkreis um Rudolf Agricola, den dieser 1484/85 in Heidelberg schuf, die späteren von Celtis inspirierten Sodalitäten vorweggenommen habe. Siehe: Pädagogische Konzeptionen. In: Handbuch der deutschen Bildungsgeschichte (wie Anm. 10), S. 160.

schof von Worms, Johann von Dalberg (1455–1503), geht hervor, daß die Sodalität allmählich ganz Deutschland umspannen sollte[88]. So gründete der »Erzhumanist« 1495 die bereits genannte rheinische Sodalitas in Heidelberg, wo bereits zuvor von Dalberg in seinem Haus ein humanistisches Zentrum eingerichtet hatte. Durch Celtis angeregt, ließ der aus Italien entlehnte Akademiegedanke auch in anderen Städten Sodalitäten entstehen. Hier ließen sich die literarischen Gesellschaften zu Ingolstadt, gegründet durch Jakob Locher (*Sodalitas Philomusea*) 1498 und Aventinus 1516, zu Augsburg, initiiert durch Konrad Peutinger, wie die auf Jakob Wimpfeling zurückgehenden zu Schlettstadt (*Sodalitas litteraria Selestadensis*) und Straßburg nennen. Aber auch die Sodalität zu Basel oder die Nürnberger *Sodalitas Staupitziana* sind angesichts des von uns zu betrachtenden Städteraums zu erwähnen[89]. Wir wissen zu wenig über diese Akademien, doch haben sie sicherlich den gemeinsamen Studien, dem geistigen Austausch und der gegenseitigen Unterstützung bei wissenschaftlichen Unternehmungen gedient, so etwa bei Editionen, für die man sich um mäzenatische Förderung bemühte[90]. Vor allem aber scheinen die Gelehrten aus Universität und Schule wie auch die Drucker und Verleger sich wechselseitig angezogen und damit – wie gesagt – die Attraktivität der Stadt erhöht zu haben.

Die Gründe für die Konzentration der Sodalitäten auf den oberdeutschen Raum mögen in seiner dichteren Städte- und Universitätslandschaft, vielleicht sogar nur in persönlichen Beziehungsnetzen liegen. In Norddeutschland kennen wir jedenfalls keine humanistischen Kreise, die sich explizit Sodalität nennen. Dennoch sind strukturgleiche Phänomene zu beobachten. Schon Heinrich Lutz hat es als notwendig erachtet zu überprüfen, ob es »der Sache nach ähnliche humanistische Kreise oder Zusammenschlüsse gegeben hat«, auch wenn diese nicht *sodalitas* oder *sodalicium* hießen[91]. Ziehen wir eine andere Landschaft zum Vergleich heran: Wenn im mährischen Olmütz der Bischof und einzelne Domherren seines Kapitels, unterstützt durch Bürgermeister, Stadtschreiber und Lehrer der städtischen

88 RUPPRICH, Die deutsche Literatur (wie Anm. 83), S. 508. Zu Celtis' Plan einer gesamtdeutschen Sodalitas: Dieter WUTTKE, Conradus Celtis Protucius (1459–1508). Ein Lebensbild aus dem Zeitalter der deutschen Renaissance. In: Philologie als Kulturwissenschaft. Studien zur Literatur und Geschichte des Mittelalters, FS für Karl Stackmann zum 65. Geburtstag hg. v. Ludger GRENZMANN, Göttingen 1987, S. 270–286, hier S. 277 f.
89 Zur sozialen Zusammensetzung der Augsburger Sodalität und Nürnberger Sodalitas Staupitziana siehe: Wolfgang ZORN, Die soziale Stellung der Humanisten in Nürnberg und Augsburg. In: Die Humanisten in ihrer politischen und sozialen Umwelt, hg. v. Otto HERDING und Robert STUPPERICH (DFG; Komm. f. Humanismusforschung, Mitt. 3), Boppard 1976, S. 35–48, insb. S. 43, wo Zorn feststellt: »Die ständelos gleichheitliche Gelehrtenrepublik als Genossenschaft des Geistesadels, wie sie Celtis bei seinem Plan eines weltlichen Humanistenordens vorschwebte, war doch letztlich mehr Schein als Sein der Sozialrolle.«
90 Zu den Nürnberger Verhältnissen siehe: J. BENZING, Wer war der Drucker für die Sodalitas Celtica in Nürnberg? In: Mitteilungen aus der Stadtbibliothek Nürnberg 4 (1955), S. 1ff.
91 LUTZ, Die humanistischen Sodalitäten (wie Anm. 80), S. 47. Lutz beschränkt sich jedoch auf die Fälle, »wo das Wort nachzuweisen ist – was immer es jeweils bedeutet hat« (ebd.).

Lateinschulen, in den Jahren 1502/03 eine *Sodalitas Marcomannica* gründeten[92], war dies nicht weit von dem entfernt, was wir in Hamburg vorfinden. Auch hier fehlte es nicht an vergleichbaren, dem Geiste des Humanismus verpflichteten Amtspersonen, wie etwa den Bürgermeister Hermann Langenbeck oder den Wanderpoeten und Domherrn Hinrich Boger, die beide zum Freundeskreis des Albert Krantz zählten. Daß der seit 1493 in Hamburg amtierende Domlektor offenbar selbst auf andere Humanisten als Gelehrter anziehend wirkte, berichtet der lutherische Prediger Hermann Hamelmann in bezug auf Hermann von dem Busche (1468–1534), der auf Geheiß (*iussu*) von Krantz um das Jahr 1500/01 in Hamburg eine Rede aus Livius gehalten haben soll[93]. Es bleiben die nötigen Forschungen abzuwarten, um sagen zu können, inwieweit für die Hansestadt von einem humanistischen Gelehrtenzirkel ausgegangen werden kann. Die Mitglieder des Domkapitels, die im Jahr 1508 bei der Wahl des Albert Krantz zum Dekan diesen – so Elisabeth Schnitzler – eine »schwärmerische Verehrung« entgegengebracht haben sollen, könnten dazu einen wichtigen Ansatz bieten[94].

Wechseln wir den Schauplatz: Für Nordwestdeutschland ließe sich Köln als Sitz eines humanistischen Gelehrtensitzes nennen, ohne daß auch dieser als *sodalitas* belegt ist. Hier richtete Graf Hermann von Neuenar (1492–1530), nachdem er im Jahr 1510 aus Italien heimgekehrt war, sein Haus als Begegnungsstätte für Gleichgesinnte ein[95].

Für Erfurt ist ebenfalls keine ausgesprochene Sodalität bezeugt. Dennoch gab es hier Humanistenzirkel, die sich um einzelne Persönlichkeiten sammelten und neben Universitätsangehörigen gleichfalls Bürgern offen standen. Den um 1500/02 entstandenen Kreisen um Nikolaus Marschalk und Maternus Pistoris folgte seit 1505 der am Rande der Universität Erfurt lokalisierte *ordo Mutianus*, »ein Kreis von Schülern und Gesinnungsgenossen, die der Jurist und Humanist Konrad Mutian in seinem Domherrenhaus in Gotha um sich versammelte …«[96] Schließlich sei

92 Hans-Bernd HARDER, Zentren des Humanismus in Böhmen und Mähren. In: Studien zum Humanismus in den böhmischen Ländern, hg. v. DEMS. und Hans ROTHE (Schriften des Komitees der Bundesrepublik Deutschland zur Förderung der Slawischen Studien 11; Bausteine zur Geschichte der Literatur bei den Slaven 29), Köln, Wien 1988, S. 21–36, hier: S. 29; ferner MACHILEK, Konrad Celtis (wie Anm. 80), S. 151f.

93 Hermann HAMELMANN, De vita, studiis, itineribus, scriptis et laboribus Hermanni Buschii. In: Hermann Hamelmanns Geschichtliche Werke. Bd. 1. H. 2, hg. v. Heinrich DETMER (Veröffentlichungen der Historischen Kommission für Westfalen), Münster 1905, S. 52.

94 Elisabeth SCHNITZLER, Das geistige Leben und religiöse Leben Rostocks am Ausgang des Mittelalters (Historische Studien 360), Berlin 1940 (ND Vaduz 1965), S. 96.

95 RUPPRICH, Die deutsche Literatur (wie Anm. 83), S. 510.

96 SEIFERT, Das höhere Schulwesen (wie Anm. 10), S. 231. Nachdem die Erfurter Humanisten die Stadt im Jahr 1506 wegen der Pest hatten verlassen müssen, bot sich mit Mutian ein neues geistiges Zentrum. Dieser namhafte Humanist hatte sich lange Jahre in Italien aufgehalten und lebte seit 1503 als Kanoniker in Gotha. Siehe hierzu: Almuth MÄRKER, Geschichte der Universität Erfurt 1392–1816 (Schriften des Vereins für die Geschichte und Altertumskunde von Erfurt 1), Weimar 1993, S. 47. Zu den Humanistenkreisen um Nikolaus Marschalk, Maternus Pistoris und Eobanus Hessus siehe bereits: Horst Rudolf ABE, Der Erfurter

der »Poetenburg« genannte und Bürger mit einschließende Humanistenzirkel um Eobanus Hessus genannt, in dem dieser seit dem Jahr 1514 als »König« – so der von Reuchlin verliehene Ehrentitel – präsidierte[97].

Es fehlen noch die notwendigen Studien zu einzelnen norddeutschen Humanisten, um die Frage nach persönlichen Verflechtungen, vielleicht sogar einer gemeinsamen Wirkung beantworten zu können. Wo wir, wie in Südwestdeutschland, auf Sodalitäten und damit auf irgendwie organisierte Humanistenkreise stoßen, haben diese nicht nur die humanistische Bewegung befördert. Sie dienten vielmehr darüber hinaus, ähnlich dem Buchdruck, der Stadt als kultureller Vektor. Überdies hat Rolf Kießling für Augsburg gezeigt, daß bereits vor Bestehen der *Sodalitas literaria Augustana* die Struktur jener Humanistenzirkel als Bindeglied zwischen gebildeten Laien und Geistlichen diente[98].

Lassen sich Auswirkungen der Reformation beobachten? Blicken wir zu diesem Zweck auf die von Wimpfeling in Schlettstadt gegründete Sodalitas. Zu ihr sind unsere Kenntnisse ebenso spärlich. Doch besaßen die Glaubenskämpfe hier offenbar erneut eine zäsurale Bedeutung. Denn die Sodalität fand mit ihnen, so das Ergebnis Frédéric Hartwegs, ihr Ende[99]. Schlettstadt ist kein Einzelfall: Auch in Augsburg, Basel und Straßburg sind die *sodalitates* in den 20er Jahren des 16. Jahrhunderts in die Krise geraten. Sie haben es offenbar nicht vermocht, die mit der beginnenden reformatorischen Bewegung einhergehende Polarisierung zu verkraften und diese Zeit zu überstehen. Die Frage Werner Kaegis nach der »humanistischen Kontinuität im konfessionellen Zeitalter« in bezug auf die Sodalitäten zu stellen, bleibt – dies hat bereits H. Lutz resümiert – ein reizvolles Forschungsdesiderat[100].

IV. *Formen der Wissenschaftsförderung in der Stadt*

Unter Wissenschaftsförderung werden im folgenden alle materiellen Zuwendungen an die an einer Universität Studierenden und Lehrenden wie an die Institution als solche verstanden. Daß dieser moderne Verhältnisse implizierende Begriff für das Mittelalter nur beschränkt angewendet werden kann, gibt das Studienver-

Humanismus und seine Zeit. Die Geschichte des Erfurter Humanismus bis zum Jahre 1516, Diss. Jena 1953 (masch.), S. 170–203.

97 MÄRKER, (wie Anm. 96), S. 48 f. Siehe ferner: Stefan RHEIN, Philipp Melanchthon und Eobanus Hessus. Wittenberger Reformation und Erfurter »Poetenburg«. In: Erfurt. Geschichte und Gegenwart, hg. v. Ulman WEISS, Weimar 1995, S. 283–295. Rhein spricht von »dem königlichen Haupt der Erfurter Humanisten-Sodalität«, Eobanus Hessus (S. 283); zu dem von Reuchlin verliehenen Titel: ebd., S. 285. Zu Eobanus siehe überdies die bislang umfassendste Biographie von: Carl KRAUSE, Helius Eobanus Hessus. Sein Leben und seine Werke, 2 Bde., Gotha 1879. Siehe auch: Winfried TRILLITZSCH, Humanismus und Reformation: Der Erfurter Humanist und »Dichterkönig« Helius Eobanus Hessus. In: Wiss. Zs. d. Friedrich-Schiller-Universität Jena (Gesellschaftswissenschaftliche Reihe) 33 (1984), S. 343–357.

98 KIESSLING, Das gebildete Bürgertum (wie Anm. 6), S. 578.

99 HARTWEG, Das »Bildungsangebot« in Schlettstadt (wie Anm. 21), S. 36.

100 Zu den letzten Ausführungen siehe: LUTZ, Die humanistischen Sodalitäten (wie Anm. 80), S. 56 f., 60. Lutz bezieht sich auf Werner KAEGI, Humanistische Kontinuität im konfes-

halten zu erkennen. Denn die Mehrheit der Studenten erfuhr keinerlei Graduierung, brach also das Studium schon an der Artistenfakultät vor Erreichen des Bakkalauriats ab, was den Schluß zuläßt, daß der Universitätsbesuch in solchen Fällen stärker »schulische« Funktion besaß[101].

Die bisher erst in Ansätzen erforschten Studienstiftungen[102] sind in vielerlei Hinsicht zu differenzieren: zunächst nach ihrem Zweck, dann nach ihrer Art als Geld- oder Wohnheimstipendium und nicht zuletzt nach ihrem Empfängerkreis als reine Familien-, ortsgebundene, freie oder gemischte Stiftung[103]. Wir lassen die

sionellen Zeitalter, Basel 1954. Zu den Sodalitäten in der »frühneuzeitlichen Sozialität« bemerkt Paul MÜNCH, daß sich die »humanistischen Gelehrten, die als ›Nobilitas litteraria‹ im Gefüge der traditionalen Sozialität keinen Platz mehr fanden, ... in vielen Städten zu Sodalitäten zusammen(schlossen).« Siehe: Lebensformen, Lebenswelten und Umgangserziehung. In: Handbuch der deutschen Bildungsgeschichte (wie Anm. 10), S. 122.

101 Auch J. MIETHKE weist darauf hin, daß im Mittelalter das Studium im Gegensatz zu heute nicht als Qualifikationsphase angesehen wurde, an deren Schluß ein Erfolgszertifikat zu stehen hatte. Graduierungen seien für das Gros der Studenten deshalb »kein eigentliches Ziel« gewesen. Von der überwältigenden Mehrheit der bis zu 80 % an der Artistenfakultät eingeschriebenen Studenten seien »noch in der zweiten Hälfte des 15. Jahrhunderts ... weniger als 50 % der Inskribierten zu Bakkalaren graduiert« worden. Siehe: Die Welt der Professoren und Studenten (wie Anm. 21), S. 24. G.-R. TEWES gibt am Beispiel Köln ebenfalls die schulische Funktion der Universität zu erkennen. So hätten dort die oft noch minderjährigen und teilweise sogar die adligen Bürgersöhne »in auffallender Dichte in den beiden Kleinbursen (studiert), die ... in gewisser Weise das in der damals größten deutschen Stadt nicht vorhandene städtische Gymnasium ersetzten« (Stadt und Bursen, wie Anm. 24, S. 6). A. SEIFERT weist überdies darauf hin, daß besonders »in wenig urbanisierten Gebieten ... die Universität schlicht als Schule angesehen und benützt worden sein« wird (Das höhere Schulwesen, wie Anm. 10, S. 199).

102 Zu den Stipendienstiftungen allgemein: Dieter PLEIMES, Weltliches Stiftungsrecht. Geschichte der Rechtsformen (Forschungen zum deutschen Recht 3, H. 3), Weimar 1938, insb. S. 229–244; zum Stipendienwesen in einzelnen Ländern, Städten und Universitäten: Franz Joseph v. BIANCO, Die alte Universität Köln sowie die zu Köln administrierten Studien-Stiftungen, Teil 2: Die Studien-Stiftungen, 2. Aufl., Köln 1850; Wilhelm STIEDA, Hansestädtische Universitätsstipendien. In: Zs. d. Ver. f. Hamburgische Geschichte 16 (1911), S. 274–334; Heinz Jürgen REAL, Die privaten Stipendienstiftungen der Universität Ingolstadt im ersten Jahrhundert ihres Bestehens (Ludovico Maximilianea. Universität Ingolstadt – Landshut – München, Forschungen und Quellen 4), Berlin 1972; Walter HEINEMEYER, *Pro studiosis pauperibus*. Die Anfänge des reformatorischen Stipendiatenwesens in Hessen. In: Studium und Stipendium. Untersuchungen zur Geschichte des hessischen Stipendiatenwesens, hg. v. DEMS. (Veröff. d. Hist. Komm. f. Hessen 37), Marburg 1977, S. 77–100; Karl-Hermann WEGNER, Studium und Stipendium in Hessen vor der Reformation. In: ebd., S. 3–76; Volker SCHÄFER, »Zu Beförderung der Ehre Gottes und Fortpflanzung der Studien«. Bürgerliche Studienstiftungen an der Universität Tübingen zwischen 1477 und 1750. In: Stadt und Universität (wie Anm. 7), S. 99–111; K. WRIEDT, Studienförderung und Studienstiftungen in norddeutschen Städten (14.–16. Jahrhundert). In: Stadt und Universität (wie Anm. 24), S. 33–49; Bernhard EBNETH, Stipendienstiftungen in Nürnberg. Eine historische Studie zum Funktionszusammenhang der Ausbildungsförderung für Studenten am Beispiel einer Großstadt, 15.–20. Jahrhundert (Nürnberger Werkstücke z. Stadt- u. Landesgesch. 52), Nürnberg 1994; zuletzt auch SEIFERT, Das höhere Schulwesen (wie Anm. 10), S. 271–273.

103 So die von SCHÄFER gewählte Einteilung für die privaten Studienstiftungen in Tübingen: Bürgerliche Studienstiftungen (wie Anm. 102), S. 102.

von einzelnen Bürgern bzw. Privatpersonen in Form von testamentarischen Verfügungen sowie Altar- und Meßstiftungen getroffenen Fördermaßnahmen außer acht, ebenso solche Stiftungen, die für Kollegien und Bursen ins Leben gerufen wurden. Anstelle dessen beschränken wir uns hier auf die Anstrengungen der Stadtgemeinden und die Frage, was die Reformation an den Studienstiftungen änderte. Die Kommunen und ihre Ratsgremien traten seit dem ausgehenden 14. Jahrhundert bereits insofern als Förderer der Universitäten auf, als sie direkt oder indirekt bei deren Entstehung und weiterhin an deren finanziellen Unterstützung beteiligt waren. Bei den Gründungen in Köln (1388), Erfurt (1389), Rostock (1419) und Greifswald (1456) wird dieser Zusammenhang überaus deutlich[104]. Auch die Universität Basel entstand 1460 auf städtische Initiative[105], und in Freiburg wurde der Lehrbetrieb überhaupt erst ermöglicht, weil die Stadt die Gehälter für die Professoren zahlte[106].

Das Studium zu fördern resultierte für die Stadt zweifellos aus dem Bedarf an universitätsgebildeten, späterhin sogar graduierten Amtsträgern. Zunächst können wir vielfach – wie bei den eben genannten Städten – beobachten, daß die Universität nur als Institution finanziell unterstützt wurde. Im 15. Jahrhundert finden sich zwar vereinzelte, vom Rat geschaffene Stipendienstiftungen für zukünftige Stelleninhaber, wie zum Beispiel K. Wriedt und M. Kintzinger für norddeutsche Kommunen gezeigt haben[107]. Doch gängige Praxis blieb, sich der gelehrten Fachleute durch direkte oder indirekte Förderung der Hohen Schule zu versichern. Während die Stadt Köln mehrere Professoren besoldete, die als »geschworene städtische Räte« der Kommune vor allem als Rechtsberater dienten[108], vereinbarte im Jahr 1456 Greifswald mit seiner Universität vertraglich, daß ein promovierter Jurist der Stadt »ständig als Syndikus zur Verfügung stehen solle«[109]. Auch Hamburg, das selbst keine eigene Universität besaß, wählte dieses Verfahren. Da der Rat seit 1445 jährlich eine Summe *tho behoff unnd nutlicheit des gantzen studii unnd universiteten* nach Rostock überwiesen hatte, verwies er im Jahr 1530 auf

104 Zur städtischen Gründung Köln siehe v. den Brincken, Die Stadt Köln und ihre Hohen Schulen (wie Anm. 26), S. 27–52, zur Gehaltszahlung seitens der Kommune S. 37 f.
105 Ulrich Im Hof, Die reformierten Hohen Schulen und ihre schweizerischen Stadtstaaten. In: Stadt und Universität (wie Anm. 7), S. 53–70, hier S. 55 f. Zum Besoldungswesen in Basel: Josef Rosen, Die Universität Basel im Staatshaushalt 1460–1535: Die Gehälter der Dozenten. In: Basler Zs. f. Geschichte u. Altertumskde. 71 (1972), S. 137–219.
106 Joachim Köhler, Die Universität zwischen Landesherr und Bischof. Recht, Anspruch und Praxis an der vorderösterreichischen Landesuniversität Freiburg (1550–1752) (Beiträge zur Geschichte der Reichskirche in der Neuzeit 6), Wiesbaden 1980, S. 62 f. Die Stadt kam auch für die Finanzierung von Reisen und Kosten für Pfründenprozesse auf.
107 Wriedt, Studienförderung und Studienstiftungen (wie Anm. 102), S. 48 f.; Martin Kintzinger, Das Bildungswesen in der Stadt Braunschweig im hohen und späten Mittelalter. Verfassungs- und institutionengeschichtliche Studien zu Schulpolitik und Bildungsförderung (Beihefte zum Archiv für Kulturgeschichte 32), Köln, Wien 1990, ins. S. 432 ff.
108 Wriedt, Studienförderung und Studienstiftungen (wie Anm. 102), S. 36; v. den Brincken, Die Stadt Köln und ihre Hohen Schulen (wie Anm. 26), S. 39.
109 Wriedt, Studienförderung und Studienstiftungen (wie Anm. 102), S. 36.

diese langjährige Beziehung und bat die Universität, den Magister Lambert Tackel als Berater abzustellen[110].

Mit der Reformation änderten sich die Ziele, aber auch die Verwaltung des Stiftungswesens. Die hier ausgeblendeten privaten Stiftungen erhielten sich zwar weiterhin und nahmen sogar seit Mitte des 16. Jahrhunderts noch zu, doch gingen die Stiftungen insgesamt verstärkt in die Hand des Landesherrn oder städtischen Magistrats über. Wenn Landgraf Philipp von Hessen bei der Gründung seiner Landesuniversität Marburg im Jahr 1527 die Überzeugung ausdrückte, man müsse auch die Studenten *mit jerlichen stipendien ad studia ziehen und kauffen*, dokumentierte dies, daß der Begriff *stipendium* nicht mehr nur das Professorengehalt bezeichnete, sondern nun gleichermaßen das Studieren unter bestimmten Bedingungen als eine besoldungsfähige und -bedürftige Tätigkeit anerkannt wurde[111]. Dieses Umdenken, das sich auf Dauer auch bei anderen protestantischen und katholischen Universitäten beobachten läßt, verweist auf die an früherer Stelle erörterte Frequenzkrise der 20er Jahre und die damit verbundenen Veränderungen innerhalb der Artistenfakultäten. Wenn der aus Grächen im Wallis stammende Thomas Platter (1499–1582) in seiner 1572 niedergeschriebenen Selbstbiographie für Basel berichtet, dort habe es in den 30er Jahren Professoren *offt schier mer den studenten* gegeben, zeigt dies, daß vorhandene Ausbildungskapazitäten nicht mehr wie bisher ausgeschöpft wurden. Diesem überkonfessionellen Problem war nach A. Seifert »nur dadurch abzuhelfen, daß der Staat seine finanzielle Unterhaltsleistung über den artistischen Lehrkörper, den er soeben in sie einbezogen hatte, hinaus auf die Studentenschaft ausdehnte«[112]. Das heißt aber nicht, daß von den Stipendienordnungen nur die Artisten profitierten. Auch die Studenten der juristischen und medizinischen Fakultät kamen in deren Genuß. Dennoch wurde letzten Endes der Förderungsschwerpunkt eindeutig auf die Theologenausbildung verlagert, so daß Seifert recht zu geben ist, wenn er den artistisch-theologischen, zu Schul- und Kirchendienst vorausverpflichteten Stipendiaten als das typische »Erzeugnis der Reformationszeit« bezeichnete[113]. Für die im protestantischen Bereich verstärkte Förderung des Theologiestudiums kann als ein berühmtes Beispiel auf das vom württembergischen Herzog 1536 eingerichtete Evangelische Stift in Tübingen verwiesen werden, das mit Freiplätzen für zunächst 150 Studenten eingerichtet wurde[114].

Hinsichtlich der veränderten Verwaltungsstrukturen ist für den territorialen Bereich an die in landesherrlichen Stipendienkassen zusammengelegten Einzelstiftungen und die dazu verfaßten Stipendienordnungen zu erinnern, wie sie seit den 1530er Jahren aus Hessen, Sachsen oder Württemberg bekannt sind. Aber ebenso

110 Hier zitiert nach Wriedt, ebd., S. 37.

111 Seifert, Das höhere Schulwesen (wie Anm. 10), S. 271; Wegner, Studium und Stipendium (wie Anm. 102), S. 30.

112 Hierzu wie zu Platter Seifert, ebd., S. 272.

113 Ebd., S. 273.

114 Schäfer, Zur Beförderung der Ehre (wie Anm. 102), S. 99.

hatte sich die Finanzierungsbasis gewandelt. Neue Ressourcen ergaben sich dadurch, daß die säkularisierten Kirchengüter und Pfründvermögen nunmehr für Stipendien genutzt wurden. Hierin verfuhren die Landesherren und Kommunen gleichermaßen, obgleich das Stiftungswesen in der Bildungspolitik beider Seiten Konfliktstoff liefern konnte, wie dies für Hessen belegt ist[115]. Ob und in welcher Form gegebenenfalls auch in anderen Territorien die kommunalen Formen der Studienförderung mit den Zielsetzungen der Landesfürsten kollidierten, ist sicherlich ein Thema, dem sich die Forschung bislang nur unzureichend gewidmet hat.

V. *Die Stadt und ihr Gelehrtenpersonal*

Über welches Gelehrtenpersonal verfügte die Stadt um 1500, und welches war für sie notwendig? Diesen Fragen ist eine andere von grundsätzlicher Natur vorgelagert, nämlich die, wer denn eigentlich zu den Gelehrten zählte. Hieran anschließend, ließe sich fragen: Gab es hinsichtlich ihres Verständnisses Wandlungen beim Übergang vom Mittelalter zur frühen Neuzeit[116]? Verbarg sich hinter den Gelehrten ein geschlossener gesellschaftlicher Stand, und welche Bedeutung besaß eine solche Exklusivität dann für den Stadtbürger? Oder zeichnete sich die Gelehrtengruppe durch eine besondere Bildung aus?

Im Mittelalter war eine solche zweifellos durch die Beherrschung der lateinischen Sprache gegeben und deshalb zunächst und hauptsächlich an den Klerus geknüpft, wenngleich wir sagen müssen, daß es immer auch einen Kreis lateinkundiger Bürger in Rat oder Kaufmannschaft gegeben hat[117]. Befragen wir die Zeitgenossen um 1500, läßt sich schnell feststellen, daß die traditionelle, im Hochmittelalter und ungeachtet des Bürgertums formulierte Lehre von den drei als Lehr-, Wehr- und Nährstand bekannten Ständen wesentliche Veränderungen erfahren hatte. So unterschied zum Beispiel der in Eggenfelden, Dingolfing und Landshut tätige Schulmeister Christoph Huber in seiner *Rethorica volgaris* von 1477 den geistlichen, weltlichen und gelehrten Stand. Entscheidend an dieser deutschsprachigen Rhetorik war damit, daß die in ihr enthaltene Ständegliederung die Trennung zwischen Geistlichen und Gelehrten vorsah[118]. Letztere nur im Kreis der

115 Siehe die Zusammenfassung von WEGNER, Studium und Stipendium (wie Anm. 102), S. 71.

116 Zu diesem Problem siehe insbesondere: Gunter E. GRIMM, Literatur und Gelehrtentum in Deutschland. Untersuchungen zum Wandel ihres Verhältnisses vom Humanismus bis zur Frühaufklärung (Studien zur deutschen Literatur 75), Tübingen 1983.

117 Hierzu demnächst: K. WRIEDT, Latein und Deutsch in den Hansestädten vom 13. bis zum 16. Jahrhundert. In: Latein und Nationalsprachen (wie Anm. 2).

118 Klaus KLEIN, Art. »Huber, Christoph«. In: Die deutsche Literatur des Mittelalters. Verfasserlexikon, Bd. 4, Berlin – New York 1983, Sp. 210–211; GRIMM, Literatur und Gelehrtentum (wie Anm. 116), S. 17 f. Die »Rhetorica vulgaris« ist ediert bei Johannes MÜLLER, Quellenschriften und Geschichte des deutschsprachigen Unterrichts bis zur Mitte des 16. Jahrhunderts, Gotha 1882 (ND Darmstadt 1969), S. 368–370.

Laien zu verorten entsprach dem Geist des Humanismus. In Zeiten des Konfessionalismus kehrten jedoch die Protestanten gleichsam in das Mittelalter zurück, wenn sie – wie etwa der Straßburger Johannes Sturm in seinem Schulplan von 1538 – »keinen weltlichen Gelehrten-Stand als unabhängige gesellschaftliche Formation« anerkannten und im Sinne der *pietas literata* den Gelehrten ausschließlich als »frommen Gelehrten« definierten[119]. Von diesem Verständnis sind gleichermaßen die Kirchenordnungen geprägt. Nehmen wir nur die Braunschweiger von 1528 oder die Württembergische von 1558 als Beispiel, so wird in beiden von den anzustellenden Lehrern sowohl Gelehrsamkeit als auch Frömmigkeit gefordert[120].

»Mittelalterlich« blieben die deutschen Gelehrten, selbst die Humanisten, auch hinsichtlich des Unterscheidungskriteriums der lateinischen Sprache[121]. Wenngleich diese nunmehr an dem klassischen, sprich ciceronianischen Stilideal ausgerichtet und mithin die (spät-)mittelalterliche Latinität minderbewertet wurde, blieb das Latein, selbst zuzeiten, als es tatsächlich an Bedeutung verlor, *die* Kommunikationsform des Gelehrtenstandes. Es drückte eine gemeinschaftliche Gesinnung aus. Wir können auch sagen: Es machte aus den Gelehrten einen Gesinnungsstand, der als solcher auch Angehörigen des Adels und des Bürgertums offenstand[122]. In den Stadtgesellschaften des 16. Jahrhunderts behielt das Latein seinen »Sprachbarrierencharakter« bei, obgleich uns die konfessionelle Lage im damaligen Reich zwingt zu differenzieren. Während »das katholische Autorenlager Vorbehalte gegen das durch das reformatorische Schrifttum stigmatisierte Deutsch entwickelte«, hat Erich Kleinschmidt am Beispiel der Stadt Straßburg darauf hingewiesen, daß sich die »Ausbildung einer gelehrten Darstellungsweise in der Volkssprache ... wesentlich in den protestantischen Städten des 16. Jahrhunderts« vollzog[123].

Die Frage nach der sich wandelnden Latinität und dem Übergang zu einer volkssprachlichen Gelehrsamkeit, die hier nicht weiter verfolgt werden kann, besitzt für das Gelehrtentum um 1500 zentrale Bedeutung, nicht zuletzt deshalb, weil wir an diesem Punkt etwas über das Selbstverständnis seiner Mitglieder erfahren. Doch wie sah die Fremdwahrnehmung und -bewertung aus?[124] Wenn wir von

119 GRIMM, Literatur und Gelehrtentum (wie Anm. 116), S. 19.
120 Ebd., S. 27; MERTZ, Das Schulwesen (wie Anm. 12), S. 408.
121 Hierzu ANDERMANN, Verhältnis von lateinischer und volkssprachlicher Gelehrsamkeit (wie Anm. 2). Auf die »deutschen Gelehrten« wird deshalb gesondert abgehoben, weil im Vergleich zu ihnen die Italiener etwa 100 Jahre früher das *volgare* als gelehrte Diskursform benutzten. Als Verfechter eines volkssprachlichen Humanismus sei hier als Beispiel Pietro Bembo (1470–1547) mit seinen *Prose della volgar lingua* von 1525 herausgehoben.
122 GRIMM, Literatur und Gelehrtentum (wie Anm. 116), S. 25 f.
123 KLEINSCHMIDT, Gelehrtentum und Volkssprache (wie Anm. 59), S. 132.
124 Ausgeklammert bleiben bei den folgenden Ausführungen die Kritik an der Gelehrtensprache Latein, die Klagen über die Magister und Scholaren und die im 15. Jahrhundert auftauchende Gelehrtensatire. Zur kritisch-ironischen Bewertung von Universitätsgelehrten in der Pedantenliteratur: Florian NEUMANN, »Pedanten«. Grundzüge der Pedantensatire im Cinquecento. In: Winfried MÜLLER u.a. (Hgg.), Universität und Bildung, FS f. Laetitia Boehm zum 60. Geburtstag, München 1991, S. 115–128.

den beispielhaft vorgeführten Ständelehren absehen, stellt sich zuallererst die Frage, wer denn in der Stadt überhaupt als Gelehrter galt. Sicherlich sind hier zunächst die graduierten Universitätsgebildeten zu nennen, die als Lehrer, Arzt, Advokat oder Theologe in städtischem Dienst standen oder freiberuflich tätig waren. Auch die Studenten gehörten zur Schicht der Gelehrten. Weniger eindeutig lassen sich indessen diejenigen einordnen, die zwar eine Lateinschule besucht, aber weder studiert hatten noch einen gelehrten Beruf ausübten. Zu ihnen konnten – gleichsam als »Zwischenschicht« – Buchdrucker, Apotheker, Wundärzte, beamtete Schreiber, Sekretäre und Amtsleute oder Küster und Laientheologen zählen[125].

Die herausgehobene Stellung der Gelehrten in der Stadt konnte äußerlich durch eine besondere Kleidung wahrgenommen werden. Angehörige von Universitäten, Lehrende wie Studierende, unterlagen in dieser Hinsicht eigenen Kleiderordnungen, die mitunter in den überlieferten Universitätsstatuten penibel, d. h. auch nach Statusgruppen, geregelt waren. So durften zum Beispiel die *doctores* der höheren Fakultäten gemäß den Ingolstädter Statuten von 1472 ein rotes Birett, die Artisten hingegen nur ein braunes tragen[126]. Wenn sich im Mittelalter die Kleidung der Universitätsgelehrten der Tracht des Weltklerikers angenähert hatte, so kann die Tatsache, daß durch die Reformation diese traditionelle Gelehrtentracht durch weltliche Kleidung abgelöst wurde[127], als ein Indiz für die zunehmende Säkularisierung von Bildung begriffen werden.

Über die universitätsinternen Regelungen hinaus gibt auch die auf Reichs-, Landes- oder kommunaler Ebene erlassene Kleidergesetzgebung wesentliche Hinweise auf die soziale Wertschätzung von gelehrten Personen[128]. Sie werden durch die *doctores* vertreten, die seit dem Augsburger Reichstag von 1500 als den Rittern ebenbürtig, gegenüber dem einfachen Adel sogar als höherrangig erscheinen. Selbst wenn eine kommunale Kleiderordnung etwas anderes vorsah, konnte der in einer Stadt wohnende Doktor sich stets auf seinen reichsrechtlich erlangten Status berufen. Und dieser verbürgte die »Gleichberechtigung des ›geistigen Adels‹ mit dem Geburtsadel« (*nobilitas propter scientiam*) oder anders gesagt: der Doktortitel

125 GRIMM, Literatur und Gelehrtentum (wie Anm. 116), S. 30.

126 Laetitia BOEHM, Libertas Scholastica und Negotium Scholare. Entstehung und Sozialprestige des akademischen Standes im Mittelalter. In: Hellmuth RÖSSLER und Günther FRANZ (Hgg.), Universität und Gelehrtenstand. Büdinger Vorträge 1966, Limburg 1970, S. 15–62, hier S. 48; Winfried MÜLLER, Der Universitätsgelehrte im späten Mittelalter. In: Literaten – Kleriker – Gelehrte. Zur Geschichte der Gebildeten im vormodernen Europa, hg. v. Rudolf W. KECK u.a. (Beiträge zur historischen Bildungsforschung 15), Köln, Weimar, Wien 1996, S. 191–206, hier S. 194. Über die Kleidung allgemein: Aleksander GIEYSZTOR, Organisation und Ausstattung. In: Geschichte der Universität in Europa (wie Anm. 29), S. 109–138, hier S. 136 f. Über die Kleiderordnungen an den einzelnen Universitäten siehe Georg KAUFMANN, Die Geschichte der deutschen Universitäten, Bd. 2, Stuttgart 1896 (ND 1958), S. 83 ff.

127 Zu diesem Wandel siehe GRIMM, Literatur und Gelehrtentum (wie Anm. 116), S. 45 f.

128 An dieser Stelle ist auch auf Hochzeitsordnungen hinzuweisen, so auf die private des Nürnbergers Dr. Christof Scheurl von 1519, »wo ›eins ehrbaren Rats und ander Doctoren Juristen‹ unmittelbar hinter den Jungen Bürgermeistern und noch vor allen anderen Genannten rangierten« (hier zitiert nach ENDRES, Sozial- und Bildungsstrukturen, wie Anm. 46, S. 46).

ersetzte den Blutsadel[129]. Die zeitgenössische Stimme des Ulmer Dominikaners Felix Fabri vermag dies eindrucksvoll zu bestätigen. In seinem um 1488 verfaßten *Tractatus de civitate Ulmensi* »ordnet er die Doktoren der Medizin und des Kaiser- wie Kirchenrechts unter Berufung auf juristische Autoritäten den Adligen zu, denn sie seien weder Kleriker noch dem Volk zuzurechnen«[130]. Der im Mittelalter verstärkt Klerikern mögliche soziale Statuswechsel war damit auf den Kreis der graduierten Universitätsabsolventen erweitert worden. Dabei war der Gedanke, daß Bildung adle, wiederum »ein Indiz für den säkularisierten Begriff von Bildung, die nun zum Kriterium des gelehrten Berufsstandes (wurde)«[131].

Doch wenden wir uns nunmehr dem Verhältnis von Stadt und Gelehrtentum auf konkreter Ebene zu. Bei der Frage, wo gelehrte Personen in der Bürgergemeinde Verwendung fanden und welche Karrieremöglichkeiten sie besaßen, müssen wir – ungeachtet der zu differenzierenden Graduierung – zwischen den klerikalen und laikalen Gelehrten unterscheiden. Den Angehörigen der ersten Personengruppe standen die herkömmlichen geistlichen Laufbahnen offen. Kleriker aus den alteingesessenen Familien der städtischen Oberschicht, zu deren Mentalität es gehörte, zumindest einen Geistlichen in der Familie zu haben, besetzten vorzugsweise die Kanonikatsstellen in der Stadt, bei Abschließung des ansässigen Domkapitels auch Stellen in den benachbarten Domkapiteln. Letzteres läßt sich zum Beispiel in Augsburg beobachten, von wo nach Eichstätt, Freising, Regensburg oder Brixen ausgewichen wurde[132]. Darüber hinaus fanden die Geistlichen – denken wir nur an das Stichwort »Klerikerjuristen«[133] – immer schon eine wichtige Verwen-

129 Grimm, Literatur und Gelehrtentum (wie Anm. 116), S. 33–36, zum Zitat: S. 34. Zur Sonderstellung der Graduierten in städtischen Kleiderordnungen, vor allem denen von Leipzig und Straßburg, siehe ebd., S. 47.

130 *Idcirco doctores medicinae, legum et canonum, quamvis clerici et ecclesiastici non sint, non tamen sunt inter plebeios computandi, sed inter milites et nobiles, quorum privilegiis et amplioribus gaudent*; auch in der Übersetzung zitiert nach Rexroth, Städtisches Bürgertum (wie Anm. 25), S. 15 und Anm. 9. Zur Gleichsetzung von Adel und Doktor siehe auch: Hermann Kantorowicz, Praestantia doctorum (1931). In: Ders., Rechtshistorische Schriften, hg. v. Helmut Coing und Gerhard Immel (FreibRechtsStaatswissAbhh. 30), Karlsruhe 1970, S. 377–396; Alessandra Visconti, De nobilitate doctorum legentium in studiis generalibus. In: Studi di storia e diritto in onore di Enrico Besta, Bd. 3, Milano 1939, S. 221–241; Johan Huizinga, Herbst des Mittelalters. Studien über Lebens- und Geistesformen des 14. und 15. Jahrhunderts in Frankreich und in den Niederlanden (1941), hg. v. Kurt Köster, 11. Aufl., Stuttgart 1975, S. 83 f.; Gabriel Le Bras, Velut splendor firmamenti. Le docteur dans le droit de l'église médiévale. In: Mélanges offerts à Etienne Gilson, Toronto – Paris 1959, S. 373–388; Hermann Lange, Vom Adel des doctor. In: Das Profil des Juristen in der europäischen Tradition, Symposion aus Anlaß des 70. Geburtstages von Franz Wieacker, hg. v. Klaus Luig u. Detlef Liebs, Ebelsbach 1980, S. 279–294; Ingrid Baumgärtner, »De privilegiis doctorum«. Über Gelehrtenstand und Doktorwürde im späten Mittelalter. In: HJb. 106 (1986), S. 298–332.

131 Grimm, Literatur und Gelehrtentum (wie Anm. 116), S. 47.

132 Kiessling, Das gebildete Bürgertum (wie Anm. 6), hier S. 558.

133 Zu diesem Phänomen siehe: Karl Siegfried Bader, Klerikernotare des Spätmittelalters in Gebieten nördlich der Alpen. In: Speculum iuris et ecclesiarum. FS f. Willibald Maria

dung in der städtischen Verwaltung. Albert Krantz, der seit 1486 in Lübeck Syndikus und in Hamburg seit etwa der gleichen Zeit bis zu seinem Tode 1517 Ratskonsulent war, der ab dem Mai 1493 in Hamburg als Domlektor, *lector primarius*, und ab 1508 daselbst als Domdekan fungierte, ist ein gutes Beispiel dafür, wie weltliche und geistliche Ämter bis zu einem gewissen Grade nebeneinander und auch nacheinander ein und derselben Person angetragen werden konnten[134]. Der Hamburger Krantz, der promovierte Theologe und Kirchenrechtler, vertrat mit seinen Qualifikationen jedoch eine Minderheit, die – zumindest im Vergleich zur sozial inhomogenen Masse der Artisten – immer größere Chancen besaß, lukrative Pfründen und entscheidende Positionen sowohl in geistlichen als auch weltlichen Verwaltungen zu erhalten[135].

Konzentrieren wir uns im folgenden auf den laikalen Gelehrten, den weltlichen Universitätsgebildeten. Für diesen Personenkreis bestehen auffallende Zusammenhänge zwischen der sozialen Herkunft und der Wahl des Studiums bzw. Art der Graduierung. Die städtisch-bürgerlichen Führungsschichten wandten sich – ähnlich dem Adel – vornehmlich der Jurisprudenz zu, während die artistischen und theologischen Fakultäten die »Bastionen des Bürgertums aus der Mittel-

Plöchl, hg. v. Hans Lentze und Inge Gampl, Wien 1967, S. 1–15; Erich Genzmer, Kleriker als Berufsjuristen im späten Mittelalter. In: Études d'histoire du droit canonique dédiées à Gabriel Le Bras. Bd. 2. 1965, S. 1207–1236; Heinz Lieberich, Die Gelehrten Räte. Staat und Juristen in Baiern in der Frühzeit der Rezeption. In: ZBLG 27 (1963), S. 120–189; 29 (1966), S. 253–258; Ders., Art. »Gelehrte Räte«. In: HRG, Bd. 1, Berlin 1971, Sp. 1474–1477; K. Wriedt, Das gelehrte Personal in der Verwaltung und Diplomatie der Hansestädte. In: HansGbll. 26 (1978), S. 15–37; Ingrid Maennl, Die gelehrten Juristen in den deutschen Territorien 1250 bis 1440, Diss. Gießen 1986; Peter Moraw, Gelehrte Juristen im Dienst der deutschen Könige des späten Mittelalters (1273–1493). In: Roman Schnur (Hg.), Die Rolle der Juristen bei der Entstehung des modernen Staates, Berlin 1986, S. 77–147.

134 Zur Biographie des Albert Krantz und seinen Ämtern siehe die Untersuchungen von Andermann (wie Anm. 2).

135 Allgemein zu den Karrieremöglichkeiten von Universitätsgelehrten: R. C. Schwinges, Karrieremuster: Zur sozialen Rolle der Gelehrten im Reich des 14. bis 16. Jahrhunderts. In: Gelehrte im Reich. Zur Sozial- und Wirkungsgeschichte akademischer Eliten des 14. bis 16. Jahrhunderts, hg. v. Dems. (ZHF Beih. 18), Berlin 1996, S. 11–22; P. Moraw, Der Lebensweg der Studenten. In: Universität in Europa (wie Anm. 29), S. 225–254; beschränkt auf die Niederlande: H. de Ridder-Symoens, Possibilités de carrière et de mobilité sociale des intellectuels-universitaires au moyen âge. In: Medieval Lives and the Historian. Studies in Medieval Prosopography, hg. v. Neithard Bulst und Jean-Philippe Genet, Kalamazoo/Mich. 1986, S. 343–357; zur Karriere von Theologen unter besonderer Berücksichtigung Heidelbergs jüngst: J. Miethke, Karrierechancen eines Theologiestudiums im späteren Mittelalter. In: Gelehrte im Reich, ebd., S. 181–209. Zur Pfründenproblematik: Brigide Schwarz, Klerikerkarrieren und Pfründenmarkt. Perspektiven einer sozialgeschichtlichen Auswertung des Repertorium Germanicum. In: QFIAB 71 (1991), S. 243–265; Andreas Meyer, Der deutsche Pfründenmarkt im Spätmittelalter, ebd., S. 266–279; P. Moraw, Stiftspfründen als Elemente des Bildungswesens im spätmittelalterlichen Reich. In: Studien zum weltlichen Kollegiatstift in Deutschland, hg. v. Irene Crusius (Veröff. d. Max-Planck-Inst. f. Geschichte 114; Studien zur Germania Sacra 18), Göttingen 1995, S. 270–297; Christian Hesse, Artisten im Stift. Die Chancen, in schweizerischen Stiften des Spätmittelalters eine Pfründe zu erhalten. In: Gelehrte im Reich, ebd., S. 85–112.

schicht und der Ärmeren und damit auch der Aufsteiger« waren[136]. Wo und in welcher Funktion war der Universitätsgelehrte in der Stadt um 1500 gefragt? Da zu jener Zeit der städtische Verwaltungsausbau abgeschlossen war, kam für ihn eine begrenzte Anzahl von Ämtern in Frage. In Norddeutschland sind es der Stadtschreiber, Ratsnotar, Protonotar und Syndikus, Schulmeister, Stadtarzt und -apotheker[137]. Hinsichtlich ihrer regionalen Herkunft kamen diese Beamten mehrheitlich »aus der Stadt ihrer Diensttätigkeit selbst, aus der unmittelbaren Nachbarschaft oder den angrenzenden Territorien«[138]. Sicherlich boten die Dienstämter adäquate akademische Laufbahnen für Universitätsgebildete. Ihre Begrenztheit indessen wirft die Frage auf, wo es für diesen Personenkreis im Fall des Überhangs, der vor allem seit den 70er Jahren des 15. Jahrhunderts durch einen »nie gekannten Angebotsdruck« bestand[139], Ausweichmöglichkeiten gab[140]. Dies ist nur eines der grundsätzlichen Probleme, die zu untersuchen wären. Andere ließen sich wie folgt formulieren: Aus welchen sozialen Schichten rekrutierte sich das gelehrte Personal, aus welchem Einzugsbereich stammte es? Wann und wie vollzog sich die Laisierung der Gelehrten, vor allem der Juristen in der städtischen Verwaltung? Wie gestaltete sich der Zusammenhang von Universitätsstudium und sozialer bzw. beruflicher Karriere? Welches Verhältnis besaßen die Gelehrten zu den Ratsmitgliedern der Stadt; in welchem Maße und seit wann wiesen letztere selbst eine universitäre Bildung auf?

Selbstverständlich können in diesem Beitrag diese Fragen nicht ausführlich erörtert, sondern nur einzelne Aspekte hervorgehoben werden. Bereits im Jahr 1974 betonte Heinrich Koller vor diesem Arbeitskreis, daß »die Hohen Schulen im ausgehenden Mittelalter eindeutig verbürgerlichten und immer mehr eine Domäne

136 MORAW, Der Lebensweg (wie Anm. 135), S. 240. Moraw unterscheidet den »adelig-patrizisch-besitzenden Scholarentyp« und den »meist wenig bemittelten einfachen Artisten«, dessen Herkunftsorte »vielfach mittlere und kleine Städte und nicht selten Dörfer waren« (ebd., S. 249). Bis etwa 1450/70 meint er feststellen zu können, daß es sich »bei den wirklichen *homines novi* ... immer nur um Bakkalare der Theologie« gehandelt hat (Stiftspfründen, wie Anm. 135, S. 280). Die medizinische Fakultät als die kleinste unter den drei höheren, deren Graduierte »später das relativ bescheidenste Maß an Reputation aufwiesen« und als *Physici* »oft aus der Mittelschicht oder von Handwerkern, auch von einfachen Wundärzten« stammten (MORAW, Der Lebensweg, S. 240), soll hier außer acht bleiben.
137 Jüngst hierzu K. WRIEDT, Gelehrte in Gesellschaft, Kirche und Verwaltung norddeutscher Städte. In: Gelehrte im Reich (wie Anm. 135), S. 437–452, hier S. 440–442 f.
138 WRIEDT, Universitätsbesucher und graduierte Amtsträger (wie Anm. 37), S. 197.
139 R. C. SCHWINGES und K. WRIEDT (Hgg.), Das Bakkalarenregister der Artistenfakultät der Universität Erfurt 1392–1521 (*Registrum baccalariorum de facultate arcium universitatis studii Erffordensis existencium*) (Veröff. d. Hist. Komm. f. Thüringen, Große Reihe 3), Jena – Stuttgart 1995, S. XXX.
140 Als punktuelle Einsicht sei hier auf Urs Martin ZAHND verwiesen, der von den rechtsgelehrten St. Gallern Johannes Wetter und Leonhard Merz berichtet, diese hätten in ihrer Heimatstadt keine Anstellung gefunden und seien deshalb 1502 bzw. 1511 nach Wittenberg und Rostock gezogen (Studium und Kanzlei. Der Bildungsweg von Stadt- und Ratsschreibern in eidgenössischen Städten des ausgehenden Mittelalters. In: Gelehrte im Reich, wie Anm. 135, S. 453–476, hier S. 473 u. Anm. 117).

der städtischen Bevölkerung wurden«[141]. Sozialgeschichtliche bzw. prosopographische Untersuchungen zu den Studenten einzelner Universitäten geben hier mittlerweile einen guten Einblick[142]. Gut erforscht ist in dieser Richtung auch die Stadt Ulm; wenige Zahlen mögen die von Koller festgestellte Verbürgerlichung der Universitäten bestätigen. Im ersten Jahrzehnt des 15. Jahrhunderts hatten lediglich fünf Bürgersöhne dieser Stadt studiert, zwischen 1460 und 1469 waren es bereits 53, im folgenden Dezennium 113 und zwischen 1510 und 1519 schließlich 226 Ulmer[143]. In dieser Stadt begegnen wir auch der »Familie mit den meisten akademisch Promovierten im spätmittelalterlichen Deutschland«[144], nämlich der Patrizierfamilie Neidhart. Schon der aufmerksame Beobachter schwäbischer Verhältnisse, der mittlerweile bekannte Felix Fabri, schreibt bewundernd, in Schwaben »gehe das Wort um, allein die elf Söhne von Heinrich Neidhart reichten aus, um mit ihrer Weisheit und ihrem Fleiß das Reich zu regieren«[145]. Tatsächlich erwarben sieben Angehörige dieser Familie im 15. Jahrhundert den damals noch allzu seltenen Doktortitel. Da sie nicht nur in städtischen Kanzleien, sondern auch in den lukrativsten Diensten der Kirche anzutreffen sind, meinte Ernst Schubert hierin ein Standesdenken ausmachen zu können, »das Bildung als Mittel erkennt, auf dem Umweg über einträgliche Kirchenpfründen die gehobene Familienposition zu behaupten«[146].

Die Frage nach dem Verhältnis des Rates und seiner Mitglieder zum Gelehrtenstand fördert im Vergleich süd- und norddeutscher Städte mitunter gravierende Unterschiede zutage, ohne daß diese vorschnell verallgemeinert werden dürfen. Nehmen wir als Beispiel Nürnberg, für das die Forschung von 1366 bis zum Ende des 15. Jahrhunderts rund 30 Namen rechtsgelehrter Ratskonsulenten ermittelt hat und bei denen sogar seit Gregor von Heimburg und dem Jahr 1435 mindestens fünf weitere Juristen den Titel *doctor utriusque* trugen[147]. Keiner dieser Rechtsge-

141 Heinrich KOLLER, Stadt und Universität im Spätmittelalter. In: Stadt und Universität (wie Anm. 7), S. 9–26, hier S. 21. Koller berief sich dabei auf Erich Maschke.

142 Zum Beispiel: Werner KUHN, Die Studenten der Universität Tübingen zwischen 1477 und 1534. Ihr Studium und ihre spätere Lebensstellung, Bd. 1–2 (Göppinger akademische Beiträge 37–38), Göppingen 1971; Christoph FUCHS, »Dives, pauper, nobilis, magister, frater, clericus«. Sozialgeschichtliche Untersuchungen über Heidelberger Universitätsbesucher des Spätmittelalters (1386–1450) (Education and Society in the Middle Ages and the Renaissance 5), Leiden – New York – Köln 1995.

143 Ernst SCHUBERT, Einführung in die Grundprobleme der deutschen Geschichte im Spätmittelalter (Grundprobleme der deutschen Geschichte), Darmstadt 1992, S. 286.

144 Ebd.

145 Im *Tractatus de civitate Ulmensi* heißt es: *Hic [Hainricus Nithart] multos habuit filios, (XI liberos) qui paene omnes in tam claros evaserunt viros, ut cunctis admiratio esset; eratque commune per Sueviam verbum, quod illius dicti domini Hainrici filii sufficientes essent gubernare sua sapientia et industria imperium, et dicebatur quod in aliquo toto regno non essent tot et tanti docti, sicut solus vir ille in suis habuit filiis*; hier zitiert nach REXROTH, Städtisches Bürgertum (wie Anm. 25), S. 14.

146 SCHUBERT, Grundprobleme (wie Anm. 143), ebd.

147 Dietmar WILLOWEIT, Juristen im mittelalterlichen Franken. Ausbreitung und Profil einer neuen Elite. In: Gelehrte im Reich (wie Anm. 135), S. 260. Auf folgende vorausgegange-

lehrten erwarb die Mitgliedschaft im Rat. Dieser dekretierte vielmehr noch im Jahr 1497, daß »kein doctor Urteiler im Gericht sein soll, sondern sich auf die Aufgabe des Ratgebens zu beschränken habe«[148]. Im Norden bzw. Nordwesten waren die Verhältnisse indessen anders: In Lübeck stoßen wir im Jahr 1460 auf den ersten graduierten Juristen im Rat, in Hamburg im Jahr 1465, und im Kölner Ratsgremium begegnet 1484 der erste Doktor[149]. Daß jedoch auch in den Hansestädten erst in der Mitte des 16. Jahrhunderts die »eigentliche Zeit der rechtsgelehrten Ratsmitglieder« begann, haben die Untersuchungen von K. Wriedt gezeigt[150].

Unter dem Gesichtspunkt des überregionalen Vergleichs kommt der abschließenden Frage ein besonderes Gewicht zu: Gab es unter den Gelehrten Wanderungen zwischen Nord und Süd(west)deutschland? Nehmen wir die Städte Hamburg, Lüneburg, Lübeck und Rostock zum Maßstab, lassen sich – von dem aus Homburg gebürtigen Simon Batz als Syndikus in Lübeck abgesehen – erst ab den 30er Jahren des 16. Jahrhunderts Amtsträger aus dem Süden feststellen[151]. Bei diesem Personenwechsel Universitätsgebildeter in städtischen Diensten sind es neben den Medizinern vornehmlich die Juristen, die eine erhöhte Mobilität aufbrachten. Sie machte Sinn angesichts der um 1500 in den deutschen Territorien stattfindenden Intensivierung der landesherrlichen Verwaltung. Mit der Umbildung des Rates zu einem festen Kollegium formierte sich ein neuer Typ von Berufsbeamtentum, der für die Ämter des Kanzlers und gelehrten Rates die Nachfrage nach universitätsgebildeten Juristen schuf. Indem die Landesherren bei ihrem

ne Untersuchungen zu Nürnberg sei hier verwiesen: Friedrich W. ELLINGER, Die Juristen der Reichsstadt Nürnberg vom 15. bis 17. Jahrhundert. In: Reichsstadt Nürnberg, Altdorf und Hersbruck (Freie Schriftenfolge der Ges. f. Familienforschung in Franken 6), Nürnberg 1954; Helmut WACHAUF, Nürnberger Bürger als Juristen, Diss. jur. Erlangen 1972.

148 WILLOWEIT, Juristen im mittelalterlichen Franken (wie Anm. 147), S. 261. Zu Nürnberg und dem Ausschluß vom Rat selbst promovierter Personen siehe: DOTZAUER, Deutsches Studium (wie Anm. 29), S. 135. Zu der geringen Zahl akademisch Gebildeter in politischen Führungsgruppen Augsburgs siehe KIESSLING, Das gebildete Bürgertum (wie Anm. 6), S. 559–564; zu den vergleichbaren Verhältnissen in Ulm: GEIGER, Ulm vor der Reformation (wie Anm. 57), S. 58 f.; ferner Peter EITEL, Die oberschwäbischen Reichsstädte im Zeitalter der Zunftherrschaft. Untersuchungen zu ihrer politischen und sozialen Struktur unter besonderer Berücksichtigung der Städte Lindau, Memmingen, Ravensburg und Überlingen (Schriften zur südwestdeutschen Landeskunde 8), Stuttgart 1970, S. 160 f.; zu Bern: U. M. ZAHND, Die Bildungsverhältnisse in den bernischen Ratsgeschlechtern im ausgehenden Mittelalter. Verbreitung, Charakter und Funktion der Bildung in der politischen Führungsschicht einer spätmittelalterlichen Stadt, Bern 1979, S. 168 f., und jüngst DERS., Studium und Kanzlei (wie Anm. 140).

149 MORAW, Der Lebensweg (wie Anm. 135), S. 250. Zu den Hansestädten siehe: K. WRIEDT, Das gelehrte Personal (wie Anm. 133), und DERS., Gelehrte in Gesellschaft (wie Anm. 137), S. 442 f. Zu Köln siehe: Wolfgang HERBORN, Der graduierte Ratsherr. Zur Entwicklung einer neuen Elite im Kölner Rat der frühen Neuzeit. In: Heinz SCHILLING und Herman DIEDERIKS (Hgg.), Bürgerliche Eliten in den Niederlanden und in Nordwestdeutschland. Studien zur Sozialgeschichte des europäischen Bürgertums im Mittelalter und in der Neuzeit (Städteforschung, R. A 23), Köln – Wien 1985, S. 337–400.

150 WRIEDT, Gelehrte in Gesellschaft (wie Anm. 137).

151 DERS., Universitätsbesucher und graduierte Amtsträger (wie Anm. 37), S. 198.

Verwaltungsausbau darum bemüht waren, eine Unabhängigkeit vom eigenen Adel zu erreichen, hatte dies zwei für unser Thema relevante Folgen: zum einen die Rekrutierung bürgerlicher Rechtsgelehrter, zum anderen die Anstellung landfremder Doktoren[152]. Da die süddeutschen Territorien hinsichtlich des Ausbaus ihrer Hof- und Zentralbehörden gegenüber Norddeutschland einen Entwicklungsvorsprung und auch Vorbildfunktion besaßen, fand die geforderte Mobilität indessen zunächst allein in der Bewegung von Süd nach Nord ihren Ausdruck[153]. Ein gutes Beispiel hierfür ist der Einfluß süddeutscher, besonders württembergischer Kanzler und Räte in der Verwaltung des Herzogtums Wolfenbüttel[154].

VI. *Nord und Süd(west)*

Fragen wir zum Schluß – anstelle eines Resümees – nach dem Verhältnis von Süd bzw. Südwest und Nord, so wie es sich im Zeitraum des Übergangs vom Mittelalter zur Frühneuzeit unter allgemeinen Gesichtspunkten darstellt. Daß dieses Thema in der Geschichtswissenschaft vorrangig behandelt worden ist, läßt sich kaum behaupten. So hat zwar bereits die Münchener Dissertation Michael Seidlmayers sich neben der politischen Dimension auch der kulturellen gewidmet und die in ebendieser Hinsicht vorhandenen Verbindungen und Austauschbeziehungen untersucht[155]. Doch hat dann – mit großem zeitlichen Abstand – erst das Kieler Kolloquium des Jahres 1987 mit Blick auf das Spätmittelalter und die Wende zum 16. Jahrhundert sich wieder dem Thema »Nord und Süd in der deutschen Geschichte des Mittelalters« als zentralem Gegenstand zugewandt[156].

Zwischen Nord- und Süd(west)deutschland gab es nicht unwesentliche Barrieren. Dies betrifft zuallererst die untereinander bestehenden Verständigungsschwierigkeiten. Als im Jahr 1513 der vormals in Köln sein Amt ausübende Predigermönch und Inquisitor Jakob Hoogstraeten in Mainz tätig werden sollte, wurde – so läßt sich dem Briefwechsel Jakob Wimpfelings entnehmen – »dagegen eingewendet, als ein Niederdeutscher (*inferiorista*) könne er von der Bevölkerung in Oberdeutschland (*alta Alemannia*) nicht hinreichend verstanden werden, denn er

152 Siehe hierzu bereits Fritz HARTUNG, Deutsche Verfassungsgeschichte. Vom 15. Jahrhundert bis zur Gegenwart, 9. Aufl., Stuttgart 1969, S. 73. Für das Herzogtum Bayern siehe jüngst: R. A. MÜLLER, Zur Akademisierung des Hofrates. Beamtenkarrieren im Herzogtum Bayern 1450–1650. In: Gelehrte im Reich (wie Anm. 135), S. 291–307, zur Berufung Landfremder, sowohl Adliger als auch Bürgerlicher, S. 292, 295.

153 Zu den letzten Ausführungen vgl. WRIEDT, Universitätsbesucher und graduierte Amtsträger (wie Anm. 37), S. 198 f.

154 Ebd., S. 199; Helmut SAMSE, Die Zentralverwaltung in den südwelfischen Landen vom 15. bis 17. Jahrhundert (Quellen und Darstellungen zur Geschichte Niedersachsens 49), Hildesheim – Leipzig 1940; Hans Joachim VON DER OHE, Die Zentral- und Hofverwaltung des Fürstentums Lüneburg (Celle) und ihre Beamten 1520–1648, Celle 1955.

155 Michael SEIDLMAYER, Deutscher Nord u. Süd im Hochmittelalter. Die Momente ihrer gegenseitigen Durchdringung und Abstoßung in der Zeit des ostfränkischen Reiches, der Sächsischen und Salischen Kaiser, Diss. München 1928.

156 Nord und Süd (wie Anm. 37).

spreche eine fremde Sprache (*extranea lingua*)«[157]. In Norddeutschland stoßen wir umgekehrt auf das gleiche Phänomen. Als Albert Krantz als Ratssendbote Lübecks die Verhandlungen zu Wilsnack, die unter dem Vorsitz des Markgrafen Johann von Brandenburg als Vermittler zwischen den mecklenburgischen Herzögen und den Vertretern Rostocks, Lübecks, Lüneburgs, Hamburgs, Stralsunds und Wismars am 15. Oktober 1486 stattfanden, protokollierte, bemerkte er zu dem Sachwalter der Herzöge, dem Leipziger Rechtsgelehrten Dr. Bruser, folgendes: Dieser habe hochdeutsch, *alto Teutonico*, gesprochen und sei deshalb von allen Niederdeutschen nur schwer verstanden worden[158]. In seiner Sachsengeschichte, der erstmals zu Köln im Jahr 1520 und damit postum veröffentlichten *Saxonia,* beklagte und beobachtete der Hamburger Humanist zutreffend, daß die hochdeutsche Schriftsprache bereits bis in die Mark Brandenburg, konkret gesagt: in die städtischen Kanzleien vorgedrungen sei[159]. Wenn also bis dahin im spätmittelalterlichen Deutschland keine Kommunikationsgemeinschaft bestanden hatte, änderte sich dies um 1500. Krantz' Bemerkungen bezeugen die hinlänglich bekannte Entwicklung, wonach zu jener Zeit das Oberdeutsche zunehmend das Niederdeutsche verdrängte. Es soll an dieser Stelle nicht das alte Klischee von der Stagnation und dem Niedergang der Hanse einerseits und der »gleichzeitig(en) konkurrenzlosen Dynamik der Oberdeutschen« andererseits aufgebessert werden[160]. Dennoch hatte – über Fragen des verschiedenen Prestiges oder schichtenspezifischer Sprachmoden hinweg – der Einzug des Hochdeutschen schon mit einer notwendigen Neuorientierung der norddeutschen Wirtschaft nach Süden zu tun, als nach Schließung der Außenkontore die Vermittlerfunktion der Hanse im Ost-West-Handel verloren gegangen war[161].

Krantz' Klage über den Sprachwandel ist implizit ein Beleg für den – wenngleich negativ beurteilten – Kontakt zu Oberdeutschland, mit dem er sich durchaus auch

157 D. MERTENS, Jakob Wimpfeling (1450–1528). Pädagogischer Humanismus. In: Humanismus im deutschen Südwesten (wie Anm. 1), S. 35–57, hier S. 42.

158 Hanserecesse III. Bd. 2, Nr. 75, S. 58: ... *utpote qui alto Teutonico uteretur, non satis plana et intelligibili nec satis expressa voce ac sonora, sed introrsum loquens ebete sono.*

159 *Saxonia*, Lib. I, cap. 1: *Sed nostris in Marchia ea ratio est ut studeant suis iam principibus Franci generis, qui avorum memoria Marchiam sunt cum dignitate electure consequuti: Et in superiori Saxonia Misnensibus veri Saxones linguam coaptant: quod alienigene principes veris Saxonibus exclusis, nacti sunt memoratos principatus.* Zum Sprachwandel in den städtischen Kanzleien siehe Agathe LASCH (Geschichte der Schriftsprache in Berlin bis zur Mitte des 16. Jahrhunderts, Dortmund 1910), die die eben zitierte Passage aus der *Saxonia* wörtlich wiedergibt (S. 9).

160 Ulf DIRLMEIER, Zu den Beziehungen zwischen oberdeutschen und norddeutschen Städten im Spätmittelalter. In: Nord und Süd (wie Anm. 37), S. 203–214, hier S. 204. Dirlmeier vernachlässigt erklärtermaßen die kulturellen Aspekte und stellt die politischen und wirtschaftlichen Beziehungen in den Vordergrund.

161 Robert PETERS, Das Mittelniederdeutsche als Sprache der Hanse. In: Sprachkontakt in der Hanse (wie Anm. 76), S. 65–88; zum Ende der mittelniederdeutschen Verkehrssprache S. 83–85, und bereits früher: Artur GABRIELSSON, Die Verdrängung der mittelniederdeutschen durch die neuhochdeutsche Schriftsprache. In: Handbuch zur niederdeutschen Sprach- und Literaturwissenschaft, hg. v. Gerhard CORDES und Dieter MÖHN, Berlin 1983, S. 119–153.

solidarisch erklären konnte[162]. Insgesamt jedoch scheinen bei dem Hamburger die Vorbehalte gegenüber dem Süden überwogen zu haben. Dies bestätigt ebenso eine Bemerkung in der erstmals im Jahr 1519 gedruckten *Wandalia*. In dieser bemängelt er, daß der dänische König den hansischen Handel mit neuen Zöllen bedrücke, »die er bei Pilgerfahrten in Oberdeutschland und Italien kennengelernt (habe)«[163].

Eine letzte zu den Sprachbarrieren passende Bemerkung rührt wiederum aus der Sachsengeschichte von Krantz, in der dieser behauptet, die niederdeutsche Mundart habe ihre Ursprünglichkeit bewahrt und verkörpere deshalb allein die echte Sprache der Deutschen. Die *superiores Germani* hingegen seien ihrer eigenen Sprache bereits überdrüssig geworden und befleißigten sich nunmehr, wie die Italiener zu reden[164]. Solche Vergleiche zwischen einzelnen deutschen Ländern, die Versuche, die eigene *patria* in den Mittelpunkt zu rücken, finden sich bei vielen Vertretern der Blütezeit des deutschen Humanismus. In diesem Zusammenhang ist gleichfalls der Dominikaner und Lesemeister zu Ulm, Felix Fabri, zu erwähnen, der in seiner sogenannten *Descriptio Suevica* von 1489 die schönen Oberdeutschen mit den häßlichen Niederdeutschen vergleicht[165].

Die aufkommende nationale Stimmung jener Zeit schöpfte ihre Kraft aus der Abgrenzung zu den Fremden nach außen. Daß dabei die Ober- und Niederdeutschen im Reich zusammengeführt worden seien, läßt sich indes – soweit wir hier historiographische Quellen befragen – nicht beobachten[166]. Das seit dem Frühhumanismus vorhandene ethnographische Interesse, für das Fabris benutzte Gattung der *descriptio* ein Beleg ist, blieb in der Regel auf die eigene Landschaft bezogen. Allgemein hat Rolf Sprandel 1990 entsprechend festgestellt: »Ein eigentlich landeskundliches Interesse am Süden bestand im Norden sicherlich genausowenig wie umgekehrt«[167]. Nehmen wir hierfür wiederum das Beispiel Albert Krantz. Als die-

162 Rolf SPRANDEL verweist auf die *Saxonia*, in der Krantz von dem Verkauf von 16 schwäbischen Reichsstädten durch Karl IV. berichtet und sich daraufhin »als Stadtbürger solidarisch mit den Stadtbürgern Oberdeutschlands« erklärt; siehe: Was wußte man im späten Mittelalter in Süddeutschland über Norddeutschland und umgekehrt? Studien zur Geschichtsschreibung 1347–1517. In: Nord und Süd (wie Anm. 37), S. 219–230, hier S. 227.

163 Ebd. In der *Wandalia*, Lib. XIII, cap. 14, heißt es: *Wandalicarvm vrbium mercatores tum in quaestione versabant noua in regno Daniae vectigalia. Nam rex Daniae Christiernus, ab vrbe Roma descendens, exe[m]plo regionum quas peregrinatus viderat, per Italiam perq[ue] superiorem Alemania[m], suam quoq[ue] prouincia[m] instituit* (hier benutzt die Ausgabe Frankfurt/M. 1580, S. 301).

164 *Saxonia*, Lib. I, cap. 1: ... *quomodo [et] illi [superiores Germani], vt ferunt, iam linguae suae pertaesi, Italica[m] frequentant, [et] Flamingi Gallicam ... Viderint superiores Germani, [et] qui curia[m] sequuntur regis Romanorum, cur Italorum sibilos patriae linguae, vt fertur, praetulerunt.*

165 SPRANDEL, Was wußte man im späten Mittelalter (wie Anm. 162), S. 221. Zu Fabri siehe: Kurt HANNEMANN, Art. »Fabri, Felix«. In: Die deutsche Literatur des Mittelalters. Verfasserlexikon, Bd. 2, Berlin – New York 1980, Sp. 682–689, zur *Descriptio Theutoniae, Sueviae et civitatis Ulmensis*: Sp. 687 f.; Helmut BINDER, *Descriptio Sueviae*. Die ältesten Landesbeschreibungen Schwabens. In: Zs. f. Württ. LG 45 (1986), S. 179–196.

166 SPRANDEL, Was wußte man im späten Mittelalter (wie Anm. 162), S. 228.

167 Ebd., S. 222.

ser in seiner *Wandalia* über die Bauweise von Holzhäusern im norwegischen Bergen reflektierte, verglich er diese zwar mit denen im Alpenraum. Doch Norwegen rechnete er aufgrund seines hansischen Berichtshorizontes zu *seiner* Landschaft[168]. Krantz' Blick nach Norwegen entsprang nicht seinem Bemühen um möglichst exotische, eben unterhaltsame Beispiele. Vielmehr verkörperte der Hamburger Humanist den Bürger der norddeutschen Hansestadt, der eher nach Skandinavien, Rußland und Flandern als nach Süddeutschland schaute, für den Städte wie Bergen, London, Brügge oder Nowgorod wichtiger waren als Straßburg, Ulm oder Nürnberg. Dennoch wäre es sachlich falsch, die vielfältigen Formen überregionaler Kommunikation zwischen nord- und süd(west)deutschen Städten im politisch-diplomatischen oder wirtschaftlich-fernhändlerischen Bereich leugnen zu wollen. An den reichen Kontakten läßt auch Philippe Dollinger keinen Zweifel aufkommen, wenn er seine aus dem Jahr 1975 stammende Untersuchung über die direkten Beziehungen Straßburgs zu den Hansestädten wie folgt beginnen läßt: »Du XIVe au XVIe siècle, les relations entre Strasbourg et les villes de la Hanse ont été nombreuses et de nature très diverse: commerciales surtout, assurément, mais aussi démographiques, par immigration, politiques, surtout à l'époque de la Réforme, culturelles, par la fréquentation des universités, ecclésiastiques enfin«[169].

Die Person des Albert Krantz kann abschließend – vergleichbar dem älteren Hamburger Juristen Hinrich Murmester[170] – ebenso dazu dienen, eine Antwort auf die scheinbar ewig junge Frage zu geben, ob es von Süd nach Nord ein Kulturgefälle, einen Vorsprung hinsichtlich der großen geistigen Entwicklungen gab. Die bislang vertretene Auffassung, die Bildungsbewegung des Humanismus habe den Norden Deutschlands nicht nur weniger stark, sondern vor allem erst seit der Reformation erfaßt[171], ist allein angesichts der beiden genannten Personen sicherlich zu korrigieren. Der Norden war keineswegs auf den Süden angewiesen. Die norddeutschen Gelehrten bedurften nicht der oberdeutschen als Vermittler des aus Italien sich ausbreitenden Humanismus, vielmehr standen sie in direktem Kontakt zu Italien. Entsprechend gibt Krantz' umfangreiches Oeuvre weder explizit Anlehnungen an süd- oder südwestdeutsche Autoren zu erkennen, noch sind solche werkimmanent durch inhaltliche Parallelen nachzuweisen. Vielmehr arbeitete er in der Abgeschiedenheit des Nordens, die offensichtlich keine war.

168 Diese Stelle benutzt auch SPRANDEL, ebd.
169 Relations directes entre Strasbourg et les villes hanséatiques XIVe-XVIe siècles. In: Aus Stadt- und Wirtschaftsgeschichte Südwestdeutschlands, FS f. Erich Maschke zum 75. Geburtstag, hg. v. Friedrich FACIUS, Stuttgart 1975, S. 118–136, hier S. 118.
170 Bereits ZIMMERMANN schreibt: »Persönlichkeiten wie Murmester zeigen, daß der Humanismus auch nach Norddeutschland nicht erst in der Reformationszeit gekommen ist, sondern schon mindestens 50 Jahre früher« (Hinrich Murmester, wie Anm. 49, S. 44).
171 So die Bewertung mit Blick auf Heinrich Rantzau (1526–1598) bei: Paul HASSE, Heinrich Rantzau. Ein Vortrag. In: ZGesSHLG 8 (1878), S. 329–348, hier S. 340, und Karl JORDAN, Heinrich Rantzau als Wegbereiter des Humanismus in Schleswig-Holstein. In: Renaissance und Humanismus in Mittel- und Osteuropa. Eine Sammlung von Materialien. Bd. 1, besorgt v. Johannes IRMSCHER (Dt. Akad. d. Wiss. zu Berlin, Schr. d. Sekt. f. Altertumswiss. 32), Berlin 1962, S. 235–241, hier S. 236.

Schulen und Bildung in bergischen Städten am Ende des Alten Reiches

von Kurt Wesoly

Das Fehlen des bestimmten Artikels vor dem Begriff »bergische Städte« macht deutlich, daß mit dem Beitrag nicht beabsichtigt wird, das Schulwesen und die Bildung in den Städten des Bergischen Landes insgesamt darzustellen. Der Städtereichtum in Berg läßt es nicht zu, alle Orte zu berücksichtigen, die 1806 den Status einer Stadt oder einer Freiheit gehabt haben[1], ohne oberflächlich zu bleiben. Ich werde mich daher weitgehend auf die beiden größten Städte Bergs, nämlich Düsseldorf und Elberfeld, beschränken. Die Wahl fiel aus unterschiedlichen Gründen auf diese Städte. Zum einen läßt ihre Größe und Bedeutung erwarten, daß sich jeweils das ganze Spektrum der Bildungseinrichtungen entwickelt hat, zum andern macht die Unterschiedlichkeit der beiden Gemeinwesen einen Vergleich interessant. Düsseldorf war Landeshauptstadt und zeitweiliger Regierungssitz, Elberfeld ein Zentrum des Textilgewerbes, in dem die Mechanisierung einen hohen Grad erreicht hatte. Unterschiede gab es ebenfalls in der Konfessionszugehörigkeit der Einwohner. Während sich in der Stadt am Rhein 1792 mehr als 90% zum Katholizismus bekannten, waren es in Elberfeld etwas später weniger als 20%[2]. Auch dieser Unterschied dürfte sich vermutlich im Bereich der Bildung niedergeschlagen haben. Mit dem Datum 1806 ist der Endpunkt unseres Interesses gesetzt; denn erst in diesem Jahr ändern sich die Verhältnisse mit dem von Napoleon geschaffenen Großherzogtum Berg merklich. Die von 1795 bis 1801 dauernde Besetzung durch die Franzosen hat dagegen offenbar wenig Einfluß auf die Gesetzgebung und die Verwaltung gehabt. Höchstens ist ein Stagnieren der in Angriff genommenen Reformen zu beobachten.

Das Bergische Land ist nicht eben eine Region, die ein besonderes Interesse der Stadthistoriker gefunden hat, obwohl die sog. bergischen Hauptstädte Düsseldorf, Lennep, Ratingen und Wipperfürth bereits im 13. Jahrhundert Stadtrecht erhiel-

1 Vor der Bildung zahlreicher Munizipalitäten im Jahre 1808, die gewöhnlich 1827 in den Stand der Städte berufen wurden und 1856 die preußische Städteordnung für die Rheinprovinz verliehen bekamen, hatten bereits 19 Orte den Status einer Stadt oder einer Freiheit erlangt. Unterlagen hierzu beim Rheinischen Städteatlas im Amt für rheinische Landeskunde, Bonn. Der Rheinische Städteatlas, von dem nach dem Erscheinen der 12. Lieferung 1996 nunmehr Mappen für 68 Stadtrechtsorte vorliegen, berücksichtigt in einem umfangreichen Kapitel jeweils die Schulgeschichte der betreffenden Stadt. Die Städte Düsseldorf und Elberfeld, die im Mittelpunkt dieser Untersuchung stehen, sind noch nicht bearbeitet.

2 Rheinisches Städtebuch, hg. von Erich Keyser, Stuttgart 1956, S. 116, 423.

ten. Die Gründe für die Abstinenz sind vielfältig und brauchen hier nicht erörtert zu werden. Ein sehr viel größeres Interesse hat man der Kirchengeschichte des Bergischen Landes entgegengebracht[3]. Der Versuch eines dritten Weges zwischen Katholizismus und Protestantismus, den Herzog Wilhelm IV. gehen wollte, die Schwäche seines geisteskranken Sohnes Johann Wilhelm I., die erzwungene Rücksichtnahme Wolfgang Wilhelms von Pfalz-Neuburg in Religionsfragen auf den brandenburgischen Miterben (spätestens seit dem Xantener Vertrag von 1614) hat zwischen Ruhr und Sieg zu einer solchen Mischung der drei Konfessionen geführt, die es so früh anderswo in Deutschland kaum gegeben hat. Das Nebeneinander von Katholiken, Lutheranern und Reformierten führte zu einer Konkurrenzsituation, aus der heraus man sehr früh Wert auf schulische Bildung legte. Bereits im 16. Jahrhundert sind deshalb in vielen kleinen bergischen Dörfern Lehrer nachzuweisen[4]. Für die Unterrichtung ihrer Kinder nahmen die Bewohner erhebliche Belastungen auf sich. So besoldete die katholische Gemeinde in Düssel – einem heute zur Stadt Wülfrath gehörenden Dörfchen – 1615 weiterhin ihren Lehrer, obwohl es nur noch acht altgläubige Familien gab und die Reformierten die Schule und deren Renten an sich gezogen hatten[5]. Da dort der Heidelberger Katechismus und die Psalmensammlung von Lobwasser als Schulbücher benutzt wurden[6], kam ein Besuch für die katholischen Kinder nicht in Frage. Das Bemühen der evangelischen Seite, selbst das kleinste Dorf mit einer Schule auszustatten, läßt sich den bergischen Synodalprotokollen entnehmen[7]. Seit dem ersten Treffen in dem zur Herrschaft Hardenberg gehörigen Örtchen Neviges im Jahre 1589 gab es kaum eine Sitzung, in der nicht Maßnahmen zur Verbesserung der Schulsituation beratschlagt worden wären. Offenbar haben diese Bemühungen Erfolge gezeitigt, denn man kann selbst im dörflichen Bereich einen hohen Anteil von Schreibkundigen feststellen. Im niederbergischen Velbert leisten beispielsweise rund 80 Prozent ihre Unterschrift unter den Eheverträgen des 18. Jahrhunderts selbst[8]. Die Art und Weise, wie unterschrieben worden ist, macht es sehr wahrscheinlich, daß die betreffenden wohl nicht nur der Unterschrift mächtig waren.

Das bergische Schulwesen lag ganz in kirchlicher Hand. Für den Bau der Schule, ihre Unterhaltung, die Anstellung des Lehrers, die Qualität des Unterrichts

3 Dieses Thema nimmt nicht nur in den Monatsheften für Evangelische Kirchengeschichte des Rheinlandes erheblichen Raum ein, sondern auch für mehrere Jahrzehnte in der Zeitschrift des Bergischen Geschichtsvereins (= ZBGV).

4 Kurt Wesoly, Elementare Bildung bis zum Ende des 18. Jahrhunderts (insbesondere im Niederbergischen), in: ZBGV 95 (1991/92), S. 1–19, hier S. 3–12.

5 HStA Düsseldorf (=HStAD) JB II 568 (III), fol. 215 ff; JB II 317, fol. 226 v.

6 Wesoly (wie Anm. 4), S. 10.

7 Synodalbuch. Die Akten der Synoden und Quartierskonsistorien in Jülich-Cleve-Berg 1570–1610, hg. von Eduard Simons, Neuwied 1909; Die reformierten Bergischen Synoden während des jülich-klevischen Erbfolgestreites (1611–1700), hg. von Albert Rosenkranz, 3 Bde., Düsseldorf 1963–1967; ders., Sitzungsberichte der Convente der Elberfelder Classis von 1611 bis 1700, 2 Bde., Düsseldorf 1960/1971.

8 Wesoly (wie Anm. 4), S. 18.

u. a. m. war die jeweilige Kirchengemeinde zuständig[9]. Der Staat wies der Kirche die Erziehung der Jugend ausdrücklich zu. In der Kirchenordnung der Reformierten in Jülich, Kleve, Berg und Mark von 1686, auf die sich die brandenburgischen und die pfälzischen Räte auf der Religionskonferenz in Rheinberg vier Jahre zuvor geeinigt hatten, lautet die Anweisung: *Kirchen unndt gemeinen sollen ... allen fleiß anwenden, daß hin und wider sowol in dörfern, flecken unndt stätten wolbestellte schulen ... undt allerseits dar zu bequeme gothselige undt gelehrte männer der jugent vorgestellet werden.* In einem weiteren Artikel verpflichtete man den Pastor und die zur Aufsicht bestimmten Scholarchen, die Schule wenigstens einmal im Monat zu besuchen[10].

Obwohl es in einzelnen bergischen Ortschaften Klagen darüber gab, daß reformierte und lutherische Eltern ihre Kinder in *päpstliche schulen* schickten[11] – vermutlich führte die Diasporasituation zu verstärkten Bemühungen der Katholiken im Schulbereich -, waren die evangelischen Elementarschulen im allgemeinen offensichtlich deutlich besser als die katholischen. Die Diskrepanz führte 1770 zu einem Mandat des bergischen Landesherrn, des Pfalzgrafen und Kurfürsten Karl Theodor, in dem er von jedem katholischen Schulamtsbewerber nunmehr eine doppelte Prüfung verlangte. Die Landdechanten sollten ein Zeugnis über die Fähigkeit *in Catechismo und Catechiziren* ausstellen. Danach mußten die Kandidaten ihre Fähigkeiten *in dem Teutsch und Latein, in dem Buchstabiren, Lesen, leßbar schreiben und denen fünf Rechnungs Speciebus* im Beisein der Amtleute nachweisen[12]. Es ist kein Zufall, daß der bergische Landesherr sich in dieser Zeit intensiver um die Qualität des Unterrichts kümmerte. Angesichts der technischen Neuerungen in der zweiten Hälfte des 18. Jahrhunderts sah die neu entstandene Kameralwissenschaft die Schule als ein Instrument, damit der Jugend *der Trieb zu den Commerzien eingepflanzet und sie zu Manufakturen und mechanischen Kün-*

9 Die im Bergischen übliche Einzelhofsiedlung führte bereits im 17. Jahrhundert zu sog. Honnschaftsschulen, die fernab der Kirche von den Schulinteressierten eingerichtet und unterhalten wurden. Aber auch diese zunächst als Winkelschulen verrufenen Institute kamen schließlich unter kirchliche Aufsicht. Ebd., S. 13–15.

10 HStAD JB II 204 u. 205. Trotz der gemeinsamen Vorschrift entwickelte sich das Schulwesen in den brandenburgisch regierten Territorien Kleve und Mark langfristig anders als in Jülich und Berg. Das macht neben anderem folgende jüngst erschienene anregende Studie deutlich: Johannes KISTENICH, Das Schulwesen der Stadt Kalkar vor 1800 (Veröffentlichung des LVR, Amt für rhein. Landeskunde, Bonn), Köln 1996.

11 Einen entsprechenden Fall gab es beispielsweise in Hilden 1696, nachdem die Katholiken dort wieder Fuß gefaßt hatten. Ernst HUCKENBECK, Zur Geschichte der katholischen Pfarrschule in Hilden (Niederbergische Beiträge 57), Hilden 1991, S. 12 f. Die Reformierten bedrohten seit 1654 jeden, der seine Kinder in eine katholische Schule schickte, mit dem Ausschluß vom Abendmahl. ROSENKRANZ, Synoden (wie Anm.7) Bd. II, S. 75.

12 Sammlung der Gesetze und Verordnungen, welche in den ehemaligen Herzogtümern Jülich, Cleve und Mark und in dem vormaligen Großherzogtum Berg über Gegenstände der Landeshoheit, Verfassung, Verwaltung und Rechtspflege ergangen sind ..., hg. von J. J. SCOTTI, 2 Bde., Düsseldorf 1821/22, Nr. 2044.

sten angeführet werde[13]. Die neue Sicht hatte Auswirkungen auf die Unterrichtsform. Der schlagkräftige Pädagoge wandelte sich zum »Kinderfreund«, wie der Titel des auch im Bergischen häufig benutzten Rochowschen Lesebuches lautet[14]. Zugleich versuchte man neue Erkenntnisse kindgerecht zu vermitteln, sogar über den Schulbereich hinaus. Die in Düsseldorf erscheinenden »Gülich und Bergischen wöchentlichen Nachrichten« annoncierten 1777 etwa ein *lehrreiches Magazin für Kinder, zu richtiger Bildung ihres Verstandes und Herzens.* Ein anderer Titel lautet: *Mathematik und natürliche Geographie für Kinder in Form eines Spiels.* Auch der *Newton für die Jugend, oder physikalisch, astronomisch, chemischer Kinderfreund* sucht wenig später Käufer[15]. Da es sich bei den nur exemplarisch genannten Titeln um gewerbliche Anzeigen von Buchhandlungen der Landeshauptstadt handelt, kann man davon ausgehen, daß dafür ein Markt bestand. Dennoch scheint Düsseldorf keineswegs ein vorbildliches Schulsystem gehabt zu haben. 1760 schrieb der pfälzische Kurfürst und bergische Herzog Karl Theodor aus seiner Mannheimer Residenz vorwurfsvoll an den Düsseldorfer Rat, daß ihm berichtet worden wäre, die dortigen Eltern würden ihre Kinder nicht nur nachlässig in die Schulen und in den sonntäglichen Katechismusunterricht schicken, sondern sie ließen sie *wie die wilde auff denen straßen herumlauffen*[16]. Erneute Klagen von 1766 zeigen, daß die Vorwürfe allein die Katholiken betrafen[17]. Ursache für die Diskrepanz im Ausmaß der Beschulung der Kinder zwischen den Konfessionen war zum einen die Koppelung des Lehrer- und Küsteramtes bei den Evangelischen, die so gewöhnlich war, daß man von der »Bergischen Küsterschule« spricht[18]. Hierdurch war fast überall eine ausreichende Besoldung gesichert. Zum

13 Diese Meinung vertrat J. H. Bergius in seinem »Policey- und Cameral-Magazin«, das er 1775 ff. in Leipzig herausgab. Siehe hierzu: Manfred Heinemann, Schule im Vorfeld der Verwaltung. Die Entwicklung der preußischen Unterrichtsverwaltung von 1771–1800 (Studien zum Wandel von Gesellschaft u. Bildung im 19. Jahrhundert 8), Göttingen 1974, S. 23 ff.

14 Die Wirkung des 1776/1779 in zwei Teilen durch den märkischen Gutsherrn Frhr. Eberhard von Rochow herausgebenen Schulbuches »Der Kinderfreund« schildert Wilhelm Zimmermann, Die Anfänge und der Aufbau des Lehrerbildungs- und Volksschulwesens am Rhein um die Wende des 18. Jahrhunderts, Köln 1953, S. 8 f.

15 Gülich und Bergische wöchentliche Nachrichten, Ausgaben vom 4. Februar 1777, 10. April 1781 und 22. Januar 1805. Die erste Nummer der Zeitung erschien am 16. Mai 1769 mit dem folgenden Kopf: *Mit Ihro churfürstl. Durchl. zu Pfalz gnädigst ertheilten Privilegio, Gülich= und Bergisches Wochenblat, welches von dem Steur Canzlei Verwanten Zehnpfennig in Düsseldorf verlegt, und alle Dienstags auf der Neustraß am Paradeplatz nächst am Bogen ausgegeben wird.* Die Jahrgänge sind in der Universitäts- und Landesbibliothek Düsseldorf komplett erhalten. Obwohl die Zeitung 1802 ihren Namen in »Bergische wöchentliche Nachrichten« und 1804 in »Wöchentliche Nachrichten« änderte, wird sie fernerhin einheitlich als GBN mit Datum zitiert.

16 Klaus Müller, Unter pfalz-neuburgischer und pfalz-bayerischer Herrschaft (1614–1806), in: Düsseldorf. Geschichte von den Ursprüngen bis ins 20. Jahrhundert, hg. von Hugo Weidenhaupt, 4 Bde., Düsseldorf 1988–1990, hier Bd. 2, S. 235.

17 Ebd.

18 Siehe die Beiträge von Hans Georg Kirchhoff, Kirchspiels- und Küsterschulen in der Reformationszeit, in: Luther in der Schule (Dortmunder Arbeiten zur Schulgeschichte und

anderen sorgten die Pastoren und die Synoden mit ihrer Aufsicht über die daneben entstehenden Honnschafts- und Winkelschulen dafür, daß selbst hier ein gewisses Unterrichtsniveau gewährleistet war[19]. Zwar gab es häufig auch im katholischen Bereich eine an die Kirche gekoppelte Pfarrschule, doch war dies keine Lösung für eine Stadt wie Düsseldorf, die 1792 fast 20000 Einwohner zählte[20], aber noch immer in einer Pfarrei organisiert war.

Von einer Verantwortung der katholischen Kirche für das Elementarschulwesen ist im ausgehenden 18. Jahrhundert in Düsseldorf kaum etwas zu spüren[21]. Auch die Stadt zeigte kein sonderliches Interesse daran, die Ausbildung der Kinder zu verbessern. Dies änderte sich erst mit dem Bürgermeister Joseph Schawberg, der 1785 eine umfassende Visitation der katholischen Schulen unternahm. Die teilweise erschreckenden Zustände faßte er in einem Bericht an die Landesregierung zusammen[22]. Danach gab es in ganz Düsseldorf nur einen Schulmeister, der freie Wohnung hatte und ein Gehalt bezog. Nur ihm standen in dem schon vor 1625 nachweisbaren Schulhaus kostenlose Unterrichtsräume zur Verfügung, die allerdings bereits 1670 als eng und schlecht bezeichnet worden waren[23]. Auskömmlich war das Gehalt allerdings nicht. Die Frau des Stadtschulmeister genannten Anton Reuter verdiente sich ein Zubrot durch eine Kleinkinderschule; auch der Lehrer war bemüht, seinen Verdienst aufzubessern. Durch Annoncen in der Zeitschrift »Gülich und Bergische wöchentliche Nachrichten« bot er seit 1773 regelmäßig an, Erwachsene abends von 7 bis 8 Uhr in Lesen, Schreiben und Rechnen zu unterrichten[24]. Angesehene Personen, die sich ihrer Unkenntnis schämten, konnten in einem besonderen Zimmer untergebracht werden. Gegen entsprechende Bezahlung gab er auch Lateinstunden. Offensichtlich war die Trennung zwischen dem offiziellen Unterricht und den Privatstunden nicht ganz deutlich. 1778 versicherte Reuter in einer Anzeige, *daß zu der deutschen Schule die ganze Tages Zeit, wie in anderen solchen Schulen gewöhnlich, allein verwendet werde, worinn sich Söhne und Töchter, große und kleine, wann diese Kleine nur allein sitzen und gehen können*[25], *angenommen werden; nicht aber daß den Lateineren mehr, wie*

zur historischen Didaktik 6), hg. von Klaus GOEBEL, Bochum 1985, und Willi SCHWARZ, Die bergische Schule und ihre Wurzeln in der Vikarie- und Küsterschule, Phil. Diss. Köln 1966.

19 WESOLY (wie Anm. 4), S. 13 f.

20 Die genauen Zahlen lauten: 18794 für die Stadt und 22097 einschließlich der Garnison. Städtebuch (wie Anm. 2), S. 106.

21 1720 war es dagegen noch der Dechant, der – allerdings nach staatlicher Aufforderung – die Qualität von 19 Winkelschullehrern überprüfte. Von ihnen stellten sich nur zehn der Prüfung, wovon zwei als untauglich für den Unterricht befunden wurden. Müller (wie Anm. 16), S. 235.

22 HStAD JB II 1255 fol. 73–80 v.

23 MÜLLER (wie Anm. 16), S. 234.

24 GBN 23. März 1773; 20. April 1773; 8. Juni 1773. In den folgenden Jahren finden sich immer wieder entsprechende Anzeigen.

25 Auch in anderen Fällen kann man erkennen, daß Kinder bereits vor dem 6. Lebensjahr in die Schule geschickt wurden. Heinrich Heine z.B. kam 1791 mit 4 Jahren in den Buchstabier- und Leseunterricht der vom Konsistorium eingestellten Jungfer Susanna Wilhelma Hindermans. In Düsseldorf war es bei den Reformierten seit 1667 immer wieder üblich, daß Frauen von Lehrern, insbesondere aber deren Witwen, sich um den Unterricht der kleinsten Kinder

die Brodneider fälschlich ausstreuen, aufgewartet werde, als den anderen; da diese Lateiner andere Nebenstunden haben zu studiren, und mit denselben in der deutschen Schule nichts vorgenommen werde[26]. Mit dem Grundgehalt war die Verpflichtung verbunden, die Kinder armer Leute unentgeltlich zu unterrichten. Dies führte offensichtlich dazu, daß wohlhabende Eltern ihre Töchter und Söhne zu anderen Lehrern schickten. Auch der Stadtschulmeister war aber auf die Einnahmen aus den Schulgeldzahlungen angewiesen, so daß er 1776 sich zu folgender Erklärung genötigt sah: Man brauche wegen der armen Kinder nicht *difficil zu seyn, die er Vi Officii anzunehmen gehalten ist, maßen dieselbe, was Säuberung und Kleidung betrift, von andern kaum zu unterscheiden, auch in der Schul wohl rangiret sind, wie jedem zu sehen frei stehet*[27].

Neben Reuter werden in dem Bericht Schawbergs[28] 11 weitere Personen genannt, die – außer den nicht erfaßten lutherischen und reformierten Lehrern – öffentlich Schule halten. Darunter befindet sich auch eine Frau. Gemeinsam ist ihnen allen, daß sie selbst für die Unterrichtsräume sorgen und allein vom Schulgeld leben müssen. Lediglich ein Lehrer, den der Bürgermeister als guten deutschen Schulmeister bezeichnet, erhält auf dessen jährliches Zeugnis einen Zuschuß von jeweils 20 Talern durch den Landtag. Schawberg relativiert die Höhe der Zuwendung, indem er darauf verweist, daß die gemietete Wohnung 36 Taler im Jahr kostet. In einem Raum unterrichtet der Lehrer, seine Frau hält in dem anderen für kleine Kinder Schule. Daneben befindet sich die Küche, in der beide schlafen. Bitter fragt der Bürgermeister: *Ist das nun eine Wohnung für einen guten Schulmeister?* Vier weitere Lehrer werden von Schawberg mit dem Prädikat gut oder besser bedacht. Davon wird einer als lateinischer und deutscher Schulmeister bezeichnet, ein anderer unterrichtet nur Jungen in Latein, nachdem ihm – wie es heißt – *zum Beifall der Geistlichen* verboten wurde, *deutsche Schule für angewachsene Töchter* zu halten. Der Erziehung von älteren Mädchen nahm sich noch die Frau eines ehemaligen Unteroffiziers an, dessen eigene Lehrbemühungen mit *ziemlich* beurteilt wurden. Die einzige Lehrerin unterrichtete dagegen nur kleine Kinder. Zu mehr sei sie auch nicht fähig, urteilte Schawberg. Sie war, wie er mit spürbarem Groll hinzufügte, von der Regierung ohne Prüfung als Schulmeisterin angeordnet worden, weil ihr Mann Bedienter eines hohen Beamten war. Die Visitation hatte zur Folge, daß ein lateinischer Schullehrer gehen mußte, weil er die gestellten Aufgaben nicht lösen konnte. Zwei weitere Lehrer hielt der Bürgermeister für völlig unfähig, aber die Bitten der Nachbarn zeigten bei der Regierung Wirkung, und man ließ sie weiter Schule halten. Als ein Grundübel des Düsseldorfer Elementarschulwesens bezeichnete Bürgermeister Schawberg das Fehlen von Schulgebäuden. Da niemand gern die Unruhe einer Schule im Hause haben wolle, könnten die Lehrer geeignete Räume nur zu

kümmerten. Helmut ACKERMANN, Geschichte der evangelischen Gemeinde Düsseldorf von ihren Anfängen bis 1948, Düsseldorf 1996, S. 233 ff.

26 GBN 17. November 1778.

27 GBN 13. August 1776.

28 HStAD JB II 1255, fol. 73–80 v.

hohem Zins mieten und wären zu häufigem Wechsel gezwungen. Überdies müsse für die Unbemittelten das Schulgeld von der Kirchengemeinde bezahlt werden, wie das bei den Lutheranern und Reformierten üblich sei.

Über die geschilderten Konsequenzen hinaus hatte die Visitation Schawbergs keine praktischen Auswirkungen. Noch 15 Jahre später beklagte Hofkammerrat Johann Wilhelm Windscheid das Fehlen von Schulgebäuden für die katholischen Kinder Düsseldorfs und vermißte eine Besoldung der Lehrer[29]. Dennoch waren sich die Verantwortlichen darüber im klaren, daß das Schulwesen dringend reformiert werden müßte. Zwar spöttelte der bergische Vizekanzler von Knapp, *fast alle Buchläden wimmelten von Erziehungs- und Verbesserungsplanen*[30], aber eben einen solchen Plan sollte eine Kommission erarbeiten, die Anfang 1787 aus Mitgliedern der Hofkammer und des Geheimen Rates gebildet wurde[31]. Im Gegensatz zu der sonst üblichen Schnelligkeit, mit der in der damaligen Zeit Gesetze erlassen, Verordnungen umgesetzt und Berichte eingefordert wurden, gab es in diesem Fall lange Zeit keine greifbaren Ergebnisse. Das lag nur zum Teil daran, daß der Schulkommission in dem Mandat aufgegeben worden war, die geistlichen Schulträger im Land anzuhören. Die katholischen Pfarrer waren Reformen nicht abgeneigt. Der Dechant der Düsseldorfer Christianität forderte z.B. 1788 eine empfindliche Strafe für die Eltern, die ihre Kinder nicht zur Schule schickten[32]. In einem Bericht für den bergischen Kanzler, den Grafen Nesselrode, bringt ein Mitglied des Geheimen Rates den Mangel an Fortschritten in der Schulfrage auf folgenden Nenner: *Es fehlt an Geld und eine tribvolle Aufsicht*[33]. Zumindest das erste Problem könne jedoch gelöst werden: Das Geld aus den Abteien, Klöstern und mildtätigen Stiftungen stehe dafür bereit, heißt es in seinem Bericht. Optimistisch fügt der Verfasser hinzu: *Welche wolhabende und mit überflüssigen Einkünften versehene geistliche Gemeinde wird sich nicht ein Vergnügen daraus machen, zum bästen der Religion und des States, welches von der Aufnahme der Wissenschaften unzertrennlich ist, einen oder zwei konkursmäßige Lerer aus iren Mittel zu stellen oder zu bezalen?* Falls das nicht reiche, sollten *fromme Stiftungen dazugeschlagen werden, die heute fast unnütz sind.* Man spürt den Geist der Aufklärung sehr deutlich aus solchen Worten. Die angeschriebenen geistlichen Institute gaben jedoch alle an, sie seien keineswegs mit Gütern reich gesegnet. Die Kreuzherren in der Freiheit Beyenburg schrieben, sie gäben schon jährlich dem Lehrer 10 Taler und das Brandholz, die Abtei Siegburg berief sich auf ein Abkommen mit dem bergischen Landesherrn von 1676, nach dem jede Belastung zu unterbleiben habe, in Brüggen entschuldigte man sich mit der (allerdings schon 40 Jahre zurückliegenden)[34] Einäscherung des

29 Ebd., fol. 84 ff.
30 HStAD JB II 1254, fol 10.
31 Müller (wie Anm. 16), S. 236.
32 HStAD JB II 1255, fol 25.
33 HStAD JB II 1241, fol. 102.
34 Rheinischer Städteatlas Lfg. XI, Nr. 58: Brüggen, bearb. von Arie Nabrings, Köln/Bonn 1994, S. 8.

Klosters, in Jülich mit dem letztjährigen Hagelschlag, und so geht es weiter[35]. Obwohl die Landesregierung das Vermögen des Jesuitenordens, nachdem er 1773 vom Papst aufgehoben worden war, konfisziert hatte und es zur Verbesserung des Unterrichtswesens unter dem Titel »Bergischer Schulfonds«[36] gesondert verwaltete, ergab diese Quelle nur selten Überschüsse. Der größte Teil der Erträge[37] mußte für Pensionen und Gehälter der ehemaligen Jesuiten aufgewendet werden, die in den von ihnen betreuten Schulen weiterhin Dienst taten. Vermutlich hat die prekäre Finanzsituation in den vereinigten Herzogtümern dazu geführt, daß sich in den folgenden Jahren kaum etwas von der Arbeit der Schulkommission in den Quellen niedergeschlagen hat. Um einen Überblick über die Zahl und den Zustand der Schulgebäude, die Bezahlung der Lehrer und die zugrunde liegenden Mittel zu bekommen, wies Karl Theodor die Amtleute 1794 an, eine entsprechende Aufnahme anzufertigen[38]. Die Ergebnisse sind nur bruchstückhaft erhalten. Vermutlich dürften sie in katholischen Gegenden nicht besser gewesen sein, wie sie der Amtsverwalter von Düsseldorf-Land beschrieb. Danach waren von den vier zu seinem Bezirk gehörenden Schulen zwei in ganz schlechtem Stande. Kein Lehrer erhielt ein festes Gehalt, nur einer wenigstens eine Kornrente. Immerhin von drei Schulmeistern glaubte der Amtmann, daß sie gut oder hinreichend zum Unterricht geeignet seien[39].

Die Beschießung Düsseldorfs durch die Franzosen im Herbst 1794 und die Kontributionszahlungen in den Folgejahren ließen keinen Raum mehr, über Verbesserungen des Schulwesens in Düsseldorf oder in Berg nachzudenken. Es ist sicher kein Zufall, wenn erst 1800, dem Jahr, in dem die Zahlungen an die Besatzungsmacht aufhörten, die Qualität des Unterrichts in Düsseldorf wiederum diskutiert wurde. Ein Bericht über die schlechten Verhältnisse in den Schulen der Landeshauptstadt führte zu einer gemeinsamen Schuldeputation von je zwei Vertretern der Regierung und der Stadt, die Verbesserungsvorschläge ausarbeiten sollte. Die kirchliche Seite vertrat der Kanoniker Johan Vincenz Bracht, der sich bereits früher für die Einrichtung von Normalschulen als Institute für die Lehrerbildung eingesetzt hatte, wie er sie aus seiner Heimatstadt Recklinghausen kannte[40]. Er verfaßte einen umfangreichen, an den seit 1799 regierenden Kurfürst Maximilian Joseph gerichteten Zustandsbericht über die Düsseldorfer Schulverhältnisse

35 HStAD JB II 1241, fol. 126 ff.

36 Trotz der Wichtigkeit des Fonds, der nach der Zuweisung des Besitzes der 1803 aufgehobenen rechtsrheinischen Klöster maßgeblich an der Entwicklung und Förderung des Schulwesens im gesamten 19. Jahrhundert beteiligt blieb, gibt es dazu noch keine wissenschaftlich zureichende Untersuchung. Weniges bei Rudolf Harnisch, Der bergische Schulfonds, SD aus dem Jahrbuch für den Regierungsbezirk Düsseldorf 14, Düsseldorf 1909.

37 1792 erbrachten die verpachteten Höfe und die ausgegebenen Kapitalien etwas über 14000 Taler. HStAD JB II 1255, fol. 110.

38 Scotti (wie Anm. 12), Nr. 2388.

39 HStAD JB II 1255, fol 28 ff.

40 Walter Schäfer, Die ideengeschichtlichen Grundlagen der Reform des Volksschulwesens im Großherzogzum Berg und in der Stadt Düsseldorf von 1799–1816, Phil. Diss. Köln 1929, Rheydt 1929, S. 19 ff.

und entwickelte daraus 11 Reformvorschläge, die z. T. auf das katholische Schulwesen in Jülich-Berg insgesamt zielten[41]. Unter anderem forderte er ein auskömmliches Gehalt von 190 Talern im Jahr für alle Lehrer; nur geprüfte Lehrer sollten unterrichten dürfen, Schulpflicht war vom 6. bis zum 13. Lebensjahr vorgesehen. In den gewöhnlichen sechs Schulstunden im Winter und den sieben im Sommer sollten die Fächer Religion, Schreiben und Rechnen gelehrt werden. Als Ziel formulierte er, daß man nach dem Abschluß der Schule die beim Kaufmann und Handwerker vorkommenden Rechenfälle auflösen und Aufsätze, Rechnungen und Briefe schreiben können müsse. Die Vorschläge fielen auf fruchtbaren Boden: Seit 1802 fanden für die katholischen Lehrer aus allen Landesteilen Prüfungen in Düsseldorf statt. Von den vier neuen Bürgerschulen, die Bracht für die Landeshauptstadt gefordert hatte, wurden bis 1804 immerhin zwei eingerichtet, in denen weitgehend seine Reformvorstellungen verwirklicht waren. Die erhebliche Aufstockung des Bergischen Schulfonds durch das Vermögen aufgehobener Klöster im Jahre 1803 ermöglichte eine aktivere Schulpolitik der bergischen Regierung und verstärkte ihren Einfluß. Der Wunsch Brachts, daß Schulen »Staatsschulen« sein sollten[42], ging jedoch erst in Etappen nach dem Ende der bergischen Zeit in Erfüllung.

In der Diskussion um die Verbesserung des Düsseldorfer Schulwesens ging es immer nur um die katholischen Schulen. Die Schulen der Lutheraner und Reformierten dagegen wurden als vorbildhaft bezeichnet. Die beiden evangelischen Gemeinden hatten sich trotz ihrer geringen Größe – 1792 zählten die Lutheraner (mit Garnisonsangehörigen) 986 Gläubige und die Reformierten 819[43] – seit dem frühen 17. Jahrhundert um ein geordnetes Schulwesen bemüht. Lediglich politischer Druck erzwang 1628 die Schließung der reformierten Lateinschule, die man trotz schwieriger Zeiten bereits 1644 wieder eröffnete. Die schlechte Quellenlage läßt für die Lutheraner eine kombinierte deutsche und lateinische Schule erst ab 1704 erkennen, aber vermutlich hat es das vereinte Amt des Kantors und Lehrers, wie es 1612 faßbar ist, auch in der Zwischenzeit gegeben. Obwohl beide Gemeinden keine üppigen Gehälter zahlen konnten, gelang es doch vielfach, hervorragende Lehrkräfte zu gewinnen, die teilweise auch wissenschaftlich hervortraten. So kam es häufiger vor, daß katholische Kinder die Schulen besuchten. Das galt auch für den Elementarunterricht: 1790 erließen die Reformierten deshalb folgenden Artikel: *Sollten Kinder von andern Religionsgenossen in diese Schule gebracht werden, so versteht es sich von selbst, daß die Kinder unserer Gemeine in so weit den Vorzug vor jenen haben, daß die unsern in der Lehre nicht versäumet, von jenen wenn der Raum in der Schule zu enge, nicht verdränget, viel weniger abgewiesen werden.* Vorsichtshalber stellte man noch klar, *daß Bücher anderer Religionen nicht müssen eingeführet werden*[44].

41 HStAD JB II 1255 fol. 121 ff.
42 Schäfer (wie Anm. 40), S. 22.
43 Städtebuch (wie Anm. 2), S. 116.
44 Ackermann (wie Anm. 25), S. 234 ff.

Die Anziehungskraft der evangelischen Schulen war so groß, daß Johan Vincenz Bracht im Jahre 1800 vermutete, über die 520 schulgehenden katholischen Kinder hinaus (von geschätzten 900–1000) besuche ein weiterer Teil die protestantischen[45]. Die geringe Schulbesuchsquote der katholischen Jungen und Mädchen in Düsseldorf korrespondiert mit Zahlen von 1809, die für das ganze Großherzogtum Berg von amtlicher Seite erhoben wurden. Danach erhielten etwa 84% der protestantischen Kinder regelmäßigen Elementarunterricht, jedoch nur 53,5% der katholischen[46]. Die Differenz läßt vermuten, daß nicht nur die Diasporasituation in Düsseldorf zu besonderen Anstrengungen der Protestanten im Schulwesen geführt hat. Diese Vermutung wird bestätigt, wenn wir uns die Verhältnisse in Elberfeld ansehen: In der Stadt, die 1790 annähernd 14000 Einwohner zählte[47], machten die Reformierten knapp die Hälfte der Bevölkerung aus, die Lutheraner kamen auf gut ein Drittel[48]. Selbstverständlich hatten alle drei christlichen Konfessionen eine Schule, die an die Kirchspielskirche gebunden war. Die reformierte Pfarrschule läßt sich bis ins 16. Jahrhundert zurückverfolgen. Im 17. Jahrhundert waren hier zwei Lehrer tätig, die jeweils Einkünfte von 25 Talern aus Schulrenten erhielten[49]. 1717 waren es bereits 64 Taler Gehalt, auf die ein Lehrer Anspruch hatte, dazu Schul- und Silentiigelder und freie Wohnung[50]. Die fixe Zahlung machte die Lehrer unabhängiger davon, wie viele Kinder Schulgeld entrichteten. Klagen über neu entstandene Winkelschulen gab es zwar auch hier, aber die Existenz der Lehrer war durch die Konkurrenz nicht ernstlich gefährdet. Als sich die beiden reformierten Lehrer 1763 darüber beschwerten, daß über die schon früher tolerierte Nebenschule im Stadtteil Island hinaus dort weitere zwei entstanden seien und noch an fünf anderen Orten in der Stadt Schule gehalten werde, verurteilte das Konsistorium die Eigenmächtigkeit der »Heckschullehrer«, aber es rief sie zu einer Prüfung zusammen. Ein Teil durfte danach weiterhin Schule halten, andere wurden verpflichtet, nur noch Lautierunterricht zu geben und mit kleinen Kindern Buchstaben zu malen[51].

Der Lehrer an der 1690 gegründeten lutherischen Schule in Elberfeld bekam von Anfang an ebenfalls freie Wohnung und ein festes Gehalt, wenngleich dies wegen der Kleinheit der Gemeinde zunächst nicht hoch war; 1789 war die Summe auf 80 Taler angestiegen[52]. Die Katholiken hatten erst in der zweiten Hälfte des 17. Jahrhunderts wieder in Elberfeld durch missionarische Bemühungen der Jesui-

45 Wie Anm. 40.

46 J. Asbach, Der Zustand des bergischen Schulwesens im Jahre 1809 und die Napoleonische Universität in Düsseldorf, in: Annalen des histor. Vereins für den Niederrhein 69, 1900, S. 128–137, hier S. 133.

47 Eberhard Illner, Bürgerliche Organisierung in Elberfeld 1775–1850 (Bergische Forschungen 18), Neustadt a.d. Aisch 1985, S. 21.

48 Beschreibung des Regierungsbezirks Düsseldorf, Düsseldorf 1817, S. 120.

49 Fritz Jorde, Geschichte der Schulen von Elberfeld, Elberfeld 1903, S. 18.

50 Ebd., S. 29.

51 Ebd., S. 35ff.

52 Ebd., S. 105 ff.

ten Fuß fassen können. Anfänglich hielt einer der beiden Patres dort Schule. Durch die großzügige Schenkung eines bergischen Beamten konnte 1703 ein Schul- und Armenhaus gebaut werden, und die Zinsen eines Kapitals von 200 Talern sollten dem Lehrer zufließen. Die Summe reichte zwar nicht für den Unterhalt, aber die Einnahmen aus dem Küsterdienst kamen hinzu, so daß ein Lehrer gewonnen werden konnte. Ende des 18. Jahrhunderts, als es wegen der Eröffnung einer katholischen Mädchenschule zu einem Streit über die Höhe des Gehaltes kam, ging es dem Lehrer offenbar nicht allzu schlecht. Eine Frau bezeugte, daß der Schulmeister mit seiner Frau manchmal Wein getrunken habe und mittags sowie an vielen Abenden Fleisch auf den Tisch gekommen sei. Eine andere wollte mit eigenen Augen gesehen haben, wie die Lehrersfrau *schönste Döp Erbsen … für sich gekocht und die schönste fette Milch mit Zuckerbretzeln gebrockt hat.* Abends hätte der Lehrer das gleiche getan[53]. Ein Bericht wies ihm jährliche Gesamteinnahmen von ca. 200 Talern nach – insbesondere aus der Begleitung von Leichen zum Grab –, so daß die kurfürstliche Regierung die Beschwerde des Lehrers gegen die neue Mädchenschule verwarf. Das Stellenangebot in den »Gülich und Bergischen wöchentlichen Nachrichten« von 1799 zeigt, daß auch die gesuchte Lehrerin für den Unterricht im Lesen, Schreiben und Rechnen neben dem Gehalt von 50 Talern und dem Schulgeld Anspruch auf freie Wohn- und Unterrichtsräume im Armenhaus hatte. Stunden im *Nähen, Stricken und sonstigen der weiblichen Jugend nützlichen Kenntnißen* mußten gesondert bezahlt werden[54].

Neben den offiziellen Kirchspielsschulen gab es in Elberfeld an der Wende zum 19. Jahrhundert weitere 12 Elementarschulen[55]. Anders als in Düsseldorf befanden sie sich nicht im engeren Stadtgebiet. Mit dem Argument, die Bevölkerung sei angewachsen und der Weg zur regulären Schule wäre zu weit, konnten die »Schulinteressenten« meist schnell die Anerkennung als »Nebenschule« durch das Konsistorium erreichen. Seit 1709 prüfte die reformierte Elberfelder Gemeinde die Lehrer und gab ihnen jährlich 5 Taler aus Kirchenmitteln. Durch Spenden und Kollekten – auch in anderen Ortschaften – gelang es in fast allen Fällen, Schulgebäude und Lehrerwohnungen zu errichten. Großzügige Stiftungen ermöglichten es meist sogar, aus den Zinsen ein Grundgehalt für den Lehrer sicherzustellen, das mit der Verpflichtung verbunden war, die Kinder armer Leute ohne Schulgeld zu unterrichten. Finanzielle Gründe, Kinder nicht zur Schule zu schicken, wie sie 1800 in Düsseldorf beklagt wurden[56], gab es in Elberfeld nicht. Die Schulbesuchsquote dürfte sehr hoch gewesen sein. Klagen über mangelhafte Frequentierung der Schulen sind nicht überliefert. Fritz Jorde, dem für seine 1903 erschienene Elberfelder Schulgeschichte viele heute nicht mehr vorhandene Quellen vorlagen, schreibt in diesem Zusammenhang: Schon damals wurde »eine Familie als verkommen angesehen, die ihre Kinder ohne Unterricht aufwachsen ließ«[57].

53 Ebd., S. 155 f.
54 GBN 8. Januar 1799.
55 Jorde (wie Anm. 49), S. 184 ff. Auch das Folgende dort.
56 HStAD JB II 1255, fol. 78v ff.
57 Jorde (wie Anm. 49), S. 147.

Elberfeld war gegen Ende des 18. Jahrhunderts eine Stadt, in der technische Neuerungen, insbesondere neue Färbeverfahren und Spinnmaschinen, zu einer erheblichen Ausweitung des im Wuppertal bereits seit Neuzeitbeginn dominierenden Webereigewerbes geführt hatten. Günstige Voraussetzungen für diese Entwicklung waren das weiche Wasser der Wupper, das 1527 vom Herzog erteilte monopolistische Garnprivileg und das calvinistisch-reformierte Arbeitsethos. Die großen Mengen an produzierten Stoffen erforderten einen weitläufigen Vertrieb, der von einheimischen Kaufleuten übernommen wurde. Die Lehrgegenstände der Elementarschulen waren für die Bedürfnisse dieser Schicht nicht befriedigend, die reformierte Lateinschule, die seit 1592 nach gymnasialem Lehrplan ganze Generationen von Predigern und Lehrern hervorgebracht hatte, ebenfalls nicht. Dem Verlangen der Kaufleute nach Anstalten, die praktisches Wissen vermittelten, kam ein »merkantilistisches Institut« entgegen, das ca. 1792/93 in einem Brief eines französischen Emigranten erwähnt wird. Danach wollten die Lehrer Cordts und Weißenstein in ihrer Einrichtung junge Leute zum Kaufmannsstand ausbilden[58]. 1798 gab Weißenstein, der als »Direktor des Handlungs-Instituts« bezeichnet wird, ein Büchlein heraus mit dem Titel »Gründliche Unterweisung in der Handlungswissenschaft«[59]. Ein Schwerpunkt in der Ausbildung war die Vermittlung von französischen Sprachkenntnissen. Nachdem das Institut (vermutlich wegen Lehrerwechsels) eingegangen war, verbanden sich 1804 vier angesehene Elberfelder Bürger, eine Lehranstalt zu gründen, die Kindern höherer Stände eine kaufmännische und berufliche Vorbildung geben sollte. Sie finanzierten die Schule durch die Zeichnung von Anteilscheinen, da das eingesetzte Kapital bei einem Erfolg der Schule an sie zurückfließen sollte. Als Schulleiter gewannen sie den später durch verschiedene Veröffentlichungen zur Pädagogik und anderen Gebieten hervorgetretenen Johann Friedrich Wilberg. Die Schule entsprach so sehr den Bedürfnissen der Zeit, daß schon bald nach der Eröffnung ein Neubau errichtet werden konnte. Die Schulgründer regelten sämtliche finanziellen Angelegenheiten. Die Lehrer der von Anfang an dreiklassig geplanten Schule erhielten ein festes Gehalt, das deutlich über dem der sonstigen Lehrkräfte in Elberfeld lag[60]. Obwohl die Gründer der 1810 »Privatbürgerschule« genannten Anstalt[61] selbst Kaufleute waren und sie eine kaufmännische Vorbildung zum Erziehungsziel deklariert hatten, wurden an der Schule auch die Elementarfächer Lesen, Schreiben, Rechnen, Singen und Zeichnen gelehrt. Daneben erhielten die Schüler Unterricht in Religions- und Sittenlehre, deutschem Aufsatz, Geschichte, Naturkunde, Geographie, Mathematik und Französisch[62]. Der breite Fächerkanon und die Tatsache, daß auch Mädchen aufgenommen wurden, sprechen dafür, daß eine umfassende Bildung

58 Volkmar Wittmütz, Schule der Bürger. Die höhere Schule im Wuppertal 1800–1850, Wuppertal 1981, S. 301 Anm. 7a.

59 Annonce in GBN 7. August 1798.

60 Jorde (wie Anm. 49), S. 370 f.

61 HStAD Großhzt Berg 10321.

62 Wittmütz (wie Anm. 58), S. 49.

vermittelt werden sollte, allerdings mit einem Schwerpunkt auf den im 18. Jahrhundert wichtig genommenen Realien. Die Überführung der florierenden Privatanstalt in eine städtische Realschule im Jahre 1830 war demnach nur folgerichtig[63].

Wilberg war an einer Verbreitung von neueren pädagogischen Erkenntnissen interessiert. Er rief deshalb 1809 zu regelmäßigen Treffen interessierter Lehrer auf. Der Aufruf fand nicht nur Resonanz im Wuppertal, sondern auch bei Pädagogen der Nachbarorte[64]. Bereits 1794 hatte es ähnliche Vereinigungen in Wupperfeld-Gemarke (Gemarke = heute Barmen), Remscheid und Solingen gegeben. Zu der Konferenz in Wupperfeld gehörten auch Elberfelder Lehrer, ja sie wird 1796 sogar »Elberfelder Lehrergesellschaft« genannt[65]. Die drei Lehrergesellschaften standen in engem Kontakt. Bereits im ersten Halbjahr ihres Bestehens beschlossen sie, jedem Mitglied sei der freie Zutritt zu den Zusammenkünften der anderen zu gewähren[66]. Die allein heute noch erhaltenen Statuten der Solinger Lehrergesellschaft dürften sich weitgehend mit denen der übrigen zwei decken, da diese die Grundlage für den am 15. Februar 1794 in der Klingenstadt aufgestellten *Plan und Bedingnihs* bildeten. Danach sollten alle Vierteljahre Zusammenkünfte bei dem gewählten Direktor stattfinden. Nur Themen aus dem Schulbereich durften auf den von 14 bis 19 Uhr dauernden Zusammenkünften besprochen werden[67]. Bereits in der Gründungsversammlung hatte man als Ziel formuliert: man wolle sich *auf eine angenehme Art über unser gemeinschaftliches Fach unterhalten, sich manche nützliche Entdeckung sowohl mittheilen als die allenfalsigen Schwierigkeiten vorstellen, die einzelne Mitglieder in dem Gang des Unterrichts gefunden, um die Gedanken und Methode anderer darüber zu vernehmen. Es sei doch einmal gewiß, jeder habe seine eigene Gabe; durch diesen Weg könne allso der eine von dem Talente des andern Vortheil ziehen*[68]. Grundlage der Weiterbildung sollte eine gemeinschaftliche Bibliothek sein, in die nur *lehrreiche, gemeinnützige Werke über Erziehung und Bildung der Jugend* eingestellt werden durften. Mit ihrer Unterschrift unter die Leseordnung verpflichteten sich 22 Lehrer, jedes Halbjahr einen Reichstaler für die Anschaffung neuer Bücher zu geben[69]. In der Leseordnung lag der Keim zum Scheitern der frühen Lehrerkonferenzen: Zwar veränderte man die Frist für die Rückgabe eines ausgeliehenen Buches sehr schnell von 14 Tagen auf einen Monat, aber da man sich in vierteljährlichem Turnus traf, klappte die vorgesehene Weitergabe der Bücher nur selten. Bis zur Ernennung eines verantwortlichen Bibliothekars aus den eigenen Reihen war ein Teil der Bücher bereits verschwunden. Die Regelung, daß neue Mitglieder einen Beitrag in Höhe des bereits geleisteten Büchergeldes der übrigen zahlen mußten, machte die Vereinigung zu einer fast geschlossenen Gesellschaft. Offensichtlich hatten sich einige Lehrer

63 Ebd., S. 172 ff.
64 Lehrer aus Langenberg, Neviges, Velbert und Wülfrath nahmen daran teil.
65 StadtA Solingen J 2, 50 (= Protokollbuch der Solinger Lehrergesellschaft), Bd. I, pag. 63.
66 Ebd., pag. 24.
67 Ebd., pag. 13 ff.
68 Ebd., pag. 5 f.
69 Ebd., pag. 19 ff.

mehr oder anderes von der Vereinigung versprochen und blieben den Treffen fern. Im Juli 1796 kamen gerade einmal vier von 20 Mitgliedern[70]. Um 1800 unterblieben die Treffen ganz, möglicherweise aus politischen Erwägungen. Schließlich hob man im folgenden Jahr die Gesellschaft auf, versteigerte die Bücher und zwei Bücherschränke und verteilte das Geld unter die Mitglieder[71]. Im gleichen Jahr löste sich die Wuppertal-Gemarker Lehrergesellschaft ebenfalls auf. Auch hier machte der Mitbegründer Johann Vogel die *Unordnungen in der Circulation der Bücher* für das Scheitern mitverantwortlich[72]. Erst in preußischer Zeit nahm man die Tradition der Schulkonferenzen von staatlicher Seite wieder auf.

Auch in Düsseldorf gab es Kreise, die an einer mehr praktischen Ausbildung ihrer Kinder interessiert waren. Fast in jedem Jahrgang der »Gülich und Bergischen wöchentlichen Nachrichten« finden sich Anzeigen, in denen Privatlehrer Französischunterricht anbieten. Selbst in kleinen Ortschaften wie Hilden und Mettmann hatten sich französische Sprachmeister niedergelassen und warben um Schüler[73]. Gelegentlich werden für Düsseldorf auch Stunden in Englisch oder im *doppelten oder so genannten italienischen Buchhalten* annonciert[74]. Am 1. Mai 1776 eröffneten zwei Klassen einer »Churfürstlich privilegirten Handlungs-Akademie auf der Citadelle«. Unterricht in Buchhaltung, Französisch, Englisch, Italienisch und Geschichte war vorgesehen. Daneben, so heißt es in einer Anzeige, *werden die Academisten in den wichtigsten Geschäften der Handlung unterwiesen, als in Kenntniß aller in- und ausländischen Waaren, in Beurtheilung dieser und jener Conjunkturen zur Speculationshandlung, in Erwerbung von Commissionsgeschäften, in Assecuranzen*[75]. Offensichtlich war für die Akademie, von der kaum etwas bekannt ist, in Düsseldorf kein ausreichender Bedarf. Obwohl schließlich auch Auswärtige in Pension genommen wurden, ging die Anstalt nach zwei Jahren ein[76]. Eine Förderung durch den Landesherrn wurde ihr nicht zuteil.

Sehr viel mehr Aufmerksamkeit durch die Landesregierung erfuhr das Düsseldorfer Gymnasium. Es galt, seit es 1620 von den Jesuiten übernommen worden war, als Landesschule. Auswärtige Schüler wurden in einem angeschlossenen Konvikt untergebracht. In der zweiten Hälfte des 18. Jahrhunderts forderte die Landesregierung, den Lehrplan zu modernisieren[77]. Einen ersten Schritt machte die aus Mitgliedern des geheimen Rates bestehende Schulkommission, indem sie die Aufhebung des Jesuitenordens 1773 nutzte, um ein Jahr später einen verbindlichen Fächerkanon vorzuschreiben, in dem Französisch, in allen vier Klassen Geo-

70 Ebd., pag. 63.
71 Ebd., pag. 87.
72 Günther VOIGT, Johann Theodor Vogel (1766–1837). Lehrer und Schule im frühindustriellen Zeitalter (Dortmunder Arbeiten zur Schulgeschichte und zur historischen Didaktik 23), Bochum 1994, S. 142.
73 GBN 6. April und 4. Mai 1773.
74 GBN 5. Oktober 1773.
75 GBN 23. April 1776.
76 Friedrich LAU, Geschichte der Stadt Düsseldorf, Düsseldorf 1921, ND 1980, S. 189.
77 MÜLLER (wie Anm. 16), S. 240 f.

graphie, die vaterländische Geschichte und Mathematik vorgesehen waren. Naturwissenschaften kamen in der untersten Klasse als Anfangsgründe vor[78]. Der Niedergang der Schule ging jedoch weiter. Offensichtlich sind die Ansätze zur Modernität von den Jesuiten, die nach der Auflösung des Ordens als Lehrer an der Schule geblieben waren, wieder rückgängig gemacht worden. Der Lehrplan, den der Präfekt des Gymnasiums 1787 an eine Regierungskommission schickte, zeigt ein klares Übergewicht der alten Sprachen. Die *Reinigkeit der deutschen Sprache* wird zwar in der untersten Klasse gelehrt, aber nur wegen der Erfahrung, daß die meisten Fehler beim Übersetzen aus der Unkenntnis des Deutschen kommen, wie der Präfekt an anderer Stelle schreibt[79]. Auf Französisch ist verzichtet worden, weil die Sprache nach dem Lateinunterricht leicht zu lernen sei. Überdies, verteidigt der Präfekt den Wegfall, werde auf französischen Gymnasien kein Deutsch gelehrt. Von der Mathematik hat nur die Algebra noch ihren Platz behauptet; Geschichte fand ausschließlich bei den Griechen, Römern und den deutschen Kaisern statt[80]. Da man den Rückgang der Schülerzahlen auf die schlechte Vorbildung der Zöglinge zurückführte – sie würden sich in der untersten Klasse wie Idioten fühlen[81] –, einigte sich die vom Kurfürsten eingesetzte Kommission lediglich auf die Verbesserung des vorbereitenden Unterrichts. Erst 1805 verfaßte eine andere Kommission einen Lehrplan für das nunmehr Lyceum genannte Gymnasium, in dem die Mathematik und die Naturwissenschaften wiederum einen breiteren Raum einnahmen[82]. Zuvor war die Zahl der Schüler auf 38 zurückgegangen[83].

Die Beschreibung der Schulverhältnisse in Düsseldorf, die tatsächlich im argen lagen, mag den Eindruck erweckt haben, Düsseldorf sei am Ende des Alten Reiches eine Stadt ohne Bildung gewesen. Zur Ehrenrettung der damaligen und heutigen Landeshauptstadt sei gesagt, daß dies nicht der Fall war. In ihren Mauern waren Bildungsmöglichkeiten vorhanden, die es sonst nirgendwo im Bergischen Land gab. Seit dem Beginn des 18. Jahrhunderts hielten Juristen Vorlesungen für angehende Beamte, in der ersten Zeit wohl nur im privaten Rahmen. Ab 1738 erfolgte eine, wenn auch bescheidene Besoldung durch die bergische Regierung, die seit 1751 um eine Zuwendung der bergischen Landstände aufgestockt wurde. Einen Hinweis darauf, daß sich allmählich eine »Juristen-Akademie« ausgebildet hat, gibt das kurfürstliche Privileg von 1755, welches den Professoren die Gerichtsbarkeit in erster Instanz über ihre Schüler zugestand[84]. Der in den »Gülich und Bergi-

78 Gustav Kniffler, Das Jesuiten-Gymnasium in Düsseldorf, Beilage zum Programm des Königlichen Gymnasiums zu Düsseldorf für 1891–92, Düsseldorf 1892, S. 35f.

79 HStAD JB II 1241, fol 13 ff.

80 Ebd., fol. 9.

81 Hofkammerrat Windscheid schreibt wörtlich: *Wer nicht vorgebildet ist, fühlt sich wie ein Idiot. Er fühlt nie den Reiz der Wissenschaften.* Ebd., fol. 47.

82 Kniffler (wie Anm. 78), S. 46.

83 Müller (wie Anm. 16), S. 241.

84 Lau (wie Anm. 76), S. 194. Dennoch lehnte Karl Theodor die förmliche Erhebung des »Juristen-Kollegs« in eine Akademie ab, da die Unterhaltung nicht gesichert war. HStAD JB II 1, fol. 36v.

schen wöchentlichen Nachrichten« abgedruckte Vorlesungsplan der von der *Regierung bestellten Professoribus juris für das Studirjahr* 1770 hat fast universitären Charakter. Von 8 bis 9 Uhr liest Prof. Windscheid über das Naturrecht, Prof. Wolff schließt sich an mit einer Vorlesung über die Elemente des Zivilrechts. Es folgt Prof. Schiller, der Schmauss' Reichs Historie behandelt. Er ist übrigens kein Historiker, sondern ebenfalls Jurist, wie einschlägige Themen im Folgejahr zeigen[85]. Als letzter liest um 11 Uhr Prof. Reckum über juristische Kommentarbücher zum Natur- und Völkerrecht. Von 14 bis 17 Uhr wird das erworbene Wissen in einem Kolleg vertieft[86]. Trotz des umfassenden Programms konnte man in Düsseldorf keinen akademischen Abschluß erwerben. Der erfolgreiche Besuch der Vorlesungen, überprüft durch eine monatliche *Exercitatio publica*, ermöglichte jedoch den Eintritt in die bergische Verwaltung, wenngleich herausgehobene Positionen weiterhin im Regelfall universitär ausgebildeten Kandidaten vorbehalten blieben. Zum Erfolg der juristischen Kollegien in Düsseldorf trug bei, daß Karl Theodor 1779 den bergischen Landeskindern einen zweijährigen Besuch der Kurse vorschrieb, bevor sie in Heidelberg das Jurastudium aufnehmen durften[87]; 1794 sollen 70 Studenten die Rechtsakademie besucht haben[88]. Gefördert wurde der Zulauf dadurch, daß seit 1776 *denen Armen der Zutritt ohnentgeltlich gestattet* war[89]. Sieben Jahre zuvor hatte man lediglich zwischen vermögenden Zuhörern unterschieden, die 10 Taler jährlich bezahlen sollten, und den weniger vermögenden, die immerhin noch 6 Taler entrichten mußten[90]. Hinderlich für die weitere Entwicklung waren die kriegerischen Ereignisse um die Wende zum 19. Jahrhundert und die unzureichende Besoldung der Professoren, die zu Nebentätigkeiten zwang. Dennoch bildete die Institution der juristischen Vorlesungen eine der Säulen, auf die man in der Franzosenzeit die Napoleonische Universität in Düsseldorf aufbauen wollte, die dann jedoch aus politischen Gründen nicht verwirklicht werden konnte[91].

Eine weitere Säule für den Versuch der Gründung einer Universität waren die theologischen und philosophischen Vorlesungen, die von den Franziskanern bereits im 17. Jahrhundert begonnen wurden und denen ab 1728 parallel dazu die Jesuiten folgten[92]. Das Ziel der beiden Institute war die Ausbildung des Ordensnachwuchses, man unterrichtete aber auch zukünftige Weltpriester. Ein Interesse der Obrigkeit an den Veranstaltungen ist bis 1787 nicht erkennbar. In diesem Jahr bestellte der Kurfürst fünf Franziskaner zu *geprüften öffentlichen Professoren* der ihnen *übertragenen theologischen Lehrämter*. In der Woche nach dem Weißen Sonn-

85 GBN 3. September 1771.
86 GBN 19. Dezember 1769.
87 HStAD JB II 6121, fol. 2. Die Verordnung wurde 1785 wiederholt. GBN 8. November 1885.
88 MÜLLER (wie Anm. 16), S. 242.
89 GBN 12. November 1776.
90 GBN 19. Dezember 1769.
91 Julius ASBACH, Die Napoleonische Universität in Düsseldorf (1812/13), Düsseldorf 1899.
92 LAU (wie Anm. 76), S. 194.

tag wurde der Lehrbetrieb feierlich in der Aula des Düsseldorfer Gymnasiums eröffnet[93]. Obwohl der Kreis der Hörer über die Ordensangehörigen hinausging[94], gab es weiterhin praktisch keine staatliche Unterstützung. Weder ein Gesuch des Guardians vor der Aufnahme des Lehrbetriebes noch die inständige Bitte des von Anfang an dort lehrenden Paters Ildephonsus Schmitz im Jahre 1803 führte zu einer Besoldung durch den Staat[95]. Selbst die für die Vorlesungen benötigten Bücher stellte man den Lehrkräften nicht einfach zur Verfügung; ein entsprechender Wunsch der fünf Professoren wurde 1787 abschlägig beschieden. Der zuständige Beamte meinte, die in der Bücherliste aufgeführten Werke seien größtenteils im öffentlichen Büchersaal vorhanden und könnten durchaus für die Dauer der Vorlesungen entliehen werden. Nur die fehlenden Titel ließ er anschaffen[96]. Trotz der kärglichen Rahmenbedingungen boten die Professoren ein theologisches Vollprogramm, das von der Moraltheologie bis zum Kirchenrecht und von der Kirchengeschichte bis zu den orientalischen Sprachen reichte. An sechs Tagen in der Woche wurde von 8 bis 10 Uhr gelehrt und an den Nachmittagen von 13 bis 16 Uhr[97]. Wenngleich die theologischen Vorlesungen durch den Kurfürsten privilegiert worden waren, galten sie doch als Veranstaltungen des Franziskanerordens, so daß die Studien durch ein Dekret vom September 1803 mit Wirkung zum 1. Juli des Folgejahres aufgehoben wurden[98]. Das »Lehrfach der Theologie« wurde dem »Lehrer des geistlichen Rechts« Prof. Hedderich von der Juristenakademie übertragen[99].

1782 hatte Karl Theodor einen »Lehrstuhl zur Verbreitung der Naturkunde« privilegiert[100]. Der Inhaber, Peter Jakob Melchior, bezeichnete sich in der Ankündigung seiner Wintervorlesungen in den »Gülich und Bergischen wöchentlichen Nachrichten« als *Lehrer der Phisick und Mathematick hieselbst*. Viermal in der Woche bot er Vorlesungen in der Experimentalphysik, ebenso in der Arithmetik, Geometrie, Trigonometrie und Stereometrie, dreimal behandelte er die Naturgeschichte der Tiere, und zweimal war die »Philosophische Encyclopedie« das Thema[101]. Eine ausreichende Besoldung war mit dem Privileg offensichtlich nicht verbunden, denn Melchior bot in der gleichen Anzeige Privatstunden an. Dennoch hielt er sich mindestens bis zum Ende des Jahrhunderts in der Stadt auf, wie die Ablehnung eines Gehaltszuschusses durch die Landstände zeigt[102]. Wahrscheinlich war das Interesse an den Naturwissenschaften in Düsseldorf nicht sonderlich

93 GBN 27. Februar 1787, Beilage.
94 In den GBN vom 14. September 1790 werden die Veranstaltungen als *öffentliche theologische Vorlesungen der P. P. Franziskaner in der Churfürstl. Akademie zu Düsseldorf* angekündigt.
95 HStAD JB II 1255, fol. 1 f; Guntram FISCHER, Düsseldorf und seine Rechtsakademie. Ein Beitrag zur Düsseldorfer Universitätsgeschichte, Düsseldorf 1983, S. 34.
96 HStAD JB II 1255, fol. 5.
97 Wie Anm. 93.
98 FISCHER (wie Anm. 95), S. 34.
99 Der Lehrplan des 2. Semesters ist in den GBN vom 23. April 1805 angekündigt.
100 MÜLLER (wie Anm. 16), S. 243.
101 GBN 18. Oktober 1785.
102 Wie Anm. 100.

hoch, obwohl Vorführungen von physikalischen Kabinettstückchen ihr Publikum fanden[103]. Größere Aufmerksamkeit schenkten der Kurfürst und seine Regierung der Ausbildung im medizinischen Bereich: Schon vor 1740 hatte der Doktor der Medizin, Medizinalrat Friedrich Wilhelm Schuhmacher, nach eigenem Bekunden »Collegia publica« für Medizinstudenten abgehalten[104]. Trotz der Bezeichnung handelt es sich nur um eine private Veranstaltung, die gelegentlich mit dem Begriff »Collegium privatissimum« belegt wird. Als Themen bot Schuhmacher im Wechsel Anatomie, Physiologie und Pathologie an[105]. Offizielleren Charakter hatte die »Chirurgial-Akademie«, die nach der Pfennigmeisterrechnung 1764/65 erstmals mit 129 Talern unterstützt wurde. Leiter und Initiator des Instituts war der aus Frankreich stammende Stabschirurg Bernard Guérard[106]; er wird 1771 als Professor und Medizinalrat bezeichnet[107]. Mit der vom Kurfürsten unterstützten Ausbildungsstätte hob sich der über Jahrhunderte als Handwerker angesehene Scherer, Feldscher oder Barbierer zum akademisch gebildeten Chirurgen. Seit 1769 gab Guérard Unterricht für Hebammen aus dem Bergischen Land, und zwar sowohl für Anfängerinnen als auch für solche, die sich fortbilden wollten. Die Unterbringung und Beköstigung trug der Kurfürst. Zu der nach dem Tode Guérards sich verselbständigenden Hebammenschule[108] trat 1805 noch die Ausbildungsstätte für Krankenwärter im aufgehobenen Cellitenkloster. Hier hielt einer der in Düsseldorf ansässigen Medizinalräte drei Monate im Jahr unentgeltlich für männliche und weibliche Interessenten Unterricht, an dessen Ende die Absolventen die Krankenpflegeprüfung ablegen konnten. Für die drei besten waren Prämien vorgesehen. Eine Verfügung Maximilian Josephs schrieb den Unterricht für diejenigen Frauen zusätzlich vor, die in der »Entbindungskunst« ausgebildet wurden[109].

Eine Verbindung zwischen den Lehrangeboten in der Medizin und der Kunstakademie, der wir uns jetzt zuwenden wollen, scheint auf den ersten Blick vielleicht ein wenig sonderbar, aber nach dem Vorlesungsplan von 1779 unterrichtete dort der Leiter der »Chirurgial-Akademie« Bernard Guérard das Fach Anatomie[110]. Das Gründungsdatum der Akademie, die uns in den Quellen unter wechselnden Bezeichnungen begegnet[111], ist nicht genau bekannt. Sicher ist, daß sie in

103 Am 8. Januar 1782 kündigte z.B. der *Mechanikus Troost* in den GBN *seine mit vielen Unkosten verknüpften Experimente* im Ballsaal mit einer Elektrisiermaschine und einer Luftpumpe an.

104 In einer Anzeige in den GBN vom 24. Juli 1770 heißt es, daß er derartige Kollegien seit über 30 Jahren abhalte.

105 GBN 2. April 1771.

106 MÜLLER (wie Anm. 16), S. 243.

107 GBN 3. September 1771.

108 Ebd.; LAU (wie Anm. 76), S. 195.

109 GBN 29. Oktober 1805.

110 GBN 19. Oktober 1779.

111 »Zeichnungs-Academie« (1773), » Churfürstl. Academie der schönen Künste« (1776), »Zeichen- und Mahlerakademie« (1777), »Akademie von Mahlerey, Bildhauer[ei] und Architektur« (1790), »Akademie der zeichnenden Künste« (1805). Die Bezeichnung von 1776 findet sich jedoch am häufigsten.

engem Zusammenhang mit der Gemäldegalerie steht, die bereits Anfang des 17. Jahrhunderts von Kurfürst Johann Wilhelm II. zunehmend interessierten Besuchern zugänglich gemacht wurde, so daß schließlich ein Galeriediener für die Führungen eingestellt werden mußte. Erste Anfänge der Akademie sind wohl in der ca. 1762 von dem Direktor der Galerie, Wilhelm Lambert Krahe, ins Leben gerufenen »Zeichenschule« zu sehen. Vermutlich war sie jedoch noch ein privates Unternehmen. Statuten reichte Krahe erst 1773 ein, die dann vier Jahre später durch Karl Theodor genehmigt wurden[112]. Die Bedeutung der Kunstakademie wird in der Literatur als gering eingeschätzt[113], und es ist zweifellos richtig, daß sich unter den Lehrern und ihren Schülern keine bedeutenden Künstler befunden haben, die heute noch allgemein bekannt sind. Dennoch zeigt das Programm die Größe und Ernsthaftigkeit des Unternehmens. 1779 unterrichteten die vier Professoren Joseph Bäumgen, Peter Langenhöffel, Augustin Bruliot und Theodor Bislinger *unter Aufsicht des Herrn Direktors Lambert Krahe* das Fach Malerei täglich vier Stunden an der »Churfürstlich Pfälzischen Akademie der schönen Künste«; allerdings wechselten sie sich untereinander ab. Bäumgen lehrte zusätzlich die Bildhauerei. Außer den ordentlichen Professoren gab es weitere Lehrkräfte. Jeweils zwei Stunden täglich gab Prof. Guérard Anatomieunterricht, wie bereits erwähnt. Der *Profeßor der Geist- und weltlichen Geschichte* Mathias Pfennings erläuterte freitags von 11 bis 12 Uhr die biblische Geschichte. Zur gleichen Stunde am Samstag las der *Profeßor der Mithologie* Friderich Kiffer über die *zwölf größten Gottheiten der Römer.* Weiter heißt es in der Ankündigung:

Herr Hees ist erbietig, täglichen Unterricht in der
Kupferstecher Kunst zu geben.
Herr Profeßor Erb[114] *unterweist jeden Montag und Mittwoch*
von 2–4 Uhr in der Baukunst wie auch für Handwerksleute
Sonn- und Feyertäge umb selbige Zeit.
Herr Peter Joseph Krahe[115] *erkläret Dienstags und Donnerstags*
von 2–4 Uhr die Regeln der Perspektiv.
Herr Sulzbach[116] *erbietet sich, öffentlich die*

112 MÜLLER (wie Anm. 16), S. 267 f. Vom gleichen Autor siehe jetzt die wichtige Studie: Gründung und Entwicklung der Düsseldorfer Kunstakademie des 18. Jahrhunderts, in: Düsseldorfer Jb. 65, 1994, S. 49–85. Leider wurde mir der Beitrag erst im Juli 1996 bekannt, so daß die Ergebnisse nicht mehr berücksichtigt werden konnten. Trotz der gründlichen Recherchen kann auch Klaus Müller kein eindeutiges Gründungsjahr der Akademie nennen. Dies hat aber offensichtlich damit zu tun, daß es ein schrittweises Wachsen bis zur vollständigen Ausformung der Akademie gegeben hat.
113 Ebd. (wie Anm. 16), S. 268; LAU (wie Anm. 76), S. 206.
114 Zu Johann Joseph Erb siehe MÜLLER (wie Anm. 16), S. 48.
115 Über den Sohn des Akademiedirektors und den in Düsseldorf tätigen Architekten ausführlich: Reinhard DORN, Peter Joseph Krahe. Leben und Werk, 2 Bde., Braunschweig 1969/71.
116 Joseph Sulzbach wird in den GBN jeweils als *gnädigst privilegirter Schreib- und Rechenmeister* bezeichnet. Offensichtlich erhielt er ein Salär, denn er war verpflichtet, vier

Arithmetik zu einer annoch zu bestimmenden Zeit zu lehren.
Die Akademie Bibliothek ist offen unter Aufsicht des Herrn Profeßoren Bislinger Sonn- und Feyertäge von 10 –12 Uhr.
Düsseldorf, den 13ten October 1779[117]

Das Programm der Akademie war demnach weit gestreut und keineswegs nur auf die Vermittlung von Techniken beschränkt. Zum Ansporn der Studienleistungen wurden zu Jahresbeginn an die besten Schüler Preise vergeben. Anläßlich dieser Gelegenheit hielt der preußische Kriegs- und Steuerrat August Friedrich Cranz am Jahresbeginn 1777 eine Laudatio, die schon eine Woche später als Broschüre angeboten wurde[118]; Cranz war Ehrenmitglied der Akademie. Aus dieser Tatsache ist wohl der Schluß zu ziehen, daß die Akademie bereits einen guten Ruf hatte. Möglicherweise wäre die Entwicklung in den Folgejahren günstiger verlaufen, wenn der Kurfürst oder die Landstände die Institution finanziell mehr gefördert hätten. Die nicht ausreichende Besoldung zwang die Professoren zu Nebentätigkeiten. Zugleich versuchte die Akademie, selbst Einkünfte zu erzielen. Bereits 1779 richtete man eine »akademische Kunst- und Buchhandlung« ein, in der nicht nur alte und neue Gemälde, Zeichnungen und Kupferstiche verkauft werden sollten, sondern auch über die Leipziger Messe bezogene deutsche und französische Bücher. Ein Teil der Bücher ging allerdings in einen Lesesaal, wo er von Studenten und der interessierten Öffentlichkeit benutzt werden konnte[119]. Die Herausgabe von Kupferstichen, für die man 1783 in einer Annonce warb, hatte wohl ebenfalls ihre Ursache in der schlechten finanziellen Ausstattung. Den *Liebhabern und Kennern der schönen Künste* bot man 15 Stiche an, die nach Originalen in der kurfürstlichen Gemäldegalerie angefertigt worden waren. Neunmal dienten Rembrandtbilder als Vorlage für den Kupferstecher Hees, der dieses Fach seit Jahren an der Akademie vertrat. Für die übrigen Abbildungen der Werke italienischer, französischer und niederländischer Meister (darunter Rubens und van Dyck) nannte die Annonce als Stecher die Herren Schmitz, Lips und Thelot, wovon der letztere bis zur Franzosenzeit Lehrer an der Akademie blieb[120]. Von Schmitz und Bruliot, die beide in der Anzeige als Professoren bezeichnet wurden, gab es überdies Hefte

Stunden täglich unentgeltlich zu unterrichten. Hinzu kam noch sonntäglicher Schreib- und Rechenunterricht für Handwerker im kurfürstlichen Marstall. Daneben unterrichtete er noch gegen Geld Mädchen in Französisch und »Jünglinge« im Buchhalten, die er in Kost und Quartier nahm. GBN 4. September 1781; 22. Juni 1784, 8. November 1785.

117 GBN 19. Oktober 1779. Die Schreibweise der Namen folgt hier und anderswo den GBN.

118 GBN 7. Januar 1777.

119 GBN 7. September 1779. Man stellte die Unternehmung jedoch zwei Jahre später wieder ein. L. MERLÄNDER, Buchdruck und Buchhandel in Düsseldorf, in: Beitr. zur Geschichte des Niederrheins 4, 1889, S. 51–92, hier S. 68.

120 LAU (wie Anm. 76), S. 206.

mit Radierungen nach Meistern mehrerer Länder[121]. Die verschiedenen Aktivitäten der Lehrer, um den Lebensunterhalt zu sichern, die nicht alle erfolgreich verliefen, waren kein Ersatz für die fehlende solide Grundausstattung der Akademie. Zudem bekamen die kriegerischen Zeitläufte der Anstalt schlecht, so daß 1804 nur noch zwei Professoren Unterricht gaben[122]. Trotz des Niedergangs hielt man durch die Jahre an einer Einrichtung fest, die 1784 so bekannt gemacht wurde: *Diejenige Handwerksleuthe, welche Lust haben, die Zierrathen, ein jeder nach seinem Gebrauch, bei hiesiger Akademie zu erlernen, auch die, welche die Baukunst und sonstige mit dieser Kunst verbundene Wissenschaften unter der Aufsicht der Herren Profeßoren Bruliot und Erb lernen wollen, können Sonntags Nachmittags von 2 bis 3 Uhr unterrichtet werden*[123]. Dieser Unterricht, der nach den meisten anderen Anzeigen zweistündig war, wurde unentgeltlich abgehalten[124]. Ohne mir ein Urteil als Nichtfachmann anmaßen zu wollen, so glaube ich doch, daß eine solch dauerhafte Einrichtung sicher geschmacksfördernd wirkte und den Baustil in der Landeshauptstadt beeinflußt hat.

Trotz der Schwächen im Schulsystem war Düsseldorf demnach keine Stadt ohne Bildungsmöglichkeiten. Auf eine gebildete Schicht – nicht zuletzt aus dem Umkreis der Regierung – verweisen deutlich die dort verlegten Zeitungen. 1769 erschienen erstmals die als Quelle benutzten und bereits häufig zitierten »Gülich und Bergischen wöchentlichen Nachrichten«[125]. Ab 1774 sollte das in Kleve und Düsseldorf erscheinende »Encyclopedische Journal« die *Leser und Leserinnen zum Vergnügen unterrichten und ihnen die angenehmste Lectüre verschaffen*. Aufsätze zur Philologie, Philosophie, Geschichte, Erdbeschreibung, Naturlehre, Haushaltungskunst und *Nachrichten für das beste der bürgerlichen Gesellschaft* waren der Inhalt[126]. 1777 folgte als *neue gelehrte Zeitung* die »Bagatellen Litteratur und Theater«, die neben Theaterkritiken Aufsätze, Gedichte und Anekdoten enthielt[127]. Gleichzeitig wurde die Wochenschrift »Düsseldorf« als *gemeinnütziges periodisches Blatt* angekündigt, das unterhalten und belehren wollte. Eine Abhandlung in der ersten Nummer trug den Titel *Mittel, das Bier für das Saure zu bewahren*[128]. Alle Zeitungen fanden ihre Abonnenten. Das galt selbst für die französischsprachige »Gazette Intéressante«, die ab dem 14. Februar 1772 jeweils dienstags und freitags erschien und vorher in Aachen herausgegeben worden war[129]. Auch ein florierender Buchhandel ist erkennbar. Insbesondere in den »Gülich und Bergischen wöchentlichen Nachrichten« boten die drei (später vier) vorhandenen

121 GBN 26. August 1783.
122 Wie Anm. 120.
123 GBN 20. April 1784. Erstmals findet sich ein entsprechendes Angebot bereits in den GBN vom 16. März 1779.
124 So GBN 2. Januar 1787 und öfter.
125 Vgl. Anm. 15.
126 GBN 12. April 1774.
127 GBN 31. Dezember 1776.
128 GBN 14. Januar 1777.
129 GBN 11. Februar 1772.

Buchhandlungen fast in jeder Nummer Titel unterschiedlichster Art an. In einer Anzeige vom 13. November 1781 finden sich etwa: *Das goldene Jahrhundert oder Maria Theresia und Friedrich; Die Hauptzweige des Weinhandels für alle Länder in allen Sorten; Cramers Unterhaltungen zur Beförderung der häußlichen Glückseligkeit; Fischers Geschichte des Despotismus in Deutschland mit Urkunden* und weitere 20 Werke. Das billigste von ihnen kostete 7½ Stüber, das teuerste 2 Reichstaler 24 Stüber. Der erste Preis entsprach etwa einem Kilo Ochsenfleisch, der zweite einem halben Malter Weizen[130].

Offenbar war ein Teil der Lesehungrigen nicht in der Lage oder auch nur nicht bereit, die relativ teuren Bücher zu kaufen. Einen Ausweg schufen Leihbibliotheken, die schon in den sechziger Jahren des 18. Jahrhunderts entstanden sein müssen. Anfang 1771 machte der Buchbinder Schulz bekannt, daß seine schon *einige Jahre bekannte Lese-Bibliothek* sich nunmehr am Markt befinde[131]. 1773 bezahlte man in der Buchhandlung auf der Neubrück monatlich 24 Stüber Lesegeld. Dafür durfte man ein Buch aus einem Bestand von ca. 600 mit nach Hause nehmen und lesen; täglicher Wechsel war möglich[132]. Auch die anderen Buchhandlungen beteiligten sich an dem Geschäft und gaben an *bekannte Buchliebhaber* kostenlos gedruckte Kataloge ihrer zu entleihenden Bücher ab[133].

Seit dem 4. April 1770 konnte man in Düsseldorf sogar ohne jegliche Gebühr Bücher benutzen. Der an diesem Tag eröffnete »Öffentliche Büchersaal« stand am Samstag, Sonntag und Mittwoch ausdrücklich *zu jedermans Gebrauch offen*. Wer allerdings das Recht erwerben wollte, ein Buch für eine Woche nach Hause zu nehmen, mußte ein Einstandsgeld von 4 Talern entrichten. Den Grundstock der Bibliothek bildeten Dubletten aus der kurfürstlichen Bibliothek in Mannheim. Für den weiteren Ausbau der Bestände wurde verordnet, daß jeder Beamte oder Geistliche bei seinem Dienstantritt ein Buch oder 10 Taler geben solle. Bereits im Jahr nach der Eröffnung meldete man, es seien *von allen Materien genugsame Bücher vorhanden*. Bis zum Beginn des 19. Jahrhunderts wuchs der Bestand, der zum Grundstock der heutigen Universitäts- und Landesbibliothek Düsseldorf wurde, auf über 10000 Werke an[134].

Vermutlich hat die Existenz des Büchersaales dazu geführt, daß in Düsseldorf keine Lesegesellschaft entstanden ist. Elberfeld kann dagegen eine der frühesten Vereinigungen dieser Art in Deutschland für sich in Anspruch nehmen: Bereits 1775 vereinbarten acht angesehene Bürger, sich einmal wöchentlich zu treffen, um gelehrte Abhandlungen zu hören und das gelehrte Gespräch zu pflegen[135]. Noch im selben Jahr wuchs die Zahl der Mitglieder der Gesellschaft auf 27, später auf 60,

130 Die Angaben sind den GBN entnommen, die regelmäßig Frucht- und Fleischpreise enthalten.

131 GBN 29. Januar 1791.

132 GBN 28. September 1773.

133 GBN 11. Oktober 1796 und öfter.

134 GBN 3. April 1770; GBN 5. März 1771; Müller (wie Anm. 16), S. 244 f.

135 A. von Carnap, Die geschlossene Lesegesellschaft Elberfeld, in: ZBGV 1, 1863, S. 54–104; hier S. 54; Illner (wie Anm. 47), S. 32.

und man konnte ein repräsentatives Gesellschaftshaus bauen. Der Erfolg der Lesegesellschaft ist erstaunlich, läßt doch der Arzt, Dichter und spätere Professor der Kameralwissenschaften in Kaiserslautern Heinrich Jung-Stilling kein gutes Haar an der *geldhungrigen Kaufmannswelt* in Elberfeld, *wo man die Gelehrten nur nach dem Verhältnis ihres Geldvorraths schätzte, wo Empfindsamkeit, Lectüre und Gelehrsamkeit lächerlich war und wo nur der Ehre genoß, der viel verdienen konnte*[136]. Vorwürfe der reformierten Geistlichkeit blieben nicht aus. So heißt es z. B.: *Unsere lieben Alten hatten ganz andere Gesinnungen, die hielten sich lediglich an Gottes Wort, kamen fleißig in die Kirche und lasen daneben eine gute Postille. Aber nun, nun ließt man Romane, unnütze Historien, kahle Reisebeschreibungen, Geschichten von Sonne, Mond und Sternen, bekümmert sich um lauter Sachen, die außer uns sind; der Endzweck unseres Daseins wird aber vernachlässiget*[137]. Solche Angriffe überstand die Gesellschaft nicht nur unbeschadet, sondern es bildete sich 1786 sogar eine weitere Lesegesellschaft[138]. Dennoch formuliert Friedrich Engels in seinen Briefen aus dem Wuppertal: *Von Bildung – keine Idee; wer Whist und Billard spielen, etwas politisieren, ein gewandtes Kompliment machen kann, das ist in Barmen und Elberfeld ein gebildeter Mann*[139].

So ohne weiteres wird man sich diesem harschen Urteil nach dem, was hier vorgeführt worden ist, nicht anschließen können. Zumindest im Bereich der Schulbildung war in Elberfeld am Ende des Alten Reiches ein Niveau erreicht, das deutlich über dem von Düsseldorf und wohl auch anderer katholischer Städte im Bergischen Land lag. Die Sorge der reformierten und der lutherischen Synoden um ein gutes Schulwesen[140] hatten Früchte getragen. In der außerschulischen und höheren Bildung profitierte Düsseldorf von seiner Stellung als Landeshauptstadt. Eine staatliche oder städtische »Bildungspolitik« hat es, sieht man von einigen Reformansätzen ab, nicht gegeben. Erst in der französischen und der preußischen Ära übernahmen der Staat und die Kommunen weitgehend die Verantwortung für das Schulwesen und schufen damit eine landesweite Angleichung der Rahmenbedingungen, unter denen Unterricht stattfand.

136 Heinrich STILLING, Häusliches Leben. Eine wahrhafte Geschichte, Berlin/Leipzig 1789, S. 30.
137 ILLNER (wie Anm. 47), S. 36 f.
138 Ebd., S. 47.
139 Zitiert nach WITTMÜTZ (wie Anm. 58), Titelblatt.
140 ZIMMERMANN (wie Anm. 14), S. 187.

Lesegesellschaften und städtische Reformpolitik an der Wende vom 18. zum 19. Jahrhundert

von Hans-Werner Hahn

Ein Jahr, nachdem sich 1782 in Mainz mit kurfürstlicher Genehmigung eine Lesegesellschaft konstituiert hatte, wurde im ersten Jahresbericht als Gründungsanlaß die *Begierde, vieles zu wissen und zu erfahren, wachzuhalten und zu stillen*, genannt[1]. Diesem Ziel, Neues zu erfahren und Kenntnisse zu erweitern, fühlten sich in den letzten Jahrzehnten des 18. Jahrhunderts innerhalb des Alten Reiches offenbar weit mehr Menschen verpflichtet, als es die vielfältigen Hinweise auf die verkrusteten gesellschaftlichen Strukturen der ständischen Gesellschaft vermuten lassen. Erst die seit einigen Jahren breit angelaufene neue Erforschung des mit der Aufklärung emporkommenden Sozietäts- und Vereinswesens hat die Bedeutung der Lesegesellschaften wieder in das Blickfeld der Historiker und Literaturwissenschaftler gerückt. Dabei hatten schon die Zeitgenossen gerade die Lesegesellschaften als *der Aufklärung nützliche Institute* gepriesen[2]: Die Lesegesellschaft war die zahlreichste und am weitesten verbreitete Organisiationsform der deutschen Aufklärungsbewegung. Nachdem es schon im frühen 18. Jahrhundert erste Vorläufer gegeben hatte, nahm die Zahl der Lesegesellschaften im letzten Drittel des 18. Jahrhunderts geradezu sprunghaft zu. Anfang der achtziger Jahre schrieb das »Hannoversche Magazin«: *Unsere Lesegemeinschaften mehren sich von Tage zu Tage. Da ist keine Stadt, kein Städtchen, wenigstens in unserm Niedersachsen, ohne Lesegesellschaft.*[3] Neben Norddeutschland wiesen der sächsisch-thüringische Raum und das Rheinland eine besonders hohe Dichte an Lesegesellschaften auf. Die neuere Aufklärungsforschung hat nachgewiesen, daß es am Ende des 18. Jahrhunderts auf dem Gebiet des Alten Reiches zwischen 400 und 600 Lesegesellschaften mit rund 20000 Mitgliedern gegeben hat[4]. Hinzu kam eine große Zahl literarischer Freundschaftszirkel, die ähnlich strukturiert und ähnlichen Zielen verpflichtet waren, zahlenmäßig aber kaum zu erfassen sind.

1 Zitiert nach Marlies Prüsener, Lesegesellschaften im 18. Jahrhundert. Ein Beitrag zur Lesergeschichte. In: Archiv für die Geschichte des Buchwesens 13, 1972, Sp. 397.

2 Allgemeiner Anzeiger der Deutschen, Nr. 51 vom 31. August 1791, Sp. 381 f.

3 Zitiert nach Ulrich Im Hof, Das gesellige Jahrhundert. Gesellschaft und Gesellschaften im Zeitalter der Aufklärung, München 1982, S. 127.

4 Vgl. neben Prüsener, Lesegesellschaften (wie Anm. 1): Otto Dann (Hg.), Lesegesellschaften und bürgerliche Emanzipation. Ein europäischer Vergleich, München 1981; Richard van Dülmen, Die Gesellschaft der Aufklärer. Zur bürgerlichen Emanzipation und aufklärerischen Kultur in Deutschland, Frankfurt a. M. 1986; S. 82ff.; Klaus Gerteis, Bildung und

Die Ziele dieser Gesellschaften beschränkten sich nicht allein darauf, die Mitglieder am Fortschritt des Wissens partizipieren zu lassen. Es ging zugleich um neue Geselligkeitsformen und schließlich bei nicht wenigen auch um den Versuch, mit dem erworbenen Wissen die alteuropäische Gesellschaft zu modernisieren. Die Mitglieder einer Lesegesellschaft verband zunächst einmal der Wunsch, mit einem Minimum an Unkosten möglichst viele Bücher, Zeitungen und Zeitschriften lesen zu können. Diese wurden in der Regel in eigenen Räumen oder sogar in einem eigenen Haus aufgestellt, wo sich die Mitglieder zu gemeinsamer Lektüre, Diskussion, aber auch zu Theateraufführungen, Konzerten und gemeinsamen Essen zusammenfanden. Diese Formen einer gesitteten Geselligkeit, einer vergnügten und nützlichen Unterhaltung spielten von Anfang an eine ganz wichtige Rolle. Der Wirkungskreis der meisten Lesegesellschaften sollte jedoch über die eigene Fortbildung und Befriedigung von Bedürfnissen nach Geselligkeit hinausgehen. Die Lesegesellschaften wurden auch als ein wichtiges Mittel angesehen, um aufklärerische Ideen in die Praxis umzusetzen. 1789 meinte hierzu ein Mitglied einer Bonner Lesegesellschaft: *Unsere gesellige Vereinigung wird nicht letzter Zweck sondern Mittel sein, um durch Benutzung dessen, was schon vorgearbeitet worden, durch eigene immer weiter dringende Fortschritte auf dem Wege des Lichtes, durch wechselseitige Beihülfe mit vereinten Kräften das Gute zu bewirken, welches das Maß der Kräfte eines jeden einzelnen Mitgliedes überstieg.*[5]

Dienten, so ist zu fragen, die neuen Vereinigungsformen ihren Mitgliedern nun vor allem dazu, sich »vom absolutistischen Staat und seiner Bevormundung zu befreien« und »selbsttätig außerhalb der absolutistischen Ordnung einen tendenziell sogar gegen sie gerichteten aufklärerisch-reformerischen Freiraum zu schaffen«[6]? Waren damit die Lesegesellschaften also in erster Linie Ausdruck eines neuen bürgerlichen Emanzipationsstrebens, weil sie die ersten großen Foren waren, auf denen das über ständische, konfessionelle und berufliche Schranken hinweg agierende deutsche Bürgertum seine Gleichberechtigungsforderungen öffentlich und für alle sichtbar in die Tat umsetzte? Für Richard van Dülmen und Otto Dann besteht in diesem Zusammenhang kein Zweifel daran, daß die Lesegesellschaften in der »Emanzipationsphase bürgerlicher Gesellschaften ganz wesentlich zur soziopolitischen Bewußtseinsbildung der aufsteigenden Schichten beigetragen haben«[7]. Sie könnten demnach als wesentliches Element im großen Aufbruch einer neuen bürgerlichen Elite angesehen werden, die sich in einer vom Adel dominierten Welt konstituierte und sich als neue gesellschaftliche Kraft zur Geltung bringen wollte.

Revolution. Die deutschen Lesegesellschaften am Ende des 18. Jahrhunderts. In: Archiv für Kulturgeschichte 53, 1971, S. 127–139; Horst Möller, Vernunft und Kritik. Deutsche Aufklärung im 17. und 18. Jahrhundert, Frankfurt a. M. 1986, S. 261 ff.; Wolfgang Ruppert, Bürgerlicher Wandel. Die Geburt der modernen deutschen Gesellschaft im 18. Jahrhundert, Frankfurt a. M. 1981, S. 146 ff.

5 Zitiert nach van Dülmen, Gesellschaft (wie Anm. 4), S. 85.

6 So van Dülmen, Gesellschaft (wie Anm. 4), S. 81.

7 Dann (Hg.), Lesegesellschaften (wie Anm. 4), Einleitung, S. 22 f.

Gegenüber dieser klaren Zuordnung zum bürgerlichen Emanzipationsprozeß sind freilich auch Einwände erhoben worden. Wenn man, wie Jürgen HABERMAS in seinem vielbeachteten Werk »Strukturwandel der Öffentlichkeit« das neue »öffentliche Räsonnement«, in dem die Lesegesellschaften eine wichtige Rolle spielten, als die »Sphäre der zum Publikum versammelten Privatleute« charakterisiert[8], dann sollte man nicht übersehen, daß es sich bei diesen Privatleuten vorzugsweise um Staatsdiener und Amtsinhaber und zudem keineswegs ausschließlich um Bürgerliche handelte[9]. Es gibt vielmehr Lesegesellschaften, die sogar aufgrund herrschaftlicher Initiativen ins Leben traten, wie dies bei der 1786 gegründeten Lesegesellschaft im thüringischen Hildburghausen der Fall war[10]. Und was die Mitglieder der frühen Lesegesellschaften betrifft, so stellte der Adel besonders in den Residenzstädten meist einen beträchtlichen Anteil. Die Staatsnähe der meisten Mitglieder kommt recht anschaulich bei der eingangs erwähnten Mainzer Lesegesellschaft des Jahres 1782 zum Ausdruck: Die Hälfte dieser Lesegesellschaft entstammte dem Adel, ein weiteres Viertel bestand aus Geistlichen; hinzu kamen weitere bürgerliche Beamte. Auch von den nicht im kurfürstlichen Dienst stehenden Mitgliedern stammten die wenigsten aus dem wirtschaftenden Bürgertum. Es finden sich lediglich zwei Kaufleute unter den Mitgliedern, während das Handwerk überhaupt nicht vertreten war[11]. In der Mitgliederstruktur anderer Lesegesellschaften, die ja gerade in den so zahlreichen Residenzstädten des Reiches überproportional vertreten waren, sah es ähnlich aus, wenngleich der Mainzer Adelsanteil insgesamt gesehen etwas aus dem Rahmen fällt.

In den Lesegesellschaften des ausgehenden 18. Jahrhunderts fanden sich zwar jeweils Angehörige verschiedener Konfessionen, Stände und Berufe unter dem Signum der Bildung und dem Postulat der Gleichheit zusammen. Auch gaben oft Gebildete bürgerlicher Herkunft den Ton an. Dennoch lassen sowohl die von einer adlig-bürgerlichen Beamtenelite geprägte Sozialstruktur als auch das konkrete Handeln der meisten Lesegesellschaften zunächst einmal gewisse Zweifel aufkommen, ob die politisch-emanzipatorischen Absichten so klar herausgelesen werden können, wie es in der pauschalen Deutung von der Aufklärung als der »Emanzipation des Bürgertums« geschieht. Deshalb muß auch bei der Einordnung der Lesegesellschaften die Grundsatzfrage näher geklärt werden: »Wie bürgerlich war die Aufklärung, wie aufgeklärt war der Bürger«[12], wobei eben nicht allein das Bildungsbürgertum, sondern vor allem auch die Stadtbürger einzubeziehen sind.

8 Jürgen HABERMAS, Strukturwandel der Öffentlichkeit. Untersuchungen zu einer Kategorie der bürgerlichen Gesellschaft, 10. Aufl.; Darmstadt 1982, S. 42.

9 Vgl. Franklin KOPITZSCH, Die Aufklärung in Deutschland. Zu ihren Leistungen, Grenzen und Wirkungen. In: Archiv für Sozialgeschichte 22, 1983, S. 10.

10 Vgl. Felicitas MARWINSKI, Lesegesellschaften in thüringischen Residenz- und Universitätsstädten im 18. Jahrhundert. In: Zeitschrift des Vereins für Thüringische Geschichte 47, 1993, S. 86f.

11 Vgl. IM HOF, Jahrhundert (wie Anm. 3), S. 128.

12 MÖLLER, Vernunft (wie Anm. 4), S. 289.

Die Ergebnisse, die in den letzten Jahren sowohl die Sozialgeschichte der Aufklärung[13] als auch die neuen Ansätze zur Erforschung von Stadt und Bürgertum[14] an der Wende vom 18. zum 19. Jahrhundert erbracht haben, lassen gerade auch in bezug auf die hier im Mittelpunkt stehenden Lesegesellschaften einige neue Aussagen zu. Zum ersten ist die Erforschung der aufklärerischen Sozietäten des 18. und der frühen bürgerlichen Vereine des 19. Jahrhunderts seit den frühen Anstößen von Thomas NIPPERDEY[15] auf breiter Front vorangekommen[16]. Zum zweiten werden die Lesegesellschaften in diesem Zusammenhang nicht mehr allein als ein besonderes Phänomen der deutschen Aufklärungsgesellschaft betrachtet, das sowohl in Distanz zur Welt des höfischen Absolutismus wie zur ständischen Führungsschicht der Städte stand und gleichsam zwischen diesen alten Welten eine neue »bürgerliche Gesellschaft«[17] propagierte. Die neuen Ansätze versuchen vielmehr, über die soziale Zusammensetzung, den Lesestoff und die Programmatik der Lesegesellschaften hinaus ihren konkreten Beziehungen und Konflikten zu den anderen Teilen der Gesellschaft nachzugehen. Da die Lesegesellschaften zwar nicht ausschließlich, aber doch vorrangig ein städtisches Phänomen waren[18], geht es deshalb drittens schließlich vor allem darum, ihre Rolle im städtischen Geschehen genauer zu umreißen. Dies soll im Zentrum der folgenden Ausführungen stehen. Die von Lothar GALL angeregten Arbeiten über den Konstituierungsprozeß eines neuen, nachständischen Bürgertums haben die entscheidende Bedeutung hervorgeho-

13 Vgl. hierzu vor allem Franklin KOPITZSCH (Hg.), Aufklärung, Absolutismus und Bürgertum in Deutschland, München 1976; DERS., Grundzüge einer Sozialgeschichte der Aufklärung in Hamburg und Altona. 2 Bde., Hamburg 1982; DERS., Sozialgeschichte der Aufklärung in Deutschland. In: Helmut BERDING/Etienne FRANCOIS u. Hans-Peter ULLMANN (Hg.), Deutschland und Frankreich im Zeitalter der Französischen Revolution, Frankfurt a. M. 1989, S. 373–390.

14 Vgl. Lothar GALL (Hg.), Vom alten zum neuen Bürgertum. Die mitteleuropäische Stadt im Umbruch 1780–1820, München 1991. Einen guten Überblick über die neueren Forschungsansätze vermittelt Friedrich LENGER, Bürgertum, Stadt und Gemeinde zwischen Frühneuzeit und Moderne. In: Neue Politische Literatur 40, 1995, S. 14–29.

15 Vgl. Thomas NIPPERDEY, Verein als soziale Struktur in Deutschland im späten 18. und frühen 19. Jahrhundert. In: DERS., Gesellschaft, Kultur, Theorie. Gesammelte Aufsätze zur neueren Geschichte, Göttingen 1976, S. 174–205 (erstmals erschienen 1972).

16 Neben der schon erwähnten Literatur vgl. auch Otto DANN (Hg.), Vereinswesen und bürgerliche Gesellschaft in Deutschland, München 1984; Etienne FRANCOIS (Hg.), Sociabilité et Société Bourgeoisie en France, en Allemagne et en Suisse, 1750–1850 – Geselligkeit, Vereinswesen und bürgerliche Gesellschaft in Frankreich, Deutschland und der Schweiz, 1750–1850, Paris 1986.

17 Zum Begriff »bürgerliche Gesellschaft« und die sich daran anknüpfenden zeitgenössischen wie wissenschaftlichen Debatten vgl. Lothar GALL, Von der ständischen zur bürgerlichen Gesellschaft, München 1993 (Enzyklopädie Deutscher Geschichte, Bd. 25); Utz HALTERN, Bürgerliche Gesellschaft. Sozialtheoretische und sozialhistorische Aspekte, Darmstadt 1985; DERS., Die Gesellschaft der Bürger. In: Geschichte und Gesellschaft 19, 1993, S. 100–134.

18 Zur Bedeutung ländlicher Lesegesellschaften vgl. Karl-Heinz ZIESSOW, Ländliche Lesekultur im 18. und 19. Jahrhundert. Das Kirchspiel Menslage und seine Lesegesellschaften 1790–1840, 2 Teile, Cloppenburg 1988.

ben, die dem Handlungsraum Stadt in diesem Zusammenhang zufiel. Was – so soll deshalb gefragt werden – bedeutete die Existenz von Lesegesellschaften in einer Stadt und vor allem auch für eine Stadt?

In drei Schritten soll versucht werden, einige Antworten auf diese Frage zu geben. Zunächst soll danach geklärt werden, auf welche Weise die Lesegesellschaften den Konstituierungsprozeß des neuen Bürgertums förderten. Dann geht es darum, wie sich ihre Existenz auf innerstädtische Entwicklungen auswirkte, wobei in Anlehnung an das Rahmenthema der diesjährigen Tagung des Arbeitskreises am Beispiel der Stadt Wetzlar Fragen der Schul- und Bildungspolitik im Mittelpunkt stehen werden. Abschließend folgen unter Rückgriff auf die eingangs skizzierte Debatte einige Ausführungen über die Bedeutung der Lesegesellschaften für die politischen Emanzipationsbestrebungen des städtischen Bürgertums.

Zum ersten Punkt: Durch die immer intensiver betriebene Sozialgeschichte der Aufklärung und insbesondere durch die Forschungen zur Sozialstruktur des neuen Sozietätswesen ist zunächst noch einmal eindrucksvoll unterstrichen worden, wie stark die Dominanz der in staatlichen Diensten stehenden Gebildeten hier war. In den Residenz- und Universitätsstädten, die den größten Anteil an Lesegesellschaften und anderen aufklärerischen Sozietäten besaßen, kam der Großteil der Mitglieder zunächst einmal in aller Regel aus den Reihen der Eximierten, also jener Stadtbewohner, die nicht das herkömmliche Bürgerrecht besaßen, sondern im Dienste des Staates standen. Es handelte sich teilweise um Adlige und teilweise um Glieder jener wachsenden Schicht bürgerlicher Beamter, die zwischen altem Bürgerstand und Adel eine eigene soziale Position einnahmen. Ein »konstitutives Strukturmerkmal« dieser Gruppe war »ihre neuartige Vergesellschaftung in Sozietäten, Assoziationen und Vereinen«[19]. Treibende Kraft dieses Prozesses war die bürgerliche Bildungs- und Beamtenschicht. Da sie außerhalb der traditionellen Ständeordnung stand, bediente gerade sie sich neuer gesellschaftlicher Organisationsformen, um so die eigene soziale Position zu festigen und auszubauen.

Die frühen Lesegesellschaften entwickelten sich in diesem Zusammenhang seit den 1770er Jahren zu der wichtigsten Institution dieser bildungsbürgerlichen Schichten. Zwar gab es in den Lesegesellschaften der Residenz- und Verwaltungsstädte nach wie vor einen hohen Anteil von adligen Mitgliedern[20]. Dennoch unterstrichen auch solche adlig-bürgerlichen Lesegesellschaften, daß man sich in einer neuen, nicht auf einen Stand beschränkten Organisationsform vereinen wollte und sich damit zumindest neben die traditionelle höfische Gesellschaft mit ihren ständischen Barrieren stellte.

19 Hans Erich BÖDEKER, Die »gebildeten Stände« im späten 18. und frühen 19. Jahrhundert: Zugehörigkeit und Abgrenzungen. Mentalitäten und Handlungspotentiale. In: Jürgen KOCKA (Hg.), Bildungsbürgertum im 19. Jahrhundert. Teil IV: Politischer Einfluß und gesellschaftliche Formation, Stuttgart 1989, S. 41.

20 Vgl. hierzu jetzt Lothar GALL, Adel, Verein und städtisches Bürgertum. In: Adel und Bürgertum in Deutschland 1770–1848, hg. von Elisabeth FEHRENBACH unter Mitwirkung von Elisabeth MÜLLER-LUCKNER, München 1994, S. 29–44.

Außerhalb der Residenzen und Universitäten spielte das sogenannte Bildungsbürgertum sowohl bei der Gründung von Lesegesellschaften als auch im Vereinsleben selbst in der Regel ebenfalls die führende Rolle. Auch in den Handels- und Gewerbestädten war die soziale Integrationsfunktion der neuen Geselligkeitsformen von Anfang zu erkennen. So sollte die 1789 gegründete Ulmer Lesegesellschaft zum *freien und ungezwungenen Umgang mehrerer Stände* beitragen[21]. In den Handels- und Gewerbestädten galt es vor allem, Geselligkeitszirkel aufzubauen, in denen die »gebildeten Stände« einerseits und Kaufleute sowie weitere Teile des wirtschaftenden Bürgertums andererseits gemeinsam verkehren konnten und damit die berufsständische Abschottung der traditionellen Korporationen überwanden. Zahlreiche Arbeiten zum frühen Vereinswesen haben inzwischen nachgewiesen, daß gerade die aus dem Stadtbürgertum kommende Kaufmannschaft in vielen Lesegesellschaften schon vor 1800 eine wichtige Rolle spielte. In der Reichs- und Hansestadt Bremen, wo es schon 1791 über dreißig große und kleine Lesegesellschaften gegeben haben soll, stellten die Kaufleute an der Wende zum 19. Jahrhundert den weitaus größten Mitgliederanteil[22]. Ähnlich verhielt es sich in Ulm, Nürnberg und anderen großen Reichsstädten. Die neue Bürgertumsforschung hat zu Recht darauf hingewiesen, daß es nicht nur die schmale Schicht des sogenannten Bildungsbürgertums war, die im Zuge der Aufklärung von außen auf das Stadtbürgertum einzuwirken begann, sondern daß man auch die endogenen Faktoren des gesellschaftlichen Wandels nicht unterschätzen darf. In diesem Zusammenhang aber kam gerade dem Handelsbürgertum eine besondere Bedeutung zu[23]. Es war neben der verbeamteten und freien akademischen Intelligenz der wichtigste Kristallisationskern eines neuen, ständeübergreifenden Bürgertums.

Für den Konstituierungsprozeß dieses neuen Bürgertums, das dann sehr rasch den sozialen, politischen und wirtschaftlichen Wandel selbst voranzutreiben versuchte, waren die Lesegesellschaften in mehrfacher Hinsicht ein ganz entscheidendes Medium. Im Unterschied zu den traditionellen Korporationen waren sie freie Vereinigungen mündiger und unabhängiger Individuen, also Assoziationen im modernen bürgerlichen Sinne. Zentrale bürgerliche Wertprinzipien waren die Grundlage der Organisation. Es waren freie Zusammenschlüsse von Personen, die in ihrer Eintritts- oder Austrittsentscheidung frei waren und deren rechtlicher Status in der Gesellschaft von der Mitgliedschaft in einer solchen Assoziation nicht tangiert wurde[24]. Alle wichtigen Belange der Vereinigung wurden nach dem demokratischen Mehrheitsprinzip durch Abstimmungen der Mitglieder entschieden. Jede Lesegesellschaft, so hieß es 1783 in Aschaffenburg, solle *den Geist der republi-*

21 Zitiert nach RUPPERT, Bürgerlicher Wandel (wie Anm. 4), S. 149.
22 Vgl. Andreas SCHULZ, »...Tage des Wohllebens, wie sie noch nie gewesen...«. Das Bremer Bürgertum in der Umbruchszeit 1789–1818. In: GALL (Hg.) Vom alten zum neuen Bürgertum (wie Anm. 14), S. 38ff.
23 Besonders anschaulich am Beispiel der Mannheimer Familie Bassermann: Lothar GALL, Bürgertum in Deutschland, Berlin 1989.
24 Vgl. NIPPERDEY, Verein (wie Anm. 15), S. 174.

kanischen Verfassung beleben[25]. Vor allem aber basierten die neuen Assoziationen auf dem Prinzip der Gleichberechtigung aller Mitglieder, ganz gleich aus welchem Stand sie kamen oder welcher Konfession sie angehörten.

In dieser ständeübergreifenden Tendenz lag der wohl wichtigste Beitrag, den die Aufklärungskultur zur bürgerlichen Emanzipation leistete. Da prinzipiell jedem gebildeten und aufgeklärten Menschen ungeachtet seines gesellschaftlichen Ranges und Standes die Mitgliedschaft in einer Aufklärungsassoziation offenstand, kann sein Eintritt in eine so verstandene bürgerliche Gemeinschaft zunächst einmal als ein individueller Akt der Emanzipation verstanden werden. Die neuen Sozietäten trugen deshalb maßgeblich dazu bei, daß sich hier sozusagen eine Vorhut des neuen Bürgertums herausbildete, die sich zugleich durch neue Formen der Geselligkeit, die Verfeinerung von Sitten und Geschmack, den intensiven Diskurs über das Gelesene und die sich mit ihm vollziehende gemeinschaftlich Meinungsbildung zunehmend der eigenen Rolle und gesellschaftlichen Bedeutung bewußt wurde.

Der internen Standesgleichheit, Diskussionsfreiheit und demokratischen Entscheidungsstruktur stand jedoch gerade in der Anfangsphase der Lesegesellschaften eine nur begrenzte soziale Öffnungsbereitschaft entgegen. So hatten Frauen in aller Regel noch keinen Zugang zu den Lesegesellschaften, wenngleich es hier vereinzelt Ausnahmen gab[26]. Vor allem aber schotteten sich die meisten Lesegesellschaften durch hohe Mitgliedsbeiträge und recht strenge Aufnahmeverfahren noch stark nach unten ab. Die 1775 gegründete »Erste Lesegesellschaft« der Stadt Elberfeld verlangte in den achtziger Jahren eine Aufnahmegebühr von 100 Talern, wobei es für Angehörige des »Gelehrtenstandes«, die über ein zu geringes Vermögen verfügten, Ausnahmeregelungen gab[27]. Darüber hinaus konnte bei der Ballotage – einem Abstimmungsverfahren der Mitglieder mit zwei verschiedenfarbigen Kugeln – schon ein Sechstel der Mitglieder die Neuaufnahme eines Interessierten verhindern.

Folglich waren die Masse des städtischen Bürgertums und die noch unter ihr rangierenden Teile der Gesellschaft zunächst kaum in den Lesegesellschaften vertreten. Der Großteil des städtischen Bürgertums wurde aber nicht allein durch die hohen Zugangsbarrieren von einer Teilnahme abgehalten, er stand den neuen Sozietäten und ihren politisch-sozialen Zielen teilweise auch noch ausgesprochen skeptisch, ja feindlich gegenüber. Innerhalb des Dritten Standes, so hebt etwa Horst Möller hervor, gab es breite Schichten, die weder als aufgeklärt gelten konn-

25 Zitiert nach Hans-Ulrich WEHLER, Deutsche Gesellschaftsgeschichte, Bd. 1: Vom Feudalismus des Alten Reiches bis zur Defensiven Modernisierung der Reformära 1700–1815, München 1987, S. 321.

26 Vgl. Ute FREVERT, Frauen-Geschichte. Zwischen Bürgerlicher Verbesserung und Neuer Weiblichkeit, Frankfurt a. M. 1986, S. 35. Zur Gründung eigener Frauenlesegesellschaften vgl. jetzt Christine HAUG, »Ein neuer Versuch unseres aufgeklärten Jahrhunderts...« Friedrich Justus Kriegers Gründung einer Frauenlesegesellschaft in Gießen im Jahre 1789, in: Hessische Heimat Nr. 21 vom 15. 10. 1994, S. 81–83.

27 Hierzu ausführlich Eberhard ILLNER, Bürgerliche Organisierung in Elberfeld 1775–1850, Neustadt 1982, S. 34.

ten noch durch die Aufklärung ansprechbar waren: »Eine Verbindung der neuen Bürgerlichen mit dem alten Stadtbürgertum kam aufgrund der Unterschiedlichkeit beider Schichten nicht in Frage. Weder das soziale Interesse noch die politisch-ideologischen Ziele, noch das Normensystem beider stimmten überein.«[28] Diese tiefe Kluft wurde noch dadurch verstärkt, daß sich gerade die Gebildeten als selbsternannte neue Elite vom sogenannten »Pöbel« abzusetzen versuchten oder sich zumindest als »Vormund des großen Haufens« verstanden. Typisch hierfür ist die oft verletzende Kritik, die viele Aufklärer an den sozialen, wirtschaftlichen und politischen Verhältnissen der deutschen Reichsstädte und am Verhalten ihrer Bürger übten[29].

In der neueren Forschung sind inzwischen aber verstärkt Zweifel aufgekommen, ob man das städtische Bürgertum in der Tradition der aufgeklärten Beamten und freien Schriftsteller als undynamische, zäh am Herkommen und alten Privilegien festhaltende soziale Gruppe[30] einstufen kann. Offenbar war die Öffnungsbereitschaft zumindest bei wichtigen Teilen dieses städtischen Bürgertums schon viel größer, als es vorschnelle Urteile von Zeitgenossen und Historikern vermuten lassen[31]. Dies zeigt nicht zuletzt auch ein genauerer Blick auf das frühe Vereinswesen. Je mehr die Lesegesellschaften und andere aufgeklärte Sozietäten von der Forschung entdeckt und analysiert wurden, desto deutlicher wurde nämlich, daß neben gebildeten Schichten und Kaufleuten schon vor dem Ende des Alten Reiches auch weitere Teile des Stadtbürgertums von neuen Entwicklungen erfaßt wurden.

Geht man von der Lesefähigkeit und dem Leseinteresse aus, so reichte das Potential von Lesegesellschaften um 1780 ohnehin schon weit über die Akademiker und Kaufleute hinaus. Einige Historiker haben behauptet, daß es in den letzten Jahrzehnten des 18. Jahrhunderts innerhalb Deutschlands geradezu eine erste Leserevolution gegeben habe. In einer zeitgenössischen Schrift hieß es beispielsweise: *»Gelehrte und Ungelehrte, Handelsleute, Handwerker, Ökonomen, Militärpersonen, Alte und Junge, männliches und weibliches Geschlecht sucht einen Teil der Zeit mit Lesen auszufüllen ... Alles will jetzt lesen, selbst Garderobenmädchen, Kutscher und Vorreuter nicht ausgenommen«*[32]. Auch aus Thüringen, wo die Al-

28 MÖLLER, Vernunft (wie Anm. 4), S. 194.

29 Vgl. hierzu vor allem die Beiträge von Otto BORST, Babel oder Jerusalem? Sechs Kapitel Stadtgeschichte, Stuttgart 1984.

30 So etwa Mack WALKER, German Home Towns. Community, State, and General Estate 1648–1871, Ithaca 1971, und zuletzt vor allem WEHLER, Gesellschaftsgeschichte (wie Anm. 25), Bd. 1, S. 203, der vom »erzkonservativen«, in »altständischer Erstarrung« verharrenden Stadtbürgertum spricht.

31 Zur »Doppelgesichtigkeit« der frühneuzeitlichen Stadt und ihres Bürgertums vgl. etwa Klaus GERTEIS, Die deutschen Städte in der frühen Neuzeit. Zur Vorgeschichte der bürgerlichen Welt, Darmstadt 1986, S. 3. Als Beispiele für eine veränderte Sicht vgl. ferner Rudolf ENDRES, Nürnberg in der Frühneuzeit. In: Kersten KRÜGER (Hg.), Europäische Städte im Zeitalter des Barock. Gestalt – Kultur – Sozialgefüge, Köln/Wien 1988, S. 141ff. und Peter FASSL, Konfession, Wirtschaft und Politik. Von der Reichsstadt zur Industriestadt. Augsburg 1750–1850, Sigmaringen 1988.

32 Zitiert nach IM HOF, Jahrhundert (wie Anm. 3), S. 127.

phabetisierungsrate dank der Bildungsanstrengungen der vom Luthertum geprägten Landesherren offenbar besonders hoch war, wird für die Zeit um 1800 berichtet, daß Handwerker und Bauern über Gebets- und Andachtsbücher hinaus immer stärker Romane, historische Werke und Periodika lesen würden[33].

Auch wenn die Vorstellungen einer ersten großen Leserevolution am Ende des Alten Reiches inzwischen wieder etwas relativiert worden sind[34], so kann man angesichts wachsender Alphabetisierungsraten[35] und des expandierenden Buch- und Zeitungmarktes[36] in gewisser Hinsicht doch von einem Durchbruch sprechen. Nun reichte zwar die Lesefähigkeit allein nicht aus, um Interesse an einer Lesegesellschaft zu bekunden und dort auch Aufnahme zu finden. Aber es gab zahlreiche deutsche Städte, in denen die Lesegesellschaften gegen Ende des 18. Jahrhunderts nicht mehr auf den kleinen Kreis der Gebildeten und einiger wohlhabender Kaufleute beschränkt blieben. Aus Lübeck und Ulm wird berichtet, daß es gegen Ende des 18. Jahrhunderts in den Lesegesellschaften zu einer beträchtlichen Erweiterung des sozialen Spektrums kam[37].

Zum Teil lag dies daran, daß bislang abseits stehende oder bewußt ferngehaltene stadtbürgerliche Kreise in die von den Beamten oder Patriziern beherrschten Lesegesellschaften drängten. Diese Beispiele lassen sich für Ulm und Heidelberg nachweisen. Zum Teil öffneten sich Lesegesellschaften aber auch deshalb, weil sie sich nicht mehr nur auf die Rezeption und Diskussion des gemeinsam Gelesenen beschränken wollten, sondern neue politische, ökonomische und kulturelle Erfahrungen auch in die Praxis umzusetzen versuchten. Dazu aber bedurfte man der Mitarbeiter breiter stadtbürgerlicher Schichten. Hinzu kam, daß das von den Aufklärern vertretene neue Ideal eines aufgeklärten, gesitteten und gebildeten Bürgers keineswegs nur auf eine schmale Elite beschränkt sein sollte und dem alten Bürgerstand schroff entgegengestellt wurde. Vielmehr orientierte sich das Bürgerideal der Aufklärung sehr viel stärker als lange angenommen am konkreten Bürgertum der Städte, an dem sich durch Selbständigkeit und Bürgerrecht auszeichnenden Hausvater. Der Stadtbürger wurde, wie Lothar Gall gezeigt hat, »zum eigentlich entwicklungsfähigen Typus der Gesellschaft erklärt, zu jenem Stand der alten ständischen Ordnung, der zum allgemeinen Stand werden konnte«. Allerdings wurde der aus der alten Stadtgesellschaft übernommene Bürgerbegriff nun »politisch, sozial und nicht zuletzt kulturell dynamisiert«: Der Bürger »sollte künftig mehr sein, als er war«[38]. Dieses Programm setzte Reformanstrengungen in den Städten in

33 Marwinski, Lesegesellschaften (wie Anm. 10), S. 87f.

34 Hierzu zusammenfassend Wolfram Siemann, Vom Staatenbund zum Nationalstaat. Deutschland 1806–1871, München 1995, S. 214.

35 Vgl. Etienne Francois, Alphabetisierung und Lesefähigkeit in Frankreich und Deutschland um 1800. In: Berding u. a. (Hg.), Deutschland (wie Anm. 13) S. 407ff.

36 Helmuth Kiesel/Paul Münch, Gesellschaft und Literatur im 18. Jahrhundert. Voraussetzungen und Enstehung des literarischen Marktes in Deutschland, München 1977.

37 Vgl. Möller, Vernunft (wie Anm. 4), S. 264f.

38 Lothar Gall, »... ich wünschte ein Bürger zu sein«. Zum Selbstverständnis des deutschen Bürgertums im 19. Jahrhundert. In: HZ 245, 1987, S. 605ff.

Gang, die zum Teil aus Lesegesellschaften hervorgingen und sich auch ihrer organisatorischen Strukturen bedienten.

Solche Ansätze sollen nun im zweiten Teil der Ausführungen etwas ausführlicher verfolgt werden. Es geht darum, wie sich die Existenz von Lesegesellschaften auf Reformbereitschaft und -fähigkeit städtischer Gesellschaften auswirkte. Solche Fragen sind erst in den letzten Jahren stärker in das Zentrum der Forschung gerückt. Viele Arbeiten zu den frühen Lesegesellschaften haben oft die Mitgliederstrukturen und den Lesestoff untersucht, sie als wichtige Elemente bürgerlicher Emanzipation eingestuft, dann aber zu wenig verfolgt, wie sie sich konkret und langfristig auf die städtischen Entwicklungen niederschlugen. Die für das 19. Jahrhundert zuständigen Historiker haben wiederum lange Zeit die empirisch oft nicht weiter überprüfte These von der politischen, wirtschaftlichen und sozialen Schwäche des deutschen Bürgertums vertreten, eines Bürgertums, »das anders als in den bürgerlichen Kernzonen Westeuropas noch gar nicht fähig gewesen sei, ohne die bürokratische Entwicklungshilfe des starken Staates seinen eigenen Weg in die Zukunft einzuschlagen«[39]. Die entscheidenden Anstöße kamen demzufolge vor allem von den Reformbürokratien der napoleonischen Ära[40]. Nun soll hier gar nicht bestritten werden, welch wichtigen Beitrag die preußische und rheinbündische Reformpolitik auch in den Städten für die Öffnung zur Moderne geleistet hat. Trotzdem waren gerade in der städtischen Gesellschaft offenbar stärkere gesellschaftliche Kräfte vorhanden, die schon vor dieser Reformära »über den allzu engen Lokalismus der traditionellen politisch-sozialen Ständeordnung hinausstrebten«[41].

Gerade die auch außerhalb der Residenz- und Universitätsstädte stark anwachsende Zahl von Lesegesellschaften und die beachtliche Beteiligung von Kaufleuten kann in diesem Zusammenhang als ein Anzeichen für neue städtische Entwicklungen gewertet werden. Untersuchungen zum Lesestoff der verschiedenen Lesegesellschaften haben gezeigt, daß oft selbst in den Gesellschaften kleinerer Städte ein umfassendes Lektüreangebot zur Verfügung stand[42], das den Mitgliedern den Zugang zu den Diskursen über soziale und politische Reformen eröffnete und sie mit Entwicklungen in anderen Teilen Europas konfrontierte. Dies trug zweifellos dazu bei, auch die eigenen städtischen Verhältnisse einem kritischen Räsonnement zu unterziehen, Entwicklungsdefizite zu erkennen und Debatten über die Verbesserung von Strukturen anzustoßen.

39 Elisabeth FEHRENBACH, Bürokratische Verfassungspolitik und gesellschaftliche Bewegung. Zur sozialen Basis des deutschen Frühkonstitutionalismus 1818/20. In: Staat und Parteien. Festschrift für Rudolf Morsey zum 65. Geburtstag, hg. v. Karl Dietrich BRACHER u. a., Berlin 1992, S. 49. FEHRENBACH setzt sich hier kritisch mit dieser Sicht auseinander.

40 Vgl. etwa Paul NOLTE, Staatsbildung als Gesellschaftsreform. Politische Reformen in Preußen und den süddeutschen Staaten 1800–1820, Frankfurt a. M. 1990.

41 FEHRENBACH, Verfassungspolitik (wie Anm. 39), S. 49.

42 Ausführlich am Beispiel thüringischer Städte Felicitas MARWINSKI, Von der »Societas litteraria« zur Lesegesellschaft. Gesellschaftliches Lesen in Thüringen während des 18. und zu Beginn des 19. Jahrhunderts und sein Einfluß auf den Emanzipationprozeß des Bürgertums, Diss. A, Jena 1982 (Masch.).

Es war daher kein Zufall, daß manche Lesegesellschaften zum Ausgangspunkt der Bildung sogenannter »patriotisch-gemeinnütziger Gesellschaften«[43] wurden. Im Unterschied zu den geheimen Sozietäten wie den Illuminaten, die gesellschaftliche und politische Verkrustungen durch Beeinflussung der Machtträger aufzubrechen hofften, und den zunächst auf gesellige Lektüre orientierten Lesegesellschaften drängten die patriotischen Gesellschaften von Anfang an nach außen. Ihre Initiatoren wollten durch praktische Aufklärung gesellschaftsverändernd wirken. Das gesellige und selbsterziehende Moment war hier also nur noch Mittel zum Zweck. Die bekannteste und wirkungsvollste dieser neuen Assoziationen war die nach englischem Vorbild 1765 entstandene »Patriotische Gesellschaft« der Hansestadt Hamburg. Die Gründung dieses über 500 Mitglieder umfassenden Vereins ging vor allem auf Kaufleute zurück, die auch unter den Mitgliedern von Anfang an einen viel höheren Anteil stellten als die Akademiker. Die Hauptziele der »Patriotischen Gesellschaft« erstreckten sich auf die Reform des städtischen Schulwesens, die Förderung des Gewerbes, die Verbesserung der städtischen Hygiene und auf die Neuordnung des Armenwesens[44].

Das Hamburger Beispiel, das schnell auf den ganzen deutschen Raum ausstrahlte, zeigte, daß solche patriotischen, um die Verbesserung städtischer Infrastruktur bemühte Gesellschaften nicht immer aus schon vorhandenen Lesegesellschaften hervorgehen mußten. Aber zum einen stellten Lesegesellschaften, wie etwa die Entstehungsgeschichte der vielbeachteten »Helvetischen Gesellschaft« von 1761 unterstreicht[45], ein wichtiges Potential für diese Gründungen dar. Zum anderen zeigt sich in zahlreichen Fällen, daß Lesegesellschaften zur Keimzelle patriotisch-gemeinnütziger Gesellschaften werden konnten. In der Hansestadt Lübeck, wo um 1790 acht Lesegesellschaften existierten, verwandelte sich die 1789 gegründete »Litterarische Gesellschaft« im Jahre 1793 in die »Gesellschaft zur Beförderung gemeinsamer Thätigkeit«. Bemerkenswert war dabei, daß sich damit auch das soziale Spektrum des aufklärerischen Sozietätswesen deutlich erweiterte, weil neben Akademikern und Kaufleuten nun auch Teile des Handwerks hinzustießen[46].

Daß von Lesegesellschaften im ausgehenden 18. Jahrhundert umfassende städtische Reforminitiativen ausgehen und dabei die soziale Basis praktischer Aufklärung über den urspünglichen Elitenkreis hinaus erweitern konnten, zeigt schließlich auch ein Beispiel aus der Reichs- und Reichskammergerichtsstadt Wetzlar. Es soll hier etwas ausführlicher dargestellt werden, weil es einen direkten Bezug zum Rahmenthema »Stadt und Bildung« hat und weil es zeigt, wie weit praktische Aufklärung auch in einer kleinen Stadt um 1800 reichen konnte. Wetzlar war von 1689/93 bis zum Ende des Alten Reiches Sitz des Reichskammergerichts. Durch das Gericht, dessen Personal etwa ein Sechstel der zeitweise auf 6000 ansteigenden Einwohnerzahl stellte, stand der altgewachsenen Stadtbürgergesell-

43 Zu dieser Sozietätsform vgl. Rudolf VIERHAUS (Hg.), Deutsche patriotische und gemeinnützige Gesellschaften, München 1980.

44 Ausführlich hierzu KOPITZSCH, Grundzüge (wie Anm. 13), S. 540ff.

45 IM HOF, Jahrhundert (wie Anm 3), S. 162.

46 MÖLLER, Vernunft (wie Anm. 4), S. 264f.

schaft eine ganz andere Welt gegenüber, die vom Adel, in hohem Maße aber auch von gebildeten Bürgerlichen geprägt war und die in den letzten Jahrzehnten des 18. Jahrhunderts sehr stark in den Sog der Aufklärungsbewegung geriet. Seit den sechziger Jahren existierte in Wetzlar eine Freimaurerloge, deren Mitglieder nahezu ausschließlich aus dem Kreis der Kameralen kamen. In den achtziger Jahren wurde der Ort des Reichskammergerichts zu einem Zentrum der Illuminaten, jenes aus der Freimauererei hervorgegangenen Geheimordens mit radikal-aufklärerischer Zielsetzung[47].

Das Wetzlarer Stadtbürgertum blieb von diesen Entwicklungen zunächst noch weitgehend unberührt[48]. Den Aufklärern ging es schließlich darum, den Einzelnen aus den alten ständischen Bindungen, religiösen Bevormundungen und wirtschaftlichen Fesseln zu befreien, dem Prinzip der Rechtsgleichheit Geltung zu verschaffen und das Zusammenleben der Individuen nach den Grundsätzen der Vernunft zu gestalten. Das bedrohte auch die Privilegien des Stadtbürgers und mußte das politische, soziale und wirtschaftliche System einer Reichsstadt zutiefst erschüttern. Auch die in Wetzlar hervortretende Aufklärungsbewegung hat die reichsstädtischen Verhältnisse vielfältiger Kritik unterzogen und zum Teil mit beißendem Spott bloßgestellt. 1791 warfen die »Wetzlarer Annalen«, eine für »Aufklärung und Wahrheit« streitende, von einem jungen Juristen[49] herausgegebene Wochenschrift, den Reichsstädten *verwahrloste Justiz*, *schändlichen Ämterkauf*, der auch dem *Dummkopf den Weg zu Ehrenstellen* öffne, sowie schlechte Polizei- und Verwaltungseinrichtungen und den Verfall der Gewerbe vor[50]. Von inneren Reformkräften, so meinte ihr Herausgeber an anderer Stelle, sei nicht viel zu erwarten, weil die Strukturen zu festgefahren seien und weil man *da alles seinen Gang fortgehen läßt und sich wenigstens nicht bekümmert, ob man recht tue oder nicht, wenn nur die Observanz, das Herkommen und die alten Statuten nicht geschmälert werden*[51].

Diese Kritik eines jungen Aufklärers war zweifellos in vielen Punkten auch in bezug auf die Wetzlarer Verhältnisse durchaus gerechtfertigt. Aber sie trug zugleich doch verzerrende Züge und wurde dem Stadtbürgertum im Jahrzehnt der

47 Vgl. hierzu jetzt Monika NEUGEBAUER-WÖLK, Reichsjustiz und Aufklärung. Das Reichskammergericht im Netzwerk der Illuminaten, Wetzlar 1993.

48 Zu den Auswirkungen des Reichskammergerichts auf die Stadtentwicklung und die Bürgerschaft ausführlich Hans-Werner HAHN, Altständisches Bürgertum zwischen Beharrung und Wandel. Wetzlar 1689–1870, München 1991.

49 Ausführlich zur Zeitschrift und ihrem Verfasser: Hans THIEME, Friedrich Pilgers »Wezlarische Annalen« (1791). Ein Zeugnis deutscher Aufklärung aus juristischer Sicht. In: Gottfried BAUMGÄRTEL u. a. (Hg.), Festschrift f. Heinz Hübner zum 70. Geburtstag am 7. November 1984. Berlin 1984, S. 295ff.; DERS., Friedrich Pilger. Ein vergessener Vorkämpfer der Judenemanzipation. In: Norbert ACHTERBERG u. a. (Hg.), Recht und Staat im sozialen Wandel. Festschrift für Hans-Ulrich Scupin zum 80. Geburtstag. Berlin 1983, S. 183ff.

50 Art.: »Freiheit«. In: Wezlarische Annalen zur Unterhaltung für alle Volksklassen. Eine Wochenschrift. Wetzlar 1791, S. 136f.

51 Friedrich PILGER, Ideen über die Behandlung der Juden in Deutschland, freimüthig entworfen. Erstes Bändgen, Wetzlar 1791, S. 127.

Französischen Revolution in seiner Gesamtheit nicht mehr gerecht. In der nicht zuletzt durch das Reichskammergericht reich gewordenen, teilweise auch mit den Prokuratorenkreisen des Gerichts schon verwandten stadtbürgerlichen Oberschicht machten sich in der zweiten Hälfte des 18. Jahrhunderts neue soziokulturelle Entwicklungen bemerkbar, die zweifellos durch das Reichskammergericht und die damit verbundenen stadtübergreifenden Kommunikationsnetze begünstigt worden waren. Gewiß wollten und konnten diese Familien der stadtbürgerlichen Oberschicht in aller Regel auch am Ende des 18. Jahrhunderts die alte stadtbürgerliche Lebenswelt nicht völlig hinter sich lassen. Dafür sorgten neben dem reichsstädtischen Traditionsbewußtsein vor allem die nicht zu unterschätzenden verwandtschaftlichen, korporativen und nachbarschaftlichen Bindungen, die nach wie vor zwischen stadtbürgerlicher Oberschicht und den anderen Teilen des kleinstädtischen Bürgertums bestanden. Auf der anderen Seite verkörperten viele Glieder dieser führenden Familien aber keineswegs mehr das Bild eines selbstgenügsamen, ganz auf die eigene Stadt und das Herkommen fixierten Spießbürgers, wie ihn die Reichsstadtkritik der Aufklärung immer wieder aufs neue karikierte. Es zeigte sich vielmehr, daß sich auch im alteingesessenen Bürgertum einer Kleinstadt aufstrebende Kräfte regten, die zwar noch vielfältige Rücksichten auf die alte Stadtgesellschaft nahmen, zugleich aber doch den individuellen Entfaltungsmöglichkeiten und den Prinzipien von Leistung und Qualifikation innerhalb der Stadt künftig mehr Gewicht verleihen wollten.

Die Folgen dieses Neuorientierungsprozesses traten vor allem in den neunziger Jahren in wirtschaftlichen Reformdebatten und einem bemerkenswerten Anstoß zur Verwirklichung einer umfassenden Bildungsreform hervor. Als der junge Reichskammergerichtspraktikant und entschiedene Revolutionsanhänger Johann Nicolaus Becker 1796 in seinem »Tagebuch eines reisenden Neufranken« seine Wetzlarer Eindrücke schilderte, schrieb er unter anderem, daß es in der Stadt des höchsten Reichsgerichts keine Lesegesellschaften und Lesebibliotheken von Bedeutung gebe[52]. Nun sind zwar keine Gründungsstatuten und Mitgliederverzeichnisse Wetzlarer Lesegesellschaften überliefert, dennoch scheint diese Form des Sozietätswesens auch der Stadt des Reichskammergerichts am Ende des 18. Jahrhunderts nicht fremd gewesen sein. Im Frühjahr 1795 sorgte ein republikanischer Geheimbund junger Hofmeister für Aufsehen, der sich im Umkreis des Kammergerichts gebildet hatte und aus einer zunächst auch von Kammergerichtsassessoren unterstützten Lesegesellschaft hervorgegangen war[53]. Ein Jahr später unternahm der aus einer alteingesessenen Wetzlarer Bäckerfamilie stammende Wirt Philipp David Hinckel dann den Versuch, in dem von ihm geführten vornehmsten Gasthause der Stadt – dem »Römischen Kaiser« – eine neue Lesegesellschaft zu etablieren. Auch hier wissen wir nicht, was den jungen Wirt und Weinhändler zu dieser

52 Johann Nikolaus BECKER, Fragmente aus dem Tagebuch eines reisenden Neu-Franken. Hg. nach der Erstausgabe von 1798 v. Wolfgang GRIEP, Bremen 1985, S. 36.
53 Vgl. Sigfried GAUCH, Friedrich Joseph Emerich. Ein deutscher Jakobiner. Studien zu Leben und Werk, Frankfurt a. M. 1986, S. 22ff.

Gründung veranlaßte und welche Personen aus Stadtbürgertum und Kameralgesellschaft daran teilnahmen. Der Reichskammergerichtspraktikant Becker berichtet 1796 lediglich: »*Die Gesellschaft im Kayser ist erst im Embrionenzustande, und die Zukunft muß es entscheiden, ob sie zur Welt gebohren wird oder nicht. Sie ist sonst gut angelegt, wie es sich von ihrem Stifter, der Geschmack und Geld hat, erwarten ließ. Man findet hier die gangbarsten Zeitungen und Journale, Atlasse, Reisebeschreibungen, Handbücher für Zeitungsleser, Kupferstiche und sonst noch allerley schwere und leichte Reiterei*«[54]. Becker lobt ferner den freien Ton und die bunte Mischung dieser »Donnerstags-Gesellschaft«. Andere Quellen deuten darauf hin, daß sich in dieser Gesellschaft einerseits Angehörige des Reichskammergerichts und andererseits die angesehensten Glieder des Wetzlarer Handelsstandes trafen[55], diskutierten und 1798/99 schließlich einen gemeinsamen Versuch zu einer umfassenden Reform des städtischen Bildungswesen starteten.

Mit der Ausbreitung der Aufklärungsbewegung wurden auch in Wetzlar die städtischen Bildungseinrichtungen zunehmend kritisiert. 1798 konnte der städtische Rat diesen Klagen über den Verfall des Schulwesens nicht länger ausweichen und unternahm einen Vorstoß zur Verbesserung. Treibende Kraft war freilich von Anfang an die im Hause des Gastwirts Hinckel etablierte »Donnerstags-Gesellschaft«. Möglicherweise gaben hier auch die Entwicklungen im nicht weit entfernten Frankfurt, zu dem Wetzlar seit Jahrhunderten engste Beziehungen unterhielt, den Anstoß. In Frankfurt unternahm Friedrich Traugott Klitscher als Vorsteher einer Lesegesellschaft 1797 den Versuch, dem dortigen Schulwesen durch eine moderne, an Pestalozzi orientierte Schule neue Impulse zu geben[56]. Die Initiatoren des Wetzlarer Reformversuches standen den Konzepten Pestalozzis ebenfalls sehr nahe. Zur Durchsetzung ihrer Ziele gründeten sie 1799 eine »Gemeinnützige Gesellschaft«, die sich der Schulfragen annahm und in wenigen Wochen zu einer mitgliederstarken Assoziation heranwuchs[57].

Im Unterschied zur Freimaurerloge, die sich zum überwiegenden Teil aus den Angehörigen des Reichskammergerichts rekrutierte, kamen die meisten Mitglieder der »Gemeinnützigen Gesellschaft« aus dem Wetzlarer Stadtbürgertum. Die neue Assoziation wies sowohl von der Mitgliederstruktur als auch von ihren Zielsetzungen her bereits über die alte ständische Stadtbürgerwelt hinaus. Zum einen stand sie im Unterschied zu den reichsstädtischen Korporationen nicht mehr nur allen Stadtbürgern, sondern allen Einwohnern offen. Zum anderen plädierten die Initiatoren der »Gemeinnützigen Gesellschaft« zwar nicht für die völlige Abkehr

54 BECKER, Fragmente (wie Anm. 52), S. 42.

55 Friedrich Wilhelm Freiherr VON ULMENSTEIN, Geschichte und topographische Beschreibung der Kaiserlich freyen Reichsstadt Wetzlar. 3. Theil, welcher die Topographie der Stadt enthält, Wetzlar 1810, S. 199 f.

56 Ralf ROTH, »...der blühende Handel macht uns alle glücklich...«. Frankfurt am Main in der Umbruchszeit 1780–1825. In: GALL (Hg.), Vom alten zum neuen Bürgertum (wie Anm. 14), S. 381.

57 Zur Entstehung, Struktur und Arbeit dieser Gesellschaft ausführlich HAHN, Altständisches Bürgertum (wie Anm. 48), S. 197ff.

von der alten städtischen Ordnung, aber es ging ihnen um eine gründliche, zeitgemäße Umgestaltung dieser Ordnung, durch die alte ständische Trennlinien zurücktreten und die Prinzipien von Bildung, Leistung und Verdienst gegenüber Herkunft und ererbten Positionen ein stärkeres Gewicht erhalten sollten. Leitbild war ein neuer, den Ideen der Aufklärung entsprechender Bürger, der durch eine bessere Bildung und durch ein auf ihr fußendes Engagement für das Gemeinwesen einer krisengeplagten Stadt zu neuem Aufblühen verhelfen sollte. Die Initiatoren der »Gemeinnützigen Gesellschaft« wollten mit den angestrebten neuen Bildungsanstalten und -inhalten zugleich dazu beitragen, die noch bestehenden Gegensätze zwischen den eximierten Bildungsbürgern des Reichskammergerichts und den alteingesessenen Stadtbürgern abzubauen. So plädierte man beispielsweise öffentlich dafür, die *unrichtige Entgegensetzung der Bürger- und der gelehrten Schule* zu beseitigen. Jede Lehranstalt müsse nämlich eine Bürgerschule sein, *so ferne sie den Zweck hat, den künftigen Bürger, er sei Gelehrter oder Nicht-Gelehrter, zur Betreibung des von ihm gewählten Berufes geschickt zu machen. Hier gibt es nirgends einen Rang*[58].

Es ging den Reformern aber nicht allein darum, den Handwerker durch bessere Bildung zu geschickterer Arbeit anzuleiten oder den Kaufmann zu spekulativem Handelsgeist anzuregen. Über solch *bloßes Brotbedürfnis* hinaus sollten alle künftigen Bürger *veredelt aus der neuen Lehranstalt hinausgehen*, und das hieß nicht zuletzt, daß auch der einfache Handwerker ein Mindestmaß an *gemeinnützigen Kenntnissen* besitzen mußte[59]. Gerade angesichts der in einer Reichsstadt breit verankerten bürgerschaftlichen Teilhaberechte war es für die Wetzlarer Reformer dringend notwendig, daß jeder Bürger über eine ausreichende Allgemeinbildung verfügte, die es ihm ermöglichte, am Ratstisch oder in der Zunftstube sachgemäße Entscheidungen zu fällen.

Die Initiatoren der »Gemeinnützigen Gesellschaft« kritisierten durchaus die bisherigen Zustände der alten Stadtbürgergesellschaft und den vor allem im Zunftbürgertum so stark verankerten Traditionalismus. Aber sie setzten doch zugleich darauf, daß die anzusteuernde neue Gesellschaft gebildeter und zu Eigenverantwortung auch wirklich fähiger Bürger aus der alten Stadtgesellschaft herauswachsen konnte. Auf der einen Seite war zwar nicht zu übersehen, daß viele der neuen Anstöße von außen – von Gießener Professoren, von Angehörigen des Reichskammergerichts, Pfarrern und Lehrern – an das Wetzlarer Stadtbürgertum herangetragen wurden. Auf der anderen Seite aber wurde der aufklärerische Diskurs gerade in den neunziger Jahren auch von wichtigen Teilen der stadtbürgerlichen Oberschicht maßgeblich gefördert. Dies galt nicht nur für solche stadtbürgerlichen Familien, die selbst zum Bildungsbürgertum zählten. Auch die Kaufleute und Wirte spielten in diesem Zusammenhang eine wichtige Rolle. Zudem zeigte sich, daß die von den Initiatoren der »Gemeinnützigen Gesellschaft« betriebene Volks-

58 Nachricht für das Publikum von den bisherigen Verhandlungen der Wetzlarischen gemeinnützigen Gesellschaft. Erstes Stück, Wetzlar 1799, S. 38.
59 Nachricht (wie Anm. 58), S. 39.

aufklärung, die den spezifischen Empfindungen der traditionsgeleiteten Stadtbürger stärker Rechnung zu tragen versuchte, keineswegs aussichtslos war. Nachdem die ersten Mitglieder der neuen »Gemeinnützigen Gesellschaft« zunächst aus dem Kreis des Kammergerichtspersonals und der stadtbürgerlichen Oberschicht gekommen waren, traten in den folgenden Monaten auch immer mehr Handwerker hinzu. Unter ihnen dominierten zwar die gutsituierten Meister, aber es fanden schließlich auch Handwerker Zugang zur neuen Assoziation, die wie einige Schuhmacher im unteren Drittel der stadtbürgerlichen Steuerliste rangierten. Offenbar war auch innerhalb des Zunftbürgertums um 1800 die Öffnungs- und Neuerungsbereitschaft stärker ausgeprägt, als es in zahlreichen Pauschalurteilen zum Ausdruck kommt.

Der aus einem Lese- und Geselligkeitszirkel hervorgegangene reichsstädtische Reformversuch, der sich schließlich auch auf das Armenwesen erstreckte, blieb allerdings innerhalb der breiten Masse des Stadtbürgertums nicht unumstritten. Es gab eine große Zahl von Handwerksmeistern, die gerade das neue Schulkonzept der »Gemeinnützigen Gesellschaft« heftig kritisierten und damit ganz jenem Negativbild entsprachen, das die Aufklärungsbewegung immer wieder vom selbstgenügsamen, biederen Stadtbürger zeichnete. In mehreren Zünften wurde nach Einführung des von den Reformern entworfenen Schulsystems bemängelt, *daß der Unterricht, welcher nach der neuen Einrichtung ertheilt wird, für die Kinder der mittlern und letztern Bürgerklassen gantz entbehrlich sey, oder denenselben wenig, oder gar nichts nütze*, ja wegen der mangelnden Berücksichtigung des Bibellesens sogar als *gefährlich* eingestuft werden müsse[60]. Offenbar stand aber die Mehrheit der Stadtbürger keineswegs geschlossen hinter dieser Kritik. Als die Bürgeropposition nämlich vor dem Reichshofrat in Wien gegen die Schulreform klagte, wurde die Klage unter anderem mit der Begründung zurückgewiesen, daß sich die Klagenden nicht durch ein *ordnungsgemäßes Syndikat des mehreren Theils der Bürgerschaft legitimieren* könnten[61].

Der hier skizzierte Versuch einer Reform des reichsstädtischen Schulwesens vermittelt somit zwar ein ambivalentes Bild von der Reformfähigkeit einer altgewachsenen Bürgergesellschaft. Angesichts der großen Widerstände war letztlich der entscheidende Modernisierungsschub nur möglich, indem nach der Mediatisierung Strukturen auch von außen aufgebrochen wurden. Aber es wurde doch deutlich, daß innerhalb des Stadtbürgertums eigene Reformkräfte bereitstanden, für deren Aufbruch das neue Sozietätswesen ein ganz entscheidendes Mittel war. Aus einem der neuen Geselligkeits- und Lesezirkel, der Bürger unterschiedlicher Herkunft, Konfession und Status zusammenführte, war ein umfassender innerstädtischer Reformversuch hervorgegangen, der zwar in der Reichsstadtzeit nicht

60 Obrigkeitlich befohlener Abdruck des von der Schulkommission erstatteten Berichts über die von einem Theil der Wetzlarischen Bürgerschaft angefochtenen neuen Schulanstalten, Wetzlar 1800, S. 17.

61 Reichshofrats-Votum, Sommer 1800. Österreichisches Staatsarchiv. Haus-, Hof- und Staatsarchiv Wien RHR Rel. 203.

mehr voll zum Durchbruch gelangte, aber in doppelter Hinsicht in das 19. Jahrhundert hineinwirkte: Zum einen griff die Staatsbürokratie nach der Mediatisierung Wetzlars sowohl auf Ansätze wie auf Führungspersonen der »Gemeinnützigen Gesellschaft« zurück. Zum anderen gab es auch eine bemerkenswerte Kontinuität in politischer Hinsicht, weil Mitglieder der »Gemeinnützigen Gesellschaft«, allen voran der Wirt Philipp David Hinckel, später zu engagierten frühen Liberalen wurden[62].

Diese Kontinuität zwischen aufgeklärten Sozietäten und früher liberaler Bewegung lenkt auf die abschließende Frage nach dem Beitrag, den die Lesegesellschaften für das soziale und politische Emanzipationsstreben des neuen Bürgertums leisteten. Es ist eingangs davor gewarnt worden, die Aufklärungsbewegung pauschal mit dem Etikett »Emanzipation des Bürgertums« zu versehen. Die gerade im deutschen Raum so stark spürbare Staatsnähe der Aufklärungsbewegung, der hohe Adelsanteil und die Dominanz der Beamtenschaft in den Logen und Sozietäten zwingen hier ebenso zu einem differenzierteren Urteil wie die Tatsache, daß die Sozietätsbewegung und damit auch die meisten frühen Lesegesellschaften meist kaum den »Boden der aufgeklärt-absolutistischen Ordnung« verließen[63]. Der Argwohn, mit dem manche Regierungen schon vor 1789, vor allem aber im Gefolge der Debatten über die Französische Revolution auch den Lesegesellschaften gegenübertraten, und die Verbote, die seit 1789 in wachsendem Maße ausgesprochen wurden, waren jedenfalls in aller Regel unbegründet. Auch wenn nachgewiesen werden konnte, daß sich unter dem Lesestoff Berichte über politische Grundsatzfragen im letzten Jahrzehnt des 18. Jahrhunderts häuften und damit das politische Interesse besonders gegenüber der Belletristik anwuchs, so sollte man die »Zielgerichtetheit der politischen Absichten« bei den Lesegesellschaften noch nicht überschätzen[64]. Es gab zwar an manchen Orten, etwa in Bonn und Mainz, eine personelle Kontinuität zwischen Lesegesellschaften und Jakobinerklubs. Von den vor der Französischen Revolution etwa 170 Mitgliedern der Mainzer Lesegesellschaft zählte später ein Drittel zum Mainzer Jakobinerklub, aber ein solch unmittelbarer Politisierungsprozeß war eher die Ausnahme.

Auf der anderen Seite aber darf nicht verkannt werden, daß die Mitgliedschaft in den Lesegesellschaften eben nicht nur der individuellen Selbstverwirklichung

62 Der Wetzlarer Honoratiorenwirt ließ sich nach 1806 als Weinhändler in Frankfurt am Main nieder. Er wurde Mitglied städtischer Gremien, sein Haus war Treffpunkt liberal-demokratischer Zirkel. 1832/33 spielte Hinckel im »Preß- und Vaterlandsverein« eine führende Rolle. Vgl. Richard SCHWEMER, Geschichte der freien Stadt Frankfurt am Main (1814–1866), Bd. 2, Frankfurt a. M. 1912, S. 513ff.; Reinhard GÖRISCH u. Thomas Michael MAYER (Hg.), Untersuchungsberichte zur republikanischen Bewegung in Hessen 1831–1834, Frankfurt a. M. 1982, S. 285ff., 361; Cornelia FOERSTER, Der Preß- und Vaterlandsverein von 1832/33. Sozialstruktur und Organisationsformen der bürgerlichen Bewegung in der Zeit des Hambacher Festes, Trier 1982, S. 43f., 51f.

63 VAN DÜLMEN, Gesellschaft (wie Anm. 4), S. 89f.; vgl. ferner am Beispiel Nordhessens Jörg MEIDENBAUER, Aufklärung und Öffentlichkeit. Studien zu den Anfängen der Vereins- und Meinungsbildung in Hessen-Kassel 1770–1806, Darmstadt und Marburg 1991, S. 462.

64 MÖLLER, Vernunft (wie Anm. 4), S. 268.

diente, sondern auch dazu beitrug, soziales und damit zumindest langfristig auch politisches Selbstbewußtsein der aufstrebenden bürgerlichen Schichten zu stärken. Die gemeinsame Lektüre politischer Themen und die Diskussionen über das Gelesene verbesserten Wissensstand und Urteilfähigkeit des Einzelnen, konfrontierte ihn mit neuen politischen Ideen und förderte mit alldem die Bereitschaft zum kritischen Räsonnement. Dies blieb nicht allein auf das Bildungsbürgertum beschränkt. Aus zahlreichen Städten wird vielmehr berichtet, daß manche Lesegesellschaften Züge einer neuen bürgerlichen Selbstbehauptung aufwiesen, die sich sowohl gegen Einschränkungen und Bevormundungen alter Stadtverfassungen als auch gegen unliebsame Tendenzen absolutistischer Politik richtete[65]. Dies galt vor allem für solche Lesegesellschaften, die stark vom Handelsbürgertum geprägt waren.

Mit all dem wurden wichtige Erfahrungen gesammelt, die auch das politische Verhalten des Bürgertums im 19. Jahrhundert nachhaltig prägten. Viele Arbeiten haben inzwischen auch nachgewiesen, daß es zwischen der Aufklärungskultur des 18. Jahrhunderts und den neuen bürgerlichen Organisationsformen des 19. Jahrhunderts zahlreiche Verbindungslinien gab. Allerdings vollzog sich im ersten und zweiten Jahrzehnt nach 1800 im städtischen Vereinswesen ein wichtiger Umbruch. An die Stelle der Lesegesellschaft trat als neuer wichtigster Vereinstyp der allgemeine gesellige Verein – das »Museum«, »Casino« oder die »Harmonie«, in denen der den Lesegesellschaften noch eigene Vorrang des Bildungsstrebens hinter vielfältigere soziokulturelle Ausdrucksformen zurücktrat[66]. Die neuen Vereine, die bald auch in der städtisches Selbstverwaltung eine wichtige Rolle spielten, wiesen aber zahlreiche organisatorische, personelle und familiäre Kontinuitäten zu den frühen Lesegesellschaften auf.

Die Lesegesellschaften können daher als eine wichtige Brücke zwischen den Geheimgesellschaften wie Freimaurern und Illuminaten einerseits und den geselligen Vereinen neuen Typs andererseits angesehen werden[67]. Sie stellten ein in seiner Bedeutung nicht zu unterschätzendes Bindeglied zwischen Aufklärung und Frühliberalismus dar und haben auf ihre Weise einen maßgeblichen Beitrag für ein engeres Zusammengehen der eximierten »gebildeten Stände« und den aufstrebenden

65 Vgl. hierzu etwa Marie-Lise WEBER, Heidelberg in der Umbruchszeit zwischen 1789 und 1819. In: GALL (Hg.), Vom alten zum neuen Bürgertum (wie Anm. 14), S. 423ff.; zu den Saarstädten Saarbrücken und St. Johann vgl. Hans SCHWARZ, Das Vereinswesen an der Saar bis zur Mitte des 19. Jahrhunderts – der Verein als Medium der sozialen Kommunikation, Saarbrücken 1992, S. 16. Zur Bedeutung der Aufklärung für die Politisierung der Gesellschaft vgl. Hans Erich BÖDEKER u. Ulrich HERRMANN (Hg.), Aufklärung als Politisierung – Politisierung der Aufklärung, Hamburg 1988.

66 Vgl. Dieter HEIN, Soziale Konstituierungsfaktoren des Bürgertums. In: Lothar GALL (Hg.), Stadt und Bürgertum im Übergang von der traditionalen zur modernen Gesellschaft, München 1993, S. 115.

67 Vgl. hierzu am Beispiel Mannheims und Karlsruhes Dieter HEIN, Umbruch und Aufbruch. Bürgertum in Karlsruhe und Mannheim 1780–1820. In: GALL (Hg.), Vom alten zum neuen Bürgertum (wie Anm. 14), S. 500 f.

stadtbürgerlichen Kräften geleistet, zwischen denen es zu Beginn des Aufklärungsprozesses oft noch tiefe Gräben gab[68]. Das gemeinsame Wirken in Lesegesellschaften und gemeinnützigen Gesellschaften förderte das Verständnis für einander und lenkte den Blick auf gemeinsame Interessen. Im Stadtbürgertum, vor allem bei den Kaufleuten, aber auch bei Teilen der Handwerker, wuchs die Einsicht in die Notwendigkeit und die Chancen grundlegender Reformen. In der vielfach noch außerhalb des Stadtbürgerrechts stehenden Bildungselite wuchs dagegen das Bewußtsein, daß sich das Einzugsfeld für eine an den neuen politisch-sozialen Leitbildern der Aufklärung orientierte Reformpolitik durch soziokulturelle Entwicklungen im Stadtbürgertum deutlich erweitert hatte. Hinzu kamen die teilweise negativen Erfahrungen mit der sogenannten »Vielregiererei« der rheinbündischen Reformstaaten, die ganz auf eine von oben oktroyierte Politik gesetzt und selbst den reformorientierten Kräften der Gesellschaft nur wenig Raum zur Mitwirkung gegeben hatten. All dies förderte bei den Gebildeten vor Ort die Tendenz, die aus der Aufklärung stammenden Reformkonzepte »praxisnäher« zu gestalten: »Praxisnäher hieß vor allem: regionale und lokale Einfärbung, Annäherung an die Lebensverhältnisse städtischer Bürger«[69]. All dies waren bedeutsame Veränderungen gegenüber dem Zeitalter der Aufklärung. Sie schufen wichtige Voraussetzungen für eine breite Unterstützung der liberalen Bewegung und neue Ansätze für innerstädtische Reformschritte. Auch ohne unmittelbare Politisierungsstrategien haben die Lesegesellschaften somit wichtige Grundlagen für die bürgerliche Bewegung des 19. Jahrhunderts gelegt und zu einer entscheidenden Veränderung der innerstädtischen Ausgangssituation beigetragen.

68 Vgl. etwa am Beispiel der Saarstädte SCHWARZ, Vereinswesen (wie Anm. 65), S. 18 ff.
69 Dieter LANGEWIESCHE, Spätaufklärung und Frühliberalismus in Deutschland. In: Festschrift für Dietrich Geyer, Tübingen 1989, S. 73.

Öffentliche Erwachsenenbildung und organisierte Arbeiterschaft um die Jahrhundertwende

Anfänge einer Volkshochschule in Frankfurt am Main

VON KAI GNIFFKE

1. Einleitung

»Wissen ist Macht – Macht ist Wissen«, das hat Wilhelm Liebknecht anläßlich des Stiftungsfestes des Dresdener Arbeiterbildungsvereins 1872 ausgerufen. Liebknecht postulierte die politische Macht des Volkes, damals hieß das den freien Volksstaat als Voraussetzung für den Zugang der Massen zu Wissen und Bildung. »Durch Bildung zur Freiheit, das ist die falsche Losung, die Losung der falschen Freunde. Wir antworten: Durch Freiheit zur Bildung«, sagte Liebknecht in seiner Rede, die lange Zeit die Grundlage für die Bildungsarbeit der Arbeiterbewegung bildete[1]. Obgleich mit dem Auslaufen des Sozialistengesetzes der Unterdrükkungscharakter des Kaiserreichs nicht verschwunden war, zogen die Frankfurter Arbeiter 1890 exakt den Schluß, vor dem Liebknecht 1872 gewarnt hatte. Für sie schien alles Wissen, das sie erwerben konnten, offensichtlich gleichbedeutend mit einem Stück Macht und damit ein Schritt auf dem Weg zu ihrer Emanzipation zu sein. Denn zusammen mit bürgerlichen Wissenschaftlern und Kommunalpolitikern gründeten führende Arbeitervertreter einen Bildungsverein, den Ausschuß für Volksvorlesungen. Hatte etwa die »Zähmung« der Arbeiter durch das Sozialistengesetz funktioniert? Hatte die staatliche Sozialreform die Massen – wie von Bismarck erhofft – beruhigt? Oder waren besonders lokale Einflüsse für die kooperative Haltung der Arbeiterschaft in Frankfurt bestimmend?

2. *Ökonomische Entwicklung, kommunale Sozialpolitik und Arbeiterbewegung in Frankfurt am Main um 1890*

Während die Stadt Frankfurt 1870 noch ganz auf ihre Rolle als Handelsstadt fixiert war, begann mit den achtziger Jahren des 19. Jahrhunderts ein Wandel der bis dahin veralteten Wirtschaftsstruktur. Der Magistrat gab unter der Ägide des Oberbürgermeisters Adickes seine industriefeindliche Haltung auf, nachdem die Bedeutung der Mainmetropole als Kapitalmarkt und Zentrale für den Wechsel-

1 Wilhelm LIEBKNECHT: Wissen ist Macht – Macht ist Wissen, in: Peter VON RÜDEN (Hrsg.): Dokumente und Materialien zur Kulturgeschichte der deutschen Arbeiterbewegung 1848–1918, Frankfurt a. M. 1981, S. 34.

und Wertpapierverkehr zugunsten Berlins zusehends abnahm[2]. Bis zu diesem Zeitpunkt war auch die Arbeiterbewegung in Frankfurt überwiegend zünftlerisch und handwerklich geprägt. Doch nun trat das ein, was von bürgerlicher Seite zuvor als Einwand gegen eine Industrialisierung der Stadt vorgebracht worden war: die Entstehung eines städtischen Proletariats. Die Kommune entwickelte sich auf diese Weise zum sozialpolitischen Exerzierfeld, auf dem sich dem Magistrat sehr praktisch die Frage nach einer Integration der Arbeiterschaft in die bürgerliche Gesellschaft stellte. Der Druck der alltäglichen Probleme, etwa die Arbeitslosen über den nächsten Winter zu bringen, trug in Frankfurt dazu bei, daß die Sozialpolitik erstmals von der alten Armenhilfe zu sozialreformerischen Ansätzen überging[3]. Dieser Wandel basierte auf der Zusammenarbeit von drei Gruppen: Erstens Bildungsbürgern, die sich in sozialpolitischen Instituten und Vereinen, gemeinnützigen Wohnungsbaugesellschaften und Bildungseinrichtungen (z. B. Freies Deutsches Hochstift) engagierten. Auch der Verein für Socialpolitik wandte sich stärker der kommunalen Sozialpolitik zu. Zweitens philantropische Fabrikanten (z. B. Degussa-Chef Heinrich Rössler oder der Chef der Metallgesellschaft Wilhelm Merton). Drittens Beamte der städtischen Verwaltung und Angestellte der kommunalen Einrichtungen[4]. Symbolfigur des sozialpolitischen Aufbruchs war der Leiter des Armenamts und Stadtrat für soziale Angelegenheiten Karl Flesch. Sein Ziel war es, durch Gleichberechtigung der Arbeiter die Spaltung der Nation in Klassen zu überwinden. Er konzipierte etwa eine städtische Arbeitslosenversicherung, einen kommunalen Arbeitsnachweis (d. h. Arbeitsamt) und trieb den kommunalen Wohnungsbau voran, der die soziale Situation der Arbeiter erheblich beeinflußte. Auf diesem Feld war Frankfurt zu dieser Zeit am weitesten unter den deutschen Kommunen vorangeschritten. Noch während der Geltungsdauer des Sozialistengesetzes organisierte Flesch vor allem das Gewerbliche Schiedsgericht, das durch die paritätische Besetzung mit Arbeitnehmern (Vertreter der Fachvereine) und Arbeitgebern zum Dreh- und Angelpunkt seiner Sozialpolitik wurde[5]. Fleschs Kurs fand breite Unterstützung bei den politischen Vertretern des Linksliberalismus, der in den Städten seine einzige Basis hatte. Leopold Sonnemann etwa, politischer Kopf des Demokratischen Vereins, war bereits Jahre zuvor in der Arbeiterbildungsbewegung aktiv gewesen. Er und auch der Nationalsoziale Verein Friedrich Naumanns zielten neben der Sozialreform auch auf eine politische Reform des Staates. Genau das suchten Konservative und Nationalliberale, die in der Frankfurter Stadtverwaltung die Schlüsselstellen besetzten, durch die Sozialre-

2 Vgl. Dieter REBENTISCH, Industrialisierung, Bevölkerungswachstum und Eingemeindungen. Das Beispiel Frankfurt am Main 1870 – 1914, in: Jürgen REULECKE (Hrsg.): Die deutsche Stadt im Industriezeitalter, Wuppertal 1978.

3 Hans Kilian WEITENSTEINER, Karl Flesch – Kommunale Sozialpolitik in Frankfurt am Main, Phil. Diss., Frankfurt 1976.

4 Vgl. Ralf ROTH, Gewerkschaftskartell und Sozialpolitik in Frankfurt am Main. Arbeiterbewegung vor dem Ersten Weltkrieg zwischen Restauration und liberaler Erneuerung, Frankfurt am Main 1991, S. 82f.

5 Vgl. WEITENSTEINER (wie Anm. 3), S. 16ff.

form eher zu verhinderten. Ruhe und Ordnung standen als Ziel ihrer sozialen Aktivitäten im Mittelpunkt.

So wenig das Projekt des Gewerbegerichts unter dem Ausnahmegesetz bei den Arbeitern umstritten war, so sehr setzte 1890 die Kritik des sozialdemokratischen Vereins an den Integrationsbemühungen Fleschs ein. Dagegen verfolgten die Fachvereine, die zwölf Jahre lang die legalen Stützen der Arbeiterbewegung gewesen waren, weiterhin einen pragmatischen, reformorientierten Kurs. In der Gewerkschaftsbewegung dominierten Arbeiter aus den Bereichen Textil, Nahrung und Bau, also vorwiegend aus den nichtindustriellen Sektoren. 1892 schlossen sich die Frankfurter Fachvereine zum Gewerkschaftskartell zusammen[6]. Mentor der Gewerkschaften, wenn auch ohne Mandat in der Gewerkschaft, war Ludwig Opificius, Werkmeister bei der Degussa. Ohne das Ziel des Sozialismus aus dem Auge zu verlieren, eröffnete der persönliche Freund August Bebels den Arbeitern mit pragmatischer Orientierung auf die kommunale Sozialpolitik eine Perspektive des individuellen und kollektiven Erfolgs in Wirtschaft und Politik[7]. Damit repräsentierte er das Erfurter Programm der Sozialdemokratie par excellence und wurde zu einer der zentralen Figuren in der Sozialpolitik Frankfurts.

3. Die Frankfurter Arbeiterbewegung und die Konsolidierung des Ausschusses für Volksvorlesungen nach 1890

Flesch und Opificius standen auch bei dem Projekt einer klassenübergreifenden Bildungseinrichtung, dem Ausschuß für Volksvorlesungen (AfV), im Mittelpunkt[8]. Der fürsorgerische Ansatz in der Volksbildung, wie ihn etwa die »Gesellschaft zur Verbreitung von Volksbildung« vertrat, war bei der Arbeiterbevölkerung auf wenig Gegenliebe gestoßen; die »Gesellschaft« hatte 1886 ihre Arbeit in Frankfurt eingestellt. Also stellten Flesch und Opificius die Mitsprache derer, die mit den Veranstaltungen erreicht werden sollten – die Arbeiter –, in den Vordergrund. So wurde das Führungsgremium des Ausschusses, die »Engere Kommission«, paritätisch besetzt. Erfahrungen mit dieser Konstruktion hatte Flesch bereits beim Gewerbegericht gesammelt. Die Ziele des AfV sind im Gründungsaufruf festgehalten:

»Von der Überzeugung durchdrungen, daß eine Vertiefung des immer weitere Kreise erfassenden Bildungsbedürfnisses nicht durch äußere Verhältnisse eine Einschränkung erleiden darf, haben die Unterzeichneten sich vereinigt, die Abhaltung von allgemeinverständlichen und für Jedermann frei zugänglichen Vorträgen zu

6 Vgl. ROTH (wie Anm. 4), S. 95f.

7 Vgl. Volker EICHLER, Sozialistische Arbeiterbewegung in Frankfurt am Main, Frankfurt a. M. 1983, S. 421f.

8 Zur Entstehung des AfV vgl. Wolfgang SEITTER, Volksbildung als Teilhabe, Frankfurt a. M. 1990; Kai Gniffke: Volksbildung in Frankfurt am Main 1890–1990, Frankfurt a. M. 1990; Michael HANDWERK: Der Frankfurter Ausschuß für Volksvorlesungen. Entstehungsgeschichte und Tätigkeit während des ersten Jahrzehnts (1890–1900), Erziehungswissenschaftliche Diplomarbeit, Marburg 1985.

ermöglichen, welche die Ergebnisse wissenschaftlicher Forschung in geschlossenen Lehrgängen zu vermitteln suchen. So wie diese Vorträge lediglich die Aufgabe haben, zum gründlichen Verständnis der verschiedenen Berufsthätigkeiten zu führen und zu geistiger Anregung allgemeiner Art beizutragen, so haben sich zu ihrer Veranstaltung Männer der verschiedensten politischen und wissenschaftlichen Parteien vereinigt. Die zunächst nothwendigen Mittel sind uns in Würdigung unseres Zieles von dem Freien Deutschen Hochstift und den hiesigen Logen bewilligt worden. In gleicher Auffassung hat uns der Magistrat zu erleichterten Bedingungen die Stadthalle zur Verfügung gestellt, und eine Reihe von Rednern haben sich im Interesse der Sache zur Übernahme geeigneter Vorträge gerne bereit finden lassen«.

Diese Lehrkräfte rekrutierten sich vorwiegend aus dem Freien Deutschen Hochstift, einer Art bürgerlicher Akademie der Wissenschaften. Personelle und finanzielle Unterstützung kam auch von der Polytechnischen Gesellschaft, der Senckenbergischen Gesellschaft und dem Physikalischen Verein. Frauen war der Besuch der Veranstaltungen ausdrücklich gestattet, auch wenn zunächst nur wenige davon Gebrauch machten. Schwerpunkt der Arbeit waren die wöchentlichen Einzelvorträge zu Themen aus den Bereichen Naturwissenschaft, Medizin, Literaturgeschichte, Geographie, Geschichte, Kunst und Musik. Hunderte von Arbeitern nahmen regelmäßig daran teil. Ab 1897 bot der AfV erstmals Lehrgänge mit 10 bis 15 Abenden zu den gleichen Themen an. Die Teilnehmer waren allerdings hauptsächlich kaufmännische Angestellte und Beamte. Einen wesentlich höheren Arbeiteranteil verzeichneten die Unterrichtskurse, die der AfV später vorwiegend zu Elementarfächern anbot. Außerdem bemühte sich der AfV, den Arbeitern Zutritt zu Theater, Oper und Museen zu verschaffen. Die Karten für diese verbilligten »Volksvorstellungen«, »Volkskonzerte« und Führungen ließ der AfV über die Gewerkschaften verteilen. Die Besucherzahlen bei diesen Veranstaltungen waren außerordentlich hoch. Doch wie verhielt sich der politische Arm der Arbeiterbewegung gegenüber diesem Verein? Sechs der 44 Gründungsmitglieder waren an führender Stelle im Sozialdemokratischen Verein tätig, und doch wurde aus dessen Reihen Kritik am AfV laut. Die Genossen fürchteten, daß »die Arbeiter durch den Besuch dieser Vorlesungen die Betätigung für wichtigere Interessen vernachlässigen würden«[9]. Sie warnten vor den »Machenschaften« des Stadtrat Flesch, der sich hier wieder »das rote Mäntelchen der Arbeiterfreundlichkeit umhängen wolle«[10]. Eine Woche nach dem AfV ging der Sozialdemokratische Verein nun seinerseits mit einem Bildungsaufruf an die Öffentlichkeit. Dessen Anspruch »lautete: mit dem Licht der Wissenschaft die verschiedenen Erscheinungen der jetzigen kapitalistischen Gesellschaft zu beleuchten«[11]. Der beginnende Vorlesungsbetrieb des

9 Volksstimme vom 7.7.1892; Ausschnitt in HStA Wiesbaden 407/162, Bd. 2, fol. 78, zitiert nach Eichler, (wie Anm. 1), S. 359.

10 Kleine Presse Nr. 107 v. 10. Mai 1894, 2. Blatt.

11 Zeitungsausschnitt in: HStAWi 407/162, Bd. 1, fol. 76, zitiert nach Eichler, a. a. O., S. 357.

Sozialdemokratischen Vereins kam allerdings nur zwei Jahre später fast völlig zum Erliegen. Seit Ende 1890 bot der Verein zudem Diskussionsstunden an, in denen vorwiegend politisch-ideologische Themen behandelt wurden. Nach anfänglichen großem Zuspruch der Arbeiter, der sich aus einem gewissen Nachholbedarf nach der Aufhebung des Sozialistengesetzes erklärt, versandeten allerdings ab Mitte der neunziger Jahre auch diese Veranstaltungen wegen geringer Beteiligung[12]. 1894 gestand der Sozialdemokratische Verein dem AfV in einer Resolution zu, daß dessen Volksvorlesungen durchaus ein Bedürfnis der Arbeiterschaft seien, bei denen aber eine ausreichende Mitwirkung der Arbeiter zu garantieren sei. Die Kontrolle darüber obliege dem Gewerkschaftskartell. Damit war die Verantwortung für die Mitarbeit dem Gewerkschaftskartell zugeschoben worden[13]. Die Gewerkschaften hatten jedoch schon lange vor der Partei ihren Frieden mit dem AfV geschlossen und entsandten seit 1892 offiziell Delegierte in den Ausschuß, zumal der Ausschuß seit 1895 in der »Engeren Kommission« den Arbeiterdelegierten sogar eine Mehrheit einräumte. Zwar relativierte das Einstimmigkeitsprinzip bei allen Entscheidungen diese Überparität und beließ etwa den Geldgebern des Ausschusses eine mindestens ebenso starke Stellung, aber dennoch war das eine für diese Zeit ungewöhnliche Konstruktion.

Grundlage der Entscheidung der Gewerkschaften für eine Beteiligung war zum einen die Abstimmung der Arbeiter »mit den Füßen«. Scharenweise strömten sie nämlich in die Vorlesungen des AfV. Und es erscheint äußerst fraglich, ob die Autorität der Gewerkschaftsführung überhaupt ausgereicht hätte, die Arbeiter vom Besuch dieser Veranstaltungen abzuhalten. Zum anderen basierte das Projekt AfV auf der Neutralitätskonzeption. Die proklamierte die Wissenschaft als den Ort, an dem weltanschauliche Differenzen ohne Bedeutung seien. Man war sich der Sprengkraft der politischen Gegensätze bewußt und vermied deshalb jegliche Behandlung von Themen, die im weitesten Sinne politisch waren. Zudem sollten Polizei und politische Gegner des Integrationsprozesses keinen Grund für eine Beendigung der Arbeit des AfV erhalten. Die Polizei mußte ohnehin über ihren Schatten springen, als sie nach anfänglicher geheimer Überwachung der Volksvorlesungen nach einiger Zeit ganz auf eine Observierung der AfV-Aktivitäten verzichteten; Karl Flesch hatte sich für die politische Neutralität der Veranstaltungen verbürgt. Obgleich es auch auf Gewerkschaftsversammlungen vereinzelt Kritik an der Zusammenarbeit mit bürgerlichen Stadträten gab, wie etwa im Deutschen Metallarbeiterverband[14], behielten unter den Arbeitern die Befürworter des AfV die Oberhand. 1896 richtete der AfV zusätzlich einen Rednervermittlungsdienst für die Frankfurter Gewerkschaften ein und machte damit einen bedeutenden Schritt zu einer noch engeren Einbindung in seine Bildungsbemühungen. Die Gewerkschaften wandten sich von nun an an den Ausschuß mit der Bitte, ihnen einen Redner für einen wissenschaftlichen Vortrag, dessen Thema die Gewerkschaften häu-

12 Vgl. EICHLER, a. a. O., S. 253ff.
13 Vgl. SEITTER, a. a. O., S. 61.
14 Vgl. Kleine Presse Nr. 223 v. 22.9.1892, 2. Blatt.

fig vorgaben, zu vermitteln. Auch für diese Vorträge galt der Grundsatz der politischen Abstinenz, dafür kamen jedoch öfter als im allgemeinen AfV-Programm – im weitesten Sinne – sozialpolitische Fragen zur Sprache. Meist koppelten die Gewerkschaften diese Vorlesungen mit ihren Versammlungen, die aufgrund der Attraktivität des Vortrags sogar besser besucht waren.

Fleschs Linie hatte sich durchgesetzt, nach der die Zusammenarbeit im AfV ein Werk der Versöhnung und des gegenseitigen Verstehenlernens sei. Zugleich hatte der Stadtrat zugestanden, daß die Klassenkampfsituation dadurch nicht aufgehoben sei[15]. Mit dem Versuch, dem Allgemeinbildungsinteresse der Arbeiter durch eigene Vorträge Rechnung zu tragen und dem AfV das Wasser abzugraben, scheiterten die Sozialdemokraten. Zu keiner Zeit gelang es der Partei, den rasanten Aufstieg des besser ausgestatteten AfV zur beherrschenden Bildungsinstitution in Arbeiterkreisen zu konterkarieren. Das lag nicht zuletzt daran, daß die Stadtverwaltung von Anfang an voll auf die Karte AfV gesetzt hatte. Zunächst mit der kostenlosen Überlassung von Räumen, ab dem zweiten Arbeitsjahr mit rasch steigenden Subventionen und schließlich mit einem eigenen Haus half sie dem AfV, zu einer Bildungseinrichtung von beachtlicher Größe emporzuwachsen. Insofern scheint es wahrscheinlich, daß die anfänglichen Bildungsbemühungen des Sozialdemokratischen Vereins auch lediglich als eine Ergänzung des AfV-Programms gedacht waren[16].

Vor der Aufhebung des Sozialistengesetzes hatte gewerkschaftliche Bildungsarbeit im Zeichen der Mitgliederwerbung sowie der Festigung und Ausweitung der Organisation gestanden. Danach kümmerten sich die meisten Gewerkschaften in anderen Städten des Deutschen Reiches verstärkt um ihre Funktionärsbildung; schließlich waren plötzlich zahlreiche neue Positionen mit zuverlässigen Arbeitervertretern zu besetzen[17]. Anders dagegen in Frankfurt: Hier blieben die Gewerkschaften bei ihrer Fixierung auf den AfV und damit auf Mitglieder- bzw. Massenbildung. Für die Schulung der Funktionäre bot Frankfurt mit den teilweise schon vor 1890 bestehenden Einrichtungen der reformorientierten, kommunalen Sozialpolitik zahlreiche politische Praxisfelder. Hier konnten die Arbeitervertreter durch »learning by doing« Erfahrungen sammeln. Insofern hat die Sozialreform in Frankfurt eigene Bildungsbemühungen der Gewerkschaften nicht administrativ verhindert, sondern zum einen durch bewährte sozialpolitische Mitwirkungsmöglichkeiten weniger wichtig erscheinen lassen, zum anderen durch Institutionen wie den AfV ersetzt. Das attraktive, systemkonforme Angebot verschlechterte die Voraussetzungen für eine auf Systemveränderung gerichtete Bildungsarbeit der Gewerkschaften. Die Arbeit des AfV hatte – wie die kommunale Sozialpolitik insgesamt – langsam Massenloyalität gegenüber der Stadt und wohl auch gegenüber dem Staat erzeugt. Damit war das Integrationsziel sehr wohl erreicht – nicht gegen,

15 Vgl. Gemeinnützige Blätter. Zeitschrift für soziale Heimatkunde, 10/1899, S. 69.

16 Vgl. Eichler, (wie Anm. 7), S. 360.

17 Vgl. Peter Krug: Gewerkschaften und Arbeiterbildung. Gewerkschaftliche Bildungsarbeit von ihren Anfängen bis zur Weimarer Republik, Köln 1980, S. 150f.

sondern gerade über die Organisationen der Arbeiterbewegung. Zugleich eröffnete der AfV Perspektiven eines individuellen und kollektiven Fortkommens der Arbeiter innerhalb des bestehenden Systems. Das Bildungsverhalten der Frankfurter Arbeiterschaft folgte wohl eher individuellen Aufstiegsmotivationen und förderte deshalb die Integration der bildungsbeflissenen Arbeiter in die bestehende Gesellschaftsformation stärker als den Willen zur Systemveränderung[18].

4. Aufkommende Konkurrenz: Der Arbeiterbildungsausschuß

Noch einmal drohte der bereits gefestigt geglaubte Konsens um den AfV zu Beginn des Jahrhunderts zu zerbrechen. Hintergrund war die Rückbesinnung von Gewerkschaften und Partei auf eigene Bildungsanstrengungen. Arbeitskämpfe, Wahlrechtsbewegung, Revisionismusstreit und Massenstreikdebatte sowie die russische Revolution 1905 prägten die deutsche Arbeiterbewegung in den ersten Jahren nach der Jahrhundertwende. In diesem Zusammenhang gewann die Bildungsfrage innerhalb der Gewerkschaften und der SPD wieder an Bedeutung. Auf ihrem Mannheimer Parteitag befaßten sich die Sozialdemokraten 1906 mit den Leitsätzen über »Volkserziehung und Sozialdemokratie« von Clara Zetkin und Heinrich Schulz. Diese innerparteilich umstrittenen Thesen schätzten den Wert nichtproletarischer Volksbildung niedrig ein, und der Parteitag beschloß die Einrichtung eines zentralen Bildungsausschusses[19]. Das Hauptgewicht sozialdemokratischer Bildungsarbeit lag in den Folgejahren jedoch auf den sich konstituierenden regionalen und lokalen Bildungsausschüssen. Nachdem die Generalkommission der Gewerkschaften dem Reichsbildungsausschuß der SPD beigetreten war, beteiligten sich an immer zahlreicheren Orten die Gewerkschaftskartelle an der lokalen sozialdemokratischen Bildungsarbeit, so auch in Frankfurt am Main[20]. Im Herbst 1907 formierte sich der Frankfurter Arbeiterbildungsausschuß (ABA). Durch diese Organisation sollten »die Arbeiter aus ihren eigenen Reihen das herausholen können, was ihnen jetzt in unvollständiger und tendenziös verstümmelter Form von bürgerlicher Seite geboten wird«[21]. Den Vorsitz übernahm Max Quarck, Schlüsselfigur in der Frankfurter Sozialdemokratie, der auch zu den Mitgründern des AfV gehört hatte. Er wollte mit dem ABA »wie überall in unserem Wirken, an technisch bewährte Formen, Organisationen und Methoden der bürgerlichen Welt anknüpfen, sie benutzen, verbessern und für unsere Zwecke ummodeln, um sie mit neuem proletarisch-revolutionären Bildungsinhalt zu füllen«. Er hatte bereits vor dem Mannheimer Parteitag dafür plädiert, »verbesserte Nach-

18 Vgl. Bertram Batterewitz: Gesellschafts- und bildungs-theoretische Grundlagen der Arbeiterbildung vor 1914, in: Josef Olbrich (Hrsg.): Arbeiterbildung nach dem Fall des Sozialistengesetzes (1890–1914), Braunschweig 1982, S. 66.

19 Vgl. Protokoll des Parteitages zu Mannheim 1906, Berlin 1906, S. 122.

20 Vgl. Krug, (wie Anm. 17), S. 162f.

21 Arbeitersekretariat Frankfurt am Main. 8. Jahresbericht für 1906, nebst Jahresbericht des Gewerkschaftssekretärs, S. 161, im folgenden abgekürzt: JBAS 8 (1906).

bildungen der gegnerischen Bildungsorganisationen« zu schaffen[22]. Damit schien sich eine offene Konkurrenz zwischen dem AfV und dem Arbeiterbildungsausschuß anzubahnen.

In den ersten Jahren seines Bestehens setzte der Frankfurter ABA die Vorschläge des Zentralen Bildungsausschusses der Partei exakter um, als dies in anderen Städten der Fall war. Der ABA legte das Schwergewicht zunächst auf theoretische Unterweisung in Fragestellungen des wissenschaftlichen Sozialismus[23]. In den Vortragsangeboten des ABA standen Themen wie Revolutionsgeschichte, Gewerkschaftsbewegung, Volkswirtschaft oder die Geschichte des Sozialismus im Vordergrund. Zwar mußten die Arbeiter immer wieder über die Tagespresse zum Besuch der Veranstaltungen aufgefordert werden, doch war eine zu geringe Beteiligung kaum ein Thema, schon gar nicht, wenn mit Clara Zetkin, Heinrich Schulz oder Kurt Eisner populäre Rednerinnen und Redner von auswärts in den selten stattfindenen Einzelvorträgen auftraten. 1908 begann eine Kooperation mit dem Residenztheater, das an Sonntagnachmittagen Volksvorstellungen für den ABA anbot. Aus dieser Zusammenarbeit ging die Idee einer Theaterbesucherorganisation, der Frankfurter Volksbühne, hervor, eine Einrichtung, die zu gründen dem AfV vorbehalten blieb[24]. Ab 1911 verlor das Vortragsprogramm des ABA, das sich quantitativ kaum verändert hatte, seine eindeutige Ausrichtung auf Fragen der Arbeiterbewegung. Ein Lassalle-Zyklus war die Ausnahme, statt dessen standen nun Erdgeschichte, Bildhauerkunst, Geschichte Europas und neuzeitliche Dichtung im Vordergrund. Wenn sich für die Gewerkschaften die Frage einer Entscheidung zwischen dem AfV einerseits oder andererseits der Forcierung eigener Bildungseinrichtungen überhaupt ernsthaft stellte, so war nun für die Gewerkschaften der Zeitpunkt gekommen, zugunsten des ABA Position zu beziehen. Denn Kritik am AfV, etwa im Parteiorgan »Volksstimme«, gab es nach wie vor: »Alles hängt in der Luft, und die Arbeiter müssen tanzen, wie der spiritus rector der ganzen Geschichte, Herr Stadtrat Flesch, pfeift«[25]. Es war offenbar geworden, daß das bürgerliche Kooperationsangebot in Form des AfV in der ersten Dekade des Jahrhunderts an Anziehungskraft verloren hatte. Die Gründe dafür erschließen sich bei einem Blick auf die weitere wirtschaftliche und soziale Entwicklung sowie auf die Arbeiterbewegung in Frankfurt.

5. Industrialisierung und der Aufstieg der Gewerkschaftsbewegung in Frankfurt zu Beginn des 20. Jahrhunderts

Die Einwohnerzahl der Stadt Frankfurt war von 180020 im Jahre 1890 auf 444900 im Jahre 1914 angewachsen. Darin enthalten ist der Zuwachs durch die Eingemeindungen, etwa der Bockenheims, durch die der Stadt Frankfurt mit

22 Max Quarck: Volksbildung und Sozialdemokratie, in: Sozialistische Monatshefte, 10. Jg. 1906, S. 755.
23 Vgl. Krug, (wie Anm. 2), (wie Anm. 17), S. 140.
24 Vgl. JBAS 9 (1907), s. 171 f.
25 Volksstimme vom 21. 11. 1905, 1. Beilage.

einem Schlag große Industriebetriebe zufielen[26]. Zentrum der aufstrebenden Industrie in Frankfurt waren die Maschinen- und Elektroindustrie. Teilweise stellten diese Betriebe, von denen es 1914 insgesamt acht auf eine Belegschaft von über 1000 Arbeitern brachten, die modernsten ihrer Zeit dar[27].

Das Bevölkerungswachstum und die fortschreitende Industrialisierung hatten eine gewaltige Zunahme der Gewerkschaftsmitglieder in Frankfurt zur Folge, wenngleich diese Entwicklung nicht kontinuierlich, sondern den Konjunkturzyklen folgend verlief. Zählte das Kartell bei seiner Gründung im Jahr 1892 noch 2146 Mitglieder, so waren 1912 in Frankfurt 45534 Arbeiter in einer der angeschlossenen Gewerkschaften organisiert. Die Kampfkraft dieser großen Bewegung litt zunächst unter der hohen Zersplitterung der Organisationen, die die Arbeiter in den letzten Vorkriegsjahren durch mehrere Zusammenschlüsse überwanden. Die mit Abstand größte und einflußreichste Gewerkschaft in Frankfurt zu Beginn des 20. Jahrhunderts war der Metallarbeiterverband mit allein 11000 Mitgliedern im Jahre 1912. Er bestimmte lange Zeit die politische Grundausrichtung des Frankfurter Gewerkschaftskartells und führte die Tarifbewegungen an. Mit dem Aufschwung des Metallarbeiterverbandes vollzog sich die allmähliche Ablösung der Gesellenorganisationen durch die Verbände moderner Facharbeiter. Die Organisationsversuche in den Bereichen Handel und Dienstleistungen blieben dagegen relativ erfolglos[28]. Eine deutliche Radikalisierung der Frankfurter Arbeiterbewegung war die Folge, die sich auch auf die Haltung gegenüber dem AfV auswirkte.

Die kommunale Sozialpolitik Karl Fleschs hatte die Arbeiter immer enger in die praktische Tagespolitik eingebunden. Entscheidende Institutionen waren in diesem Zusammenhang Krankenkasse, Gewerbegericht, gewerbliche Fortbildungsschule, städtische Arbeitsvermittlungsstelle, Kaufmannsgericht und städtische Arbeitslosenhilfe. Zahlreiche Vereine und Institutionen aus dem nichtstädtischen Bereich wie etwa das Institut für Gemeinwohl, das Soziale Museum, die gemeinnützigen Wohnungsbaugesellschaften und der Ausschuß für Volksvorlesungen deckten die Felder ab, die die städtische Sozialpolitik nicht erreichte[29]. Trotz dieser Einbindung verlor die kommunale Sozialpolitik in Frankfurt für die Gewerkschaften in der ersten Dekade des 20. Jahrhunderts vorübergehend an Bedeutung, während die Reichsebene für Sozialdemokratie und Gewerkschaften an Bedeutung gewann, weil die Partei nach anfänglicher Ablehnung der staatlichen Sozialreform, deren Zusammenhang mit der Unterdrückung durch das Sozialistengesetz offensichtlich gewesen war, die Sozialversicherung seit der Jahrhundertwende positiver bewertete und selbst detaillierte Ausbauvorschläge machte. Für die Gewerkschaften wurden vor allem reichsweite Tarifverhandlungen mit Arbeitgeberverbänden und die geplante Arbeitsversicherungsreform interessant; lokale Angebote verloren im Zuge dieser Entwicklung an Bedeutung. Indiz dieser

26 Vgl. Rebentisch, (wie Anm. 2), S .94f.
27 Vgl. Roth, (wie Anm. 4), S. 72.
28 Vgl. Roth, (wie Anm. 4), S. 172ff.
29 Vgl. ebd., S. 131ff.

Entwicklung ist in Frankfurt die Errichtung des Arbeitersekretariats des Frankfurter Gewerkschaftskartells, der größten Auskunfsstelle für Arbeitnehmerfragen im Reich. Bei dieser Einrichtung gingen die Gewerkschaften nicht auf das Angebot des Instituts für Gemeinwohl ein, ein paritätisch besetztes Büro nach dem Vorbild des Gewerbegerichts aufzubauen. Ab 1911 erfolgte jedoch eine deutliche Rückbesinnung auf die kommunale Ebene: Mit der Verabschiedung der für die Gewerkschaften unzureichenden Reichsversicherungsordnung verstärkten die Frankfurter Arbeiterorganisationen erneut ihre Kooperation mit den liberalen Kräften auf kommunaler Ebene[30].

6. Von der Konkurrenz zur Kooperation

Hatte es in den ersten Jahren nach 1906 zwischen dem AfV und dem ABA ein Konkurrenzverhältnis gegeben, so entwickelte sich nun die Koexistenz immer stärker hin zu Kooperation[31]. 1911 einigten sich beide Institutionen auf eine Gebietsabgrenzung, wie sie bereits 1908 das Gewerkschaftskartell angeregt hatte[32]. »Zweimal fanden Besprechungen mit dem Arbeiterbildungsausschuß über die beiderseitigen Arbeitsgebiete statt. Die Anwesenden stimmten darin überein, daß der Ausschuß für Volksvorlesungen durch die Veranstaltung von Vorträgen wissenschaftlicher Fachleute der Allgemeinbildung der Gesamtarbeiterschaft dienen wolle, während der Arbeiterbildungsausschuß die politische Erziehung seiner Mitglieder erstrebe. Es sei erwünscht, daß beide Organisationen in gutem Einvernehmen nebeneinander wirken«[33].

Der ABA konnte den AfV in dessen Arbeitsumfang nicht erreichen oder verdrängen. Dies hatte mehrere Gründe: Erstens war den Gewerkschaften klar, daß der Arbeitsaufwand, der für ein Programm in der Größenordnung desjenigen des AfV anfiel, von der Arbeiterbewegung alleine nicht zu bewältigen war. Insofern stellte der AfV bei dem Bemühen der Gewerkschaften, das Bildungsbedürfnis der Arbeiter zu befriedigen, eine willkommene Entlastung dar. Damit hatte sich der Ausbau des ABA tatsächlich als eine Nachbildung des bürgerlichen Pendants vollzogen; nicht aber, wie Max Quarck gefordert hatte, als eine verbesserte, sondern als eine, die nie aus dem Schatten des Vorbildes heraustreten konnte. Zweitens folgten die Gewerkschaften mehrheitlich der Auffassung, daß Kultur, Bildung und Wissenschaft zumindest in weiten Teilen ein neutraler Boden seien, auf dem man trotz der existierenden Klassengegensätze mit den Bürgerlichen kooperieren konnte, wodurch einer »Gebietsabtretung« nichts im Wege stand. Drittens behielten sich die Gewerkschaften und die Sozialdemokratie in Frankfurt zwar stets vor, zu einem späteren Zeitpunkt die Bildungsarbeit ganz in die eigenen Hände zu neh-

30 Vgl. ROTH, (wie Anm. 4), S. 218f..

31 Vgl. Volksstimme vom 22. 10. 1906, 26. 10. 1906 und 3. 11. 1906.

32 Vgl. Volksstimme vom 14. 8. 1909.

33 Ausschuß für Volksvorlesungen zu Frankfurt am Main e. V.. Bericht über die Verwaltungsjahre 1911/12 u. 1912/13, S. 18.

men. Dies entsprach durchaus der gängigen Überzeugung der Arbeiterbewegung, verlegte aber eine rein proletarische Bildungsarbeit ebenso wie die Revolution auf einen nicht beeinflußbaren (Sankt Nimmerleins-) Termin in der Zukunft.

Die Frankfurter Arbeiterschaft erweiterte auf dem Bildungssektor von 1890 bis zum Ersten Weltkrieg in großem Umfang ihre Handlungsmöglichkeiten. Daß jedoch die vollständige Emanzipation der Unterprivilegierten in der Bildung und in allen anderen Lebensbereichen nur durch die Veränderung der das Herrschaftsverhältnis begründenden Eigentumsordnung möglich war, galt innerhalb der Frankfurter Arbeiterbewegung nach wie vor. Auf dieser theoretischen Grundlage stand einer Beteiligung an bürgerlicher Bildungsarbeit insofern nichts im Wege, als mit dem Zusatz, daß der AfV nur der vorläufige Ersatz für eigene Institutionen sei, eine Formel gefunden war, der auch den AfV-Kritikern die Mitarbeit erträglich machte.

7. Ergebnis

Die Stadt Frankfurt am Main bildete um 1890 den idealen Nährboden für kooperative Bildungseinrichtungen von Arbeiterbewegung auf der einen und bürgerlicher Stadtverwaltung auf der anderen Seite. In den Kommunen wie Frankfurt hatte der Linksliberalismus seine letzten Hochburgen. Dessen Reformangebote stießen auf eine noch wenig industriell geprägte Arbeiterbewegung, die ihrerseits aus Unzufriedenheit über die staatliche Sozialreform den Schwerpunkt auf kommunale Sozialpolitik legte. Beide Strömungen konnten aber nur deshalb ihr intensives Beziehungsgeflecht errichten, weil die konservative, nationalliberale Stadtverwaltung darin die Chance sah, die aufstrebende Arbeiterbewegung ruhig zu halten und auf diese Weise weitergehende politische Reformen zu vermeiden. Das entstehende Netz von Einrichtungen mit Teilhaberechten für die Arbeiterbewegung erwies sich auch dann als tragfähig, als die Gewerkschaften ihr Augenmerk stärker auf die Reichsebene richteten. Die geschaffenen Strukturen waren stark genug, die vorübergehende Krise nach Aufkommen des Arbeiterbildungsausschusses abzufangen. Nach dem Ersten Weltkrieg verstummten kritische Stimmen aus der Arbeiterbewegung gegenüber dem AfV völlig. Im Gegenteil – die Gewerkschaften betrachteten den Vorläufer der heutigen Volkshochschule Frankfurt zunehmend als »ihre« Organisation.

Das technische Schulwesen in Baden – Grundzüge und Tendenzen im 19. und frühen 20. Jahrhundert

von Wolfram Förster

Als zu Beginn des 19. Jahrhunderts Deutschland in ersten noch zaghaften Ansätzen zur Entwicklung in Richtung eines Industriestaates stand, fehlte es an nötigen Vorbedingungen und begleitender Infrastruktur beinahe allerorten. Insbesondere der Nachbar Frankreich wies bei der Etablierung von wissenschaftlichen Bildungsstätten zunächst den Weg, wobei hier über den Bergbau und das Militärwesen die Wurzeln bis in die Epoche des Absolutismus zurückreichten[1]. Einrichtungen, wie etwa die 1752 in Paris etablierte »Ecole militaire«, brachten schon im 18. Jahrhundert sog. Ingenieursoldaten hervor, deren Tätigkeitsfeld über Festungsbau und Straßenwesen bis hin zu Waffenkonstrukteuren und Artilleristen reichte.

Der französische Gründungseifer gipfelte in der 1795 ebenfalls in der Hauptstadt eröffneten »Ecole polytechnique«, die bis zur Mitte des 19. Jahrhunderts zum konzeptionellen Vorbild der wissenschaftlichen Ingenieurausbildung avancierte. Monopolartig im Lande bot die Ecole polytechnique eine zweijährige Grundausbildung für Militäringenieure und technische Beamte, anschließend suchte der 18- bis 22-jährige Absolvent zur Spezialausbildung eine weiterführende Einrichtung auf. Erstmals bei der Konstituierung einer der Technik verpflichteten Schule kam die elementare Erkenntnis zum Tragen, daß »technische Gebilde immer körperhaft seien, sich in Bewegung befänden und aus Stoffen beständen« – die systematische Integration der Fächer Mathematik, Geometrie, Mechanik und Physik samt sonstiger Naturwissenschaften in das Ausbildungskonzept schloß sich dieser Erkenntnis an.

Auch in Deutschland wiesen die Anfänge der technischen Bildung auf die Bereiche Bergbau und Militär. Allerdings reichte hierzulande die dem Militär zugewandte Bildung nicht ansatzweise an das französische Niveau heran, da vor allem der territoriale Partikularismus, im Gegensatz zum Zentralismus des Nachbarlandes, einer Bündelung der Kräfte entgegenstand. Etwas günstiger erwies sich die Situation im Bergbau, da hier insbesondere ökonomische Interessen der Entwicklung Vorschub leisteten. Vor diesem Hintergrund förderten sächsische Landesherren im Erzgebirge bereits während des 18. Jahrhunderts einen fachbezogenen

1 Treue, Wilhelm. Die Geschichte des technischen Unterrichts. In: Festschrift zur 125-Jahrfeier der Technischen Hochschule Hannover 1831-1956. Hannover 1956, S. 9–64, hier: S. 27.

Unterricht, der mit der 1766 gegründeten »Königlich Sächsischen Bergakademie Freiberg« eine sichtbare Kontur erhielt. Am Fakultätsprinzip orientiert, brauchte die Freiberger Bergakademie den Vergleich mit der Universität keineswegs zu fürchten. Eine weitere Bergakademie entfaltete ab 1775 in der Oberharzgemeinde Clausthal Aktivititäten, dies allerdings unterhalb des in Freiberg vorhandenen Niveaus. Die Existenz der genannten Bildungsanstalten änderte freilich nichts an der Tatsache, daß Deutschland zu Beginn des 19. Jahrhunderts mit seinem innovationshemmenden Zunftwesen, den tributpflichtigen Bauern und einer gewissen Rechtsunsicherheit für den Gewerbetreibenden weit hinter der Entwicklung Großbritanniens, aber auch hinter Frankreich und Belgien rangierte. Fabriken großen Stils fehlten fast völlig. Lediglich das Textilgewerbe, die Montanindustrie, und solche mit der Herstellung vor allem von Luxuswaren befaßten Manufakturen signalisierten erste noch spärliche Ansätze frühindustrieller Art. Wissenstransfer und der Import einiger Dampfmaschinen und Webstühle vermochte die Lücke zum prosperierenden Ausland nicht zu schließen. Als dann mit dem Ende der napoleonischen Kontinentalsperre vermehrt britische Waren das europäische Festland erreichten und hierdurch die gewerbliche Wirtschaft unter wachsenden Konkurrenzdruck geriet, setzten in der Folge eine Reihe von Reformbestrebungen u.a. in den Bildungsbereichen der jeweiligen Einzelstaaten an. Allein die Abschottung durch den Deutschen Zollverein, der in Ansätzen bereits 1818 existierte, vermochte sonstige auf die Hebung des Produktionsniveaus zielende Aktivitäten keineswegs zu ersetzen. Zwar fielen während des fortschreitenden 19. Jahrhunderts die technikbetonten Bildungsanstrengungen auf Landesebene recht verschiedenartig aus, entscheidend gelang aber, und dies praktisch flächendeckend, die Überwindung der für die Masse des Volkes zuvor »buchstabenlosen Zeit«. Somit war überhaupt erst die grundlegende Voraussetzung geschaffen, um über Zeit die niederen Stände in die moderne Berufswelt zu integrieren.

Richtungsweisend schritt hierbei das Großherzogtum Baden voran, die der Elementarbildung zugewandte Reformen brachten dem jungen Staat den Ruf eines ausgesprochenen »Musterlandes« ein[2]. Dies erreichten die Bildungsreformer über die Erhöhung der Schuldichte, die Erweiterung und Vertiefung der Lehrpläne, die koordinierte Ausbildung und nicht zuletzt durch die konsequente Verschärfung des Schulzwanges.

An der Elementarbildung knüpfte direkt die handwerkliche Qualifizierung an. Hier schrieb der Staat zunächst den Besuch sog. Fortbildungsschulen vor, um nachfolgend, d. h. schrittweise nach 1832, die Gewerbeschule an die Stelle der Fortbildungsschule zu setzen. Der erzielte Fortschritt bestand darin, anstelle der Vertiefung der Volksschulkenntnisse nun berufliches Fachwissen in den Mittelpunkt der Unterweisungen zu rücken. Bereits 1832 erging diesbezüglich in Baden

2 REGENTROP, Günter Anton. Entwicklungen und Strukturen der staatlichen Schulverwaltung in Baden von ihren Anfängen bis zur Gegenwart (1803-1983). Bonn 1985, S. 192f.; STOCKER, A. Das allgemeine und fachliche Fortbildungswesen in Baden in seiner geschichtlichen Entwicklung nebst einer Sammlung der maßgebenden gesetzlichen und verordnungsmäßigen Bestimmungen. Lahr 1916, S. 14ff.

eine Verordnung, die – zumindest in den besonders gewerbereichen Städten – den Wegfall der Fortbildungsschule zugunsten der Gewerbeschule regelte. Eine weitere Verdichtung der Gewerbeschulstandorte bewirkten Regelungen des Jahres 1872, ehe ab 1907 schließlich ein Netz von Gewerbeschulen den Gesamtstaat umspannte. Die Gewerbeschulpflicht weitete die Regierung ab 1898 dann selbst auf ungelernt Tätige der Altersstufe von 14 bis 16 Jahren aus; Mädchen, die eine Lehre absolvierten, nahmen ab 1904 in obligatorischer Form am Gewerbeschulunterricht teil. Am Ende führte man für beide Geschlechter nach Berufen gesonderte Fachklassen ein.

Daß auch eine höhere technische Bildung auf längere Sicht unverzichtbar sein würde, erkannte man ebenfalls zuerst im Großherzogtum Baden[3]. Hier eröffnete der Staat in der Landesmetropole Karlsruhe eine polytechnische Anstalt, der auch außerhalb des Landes rasch weitere Gründungen – zumeist in den Residenzstädten – folgten: Stuttgart, Darmstadt, München und Hannover statuierten repräsentative Exempel. Zeitlich und kausal fiel dieser erste Gründungsschwerpunkt polytechnischer Einrichtungen, der zwischen 1825 und 1836 ansetzte, mit der frühesten Welle der Industrialisierung zusammen. Rein konzeptionell orientierten sich die Polytechniken sichtbar am Pariser Vorbild der Ecole polytechnique, obwohl, und hier ging man über die französischen Verhältnisse hinaus, ein breiteres Fächerangebot bereits in Richtung der universitären Fakultäten zielte. Vom Bildungsauftrag her verfolgte man die Förderung des heimischen Gewerbes.

In der Frühphase verfügten die Polytechniken keineswegs über eine gefestigte Identität. Niedriges Eintrittsalter, eine bescheidene Vorbildung und ein relativ undifferenziertes Fachangebot rein deskriptiver Art wiesen jenen Bildungsstätten eine zweifellos unterhalb der Universität verankerte Position in der Bildungshierarchie zu. Aber schon zur Mitte des 19. Jahrhunderts wies die Institution veränderte Züge auf, nachdem der rein schulmäßige Charakter gehobenen Ansprüchen gewichen war. Anspruchsvollere Aufnahmekriterien und eine stärkere Differenzierung und Vertiefung des Lehrangebotes unterstrichen die Annäherung an den universitären Bereich. Während schließlich die Mehrzahl der Polytechniken im Zuge des sog. Akademisierungsprozesses zwischen 1870 und 1880 den Aufstieg zu den »Technischen Hochschulen« beschritt, fielen aber auch eine Reihe anderer Einrichtungen auf das Niveau von Fachschulen herab. Einige Polytechniken wie Kassel, Nürnberg und Augsburg stellten die Aktivitäten gänzlich ein.

Den Weg vom Polytechnikum zur Technischen Hochschule wies in vielen Belangen beispielhaft das in der badischen Residenzstadt Karlsruhe verankerte Institut, das als Symbiose der Staatlichen Ingenieurschule Tullas und der privaten Bauschule Weinbrenners entstand – Regierungskreise hatten die Fusion beider Einrichtungen angeregt. Unter der Regie von Karl Friedrich Nebenius setzte in Karlsruhe eine Entwicklung ein, die bis zur Jahrhundertmitte Anschluß an das

3 Grüner, Gustav. Die Entwicklung der höheren technischen Fachschulen im deutschen Sprachgebiet. Braunschweig 1967, S. 14; Zweckbronner, Gerhard. Ingenieurausbildung im Königreich Württemberg. Vorgeschichte, Einrichtung und Ausbau der Technischen Hochschule Stuttgart. Stuttgart 1987, S. 37ff.

Vorbild der Ecole Polytechnique herstellte[4]. Eine erste Station bildete das 1832 grundlegend überarbeitete Schulstatut, das die neuen Ausbildungsgänge Bauwesen, Ingenieurwissenschaft, Forstwesen wie auch eine Höhere Gewerbe- und Handelsabteilung etablierte. Die niedere gewerbliche Bildung fiel zum Vorteil einer eindeutigen Lehrkonzeption ersatzlos aus dem Programm. Zwar hielt man in dieser Phase noch am niedrigen Eingangsalter von 13 Jahren für die sog. Polytechniker fest; vor der Aufnahme des eigentlichen Fachstudiums erfolgte jedoch der Besuch eines zweijährigen Vorbereitungskurses. Nach Verfassung und Studienplan zeigte das 1832 präsentierte Statut bereits Züge einer akademischen Organisation.

Eine weitere Etappe bei der Angleichung an den Standard der Ecole Polytechnique resultierte aus einer Anregung des seit 1841 in Karlsruhe tätigen Professor Redtenbacher, der die Aufgliederung der Höheren Gewerbeschule in einen mechanisch-technischen sowie chemisch-technischen Zug vorsah. Bereits an dieser Stelle kam eine erste lehrangebotsorientierte Berücksichtigung der fortschreitenden industriellen Praxis zum Ausdruck. Gerade diese Interaktion zwischen Lehre und Praxis ebnete der Verwissenschaftlichung der Technik später sehr maßgeblich den Weg. Redtenbacher leistete bei der fortschreitenden Realisierung der wissenschaftlichen Technikbetrachtung unbestrittene Pionierarbeit – immerhin galt er als der eigentliche Begründer des Theoretischen Maschinenbaus. Des weiteren gelang unter seiner Führung dem Karlsruher Polytechnikum ein Durchbruch, der am Ende zu einer den Universitäten gleichgestellten Institution führte: Schon 1865 räumte ein Großherzoglicher Erlaß Karlsruhe weitgehend die Rechte der Universitäten ein - Berufungsverfahren, Selbstverwaltung und eine Senatsverfassung gaben die Stichworte hierzu ab. Zudem erhielt Karlsruhe ab 1878 das Habilitationsrecht für Privatdozenten. Dem folgte 1885 die offizielle Umbenennung in »Technische Hochschule«, ehe 1899 die Regierung mit der Verleihung des Promotionsrechtes den Akademisierungsprozeß abschloß. Franz Grashof, Nachfolger Redtenbachers und geistiger Mittelpunkt des 1856 gegründeten Vereins Deutscher Ingenieure (VDI), hatte ganz im Sinne Redtenbachers den Akademisierungsprozess fortgeführt und schließlich auch weitgehend zum Abschluß gebracht. Grashof starb 67jährig im Jahre 1893.

Die Akademisierung der Polytechniken resultierte aus einer zeitlichen Parallelentwicklung, die in der Literatur unter der Rubrik »Paradigmenwechsel des Technikverständnisses« näher beleuchtet worden ist[5]. Im Hintergrund existierten mit den Verwerfungen der Gewerbefreiheit und der Konkurswelle der Gründerkrise, aber auch unter Berücksichtigung des Standes der Produktionstechnik Mängel, die sich sehr zum Nachteil der deutschen Konkurrenzfähigkeit auswirkten. Aber auch eine Technologiekrise der 1870er Jahre, zu der ganz entscheidend etliche, in ihren

4 Schnabel, Franz. Die Anfänge des technischen Hochschulwesens. In: Festschrift anläßlich des 100-jährigen Bestehens der Technischen Hochschule Fridericiana zu Karlsruhe. Karlsruhe 1925, S. 50.

5 Sombart, Werner. Die deutsche Volkswirtschaft im 19. Jahrhundert und im Anfang des 20. Jahrhunderts (8. Aufl.). Stuttgart 1954, S. 154.

Auswirkungen prekäre Eisenbahnunfälle beigetragen hatten, hielten die in der Sache engagierten Persönlichkeiten zu einer Bündelung der Aktivitäten an. Eine intensivere Naturerkenntnis, verstärkte Theoriebildung und damit einhergehend die Entfaltung zuvor nicht gekannter Forschungsbemühungen gaben im Grunde den Polytechniken die neue Identität erst an die Hand. Nicht mehr die pure Empirie, sondern das theoriegeleitete Experiment trat jetzt in den Mittelpunkt der Technikbetrachtung – gleich reihenweise entstanden Laboratorien und Materialprüfungsanstalten. Und zielstrebig tendierten die Polytechniken respektive die Technischen Hochschulen dazu, die Theorie als konstituierendes Fundament des Technikverständnisses in das Studium zu integrieren. Entscheidend aber entfernten sich die Technischen Hochschulen über den Paradigmenwechsel des Technikverständnisses zusehends von der industriellen Praxis. Sicherlich trugen die Bildungsstätten mit ihren Absolventen zur Blüte innerbetrieblicher Forschung und Entwicklung bei; die in der Hierarchie darunter befindliche Ebene der Produktion jedoch verwaiste im Vorfeld planender Koordination mehr und mehr. In Wechselwirkung hierzu tat sich eine Lücke in der Hierarchie der technischen Bildung auf, die auf mittlerem Niveau zwischen der reinen Fachschule und andererseits der Technischen Hochschule klaffte.

Allen voran griff der Verein Deutscher Ingenieure (VDI) gegen Ende der 1880er Jahre das Desiderat jener »technischer Mittelschulen« auf, und regte die Einzelstaaten zu entsprechenden Gründungsaktivitäten an[6]. Als Aufnahmekriterium sah der VDI neben der Einjährigen-Qualifikation eine bereits existierende zweijährige Gewerbepraxis vor, die nach vier Semestern Studiendauer zur späteren Tätigkeit als Leiter und Beamter eines technischen Betriebes oder der im Konstruktionsbüro angebundenen Hilfstätigkeit befähigen sollte. Somit wies die technische Bildung hierarchisch gesehen eine Dreistufigkeit vor, die von der Gewerbeschule über die mittlere Fachschule bis zu den Technischen Hochschulen reichte. Die Initiative des VDI erfolgte dabei in einer Zeit, als einige am Maschinenbau ausgerichtete Fachschulen bereits bestanden. Allerdings ging bei diesen frühen Einrichtungen der Impuls von privater Seite aus: Praxiserfahrene Hochschulingenieure, die in die Rolle des Neuland erschließenden Unternehmers schlüpften, nahmen entsprechende Gründungen vor. Das sächsische Mittweida schritt hier 1867 in der Entwicklung voran.

Kurz nach der Jahrhundertwende registrierte die Schulstatistik beinahe 600 über alle Gewerbebranchen verstreute Einrichtungen solcher Art, wovon immerhin der zehnte Teil als Privatanstalt in Erscheinung trat. Als besonders attraktiv aus der Warte des Privatschulunternehmers erwies sich das Geschehen um den industriell enorm aufwärts strebenden Maschinenbau. In dieser Rubrik vermeldete die Statistik neben einer jeden Staatseinrichtung eine zweite Bildungsstätte rein privater Trägerschaft – gerade hier fanden Privatschulunternehmer offenbar ein

6 MAUEL, Kurt. Der Verein deutscher Ingenieure und seine Einflußnahme auf die Entstehung der Ingenieurausbildung. In: Humanismus und Technik. Jg. 18, 1974, S. 91–108; hier: S. 102f.

recht interessantes Betätigungsfeld vor, da die Branche den Industrialisierungsprozeß sehr maßgeblich inspirierte[7]. Allerdings fiel die Entwicklung des technischen Mittelschulwesens sehr uneinheitlich aus, da jeweils die Wirtschaftsstruktur, die Privatschulpolitik der Territorialstaaten und nicht zuletzt natürlich auch der Unternehmergeist die spezifischen Rahmendaten setzten. Daß man im Großherzogtum Baden, wie ein Schulexperte aus zeitgenössischer Sicht anmerkte, zur Jahrhundertwende über ein »zweckmäßiges Fachschulssystem« verfügte, ging auf der einen Seite aus einer 1877ff. installierten Gründungsoffensive durch den Staat hervor. Überlegungen zur Standortsicherung, die Bereitstellung des im Lande benötigten Fachkräftebedarfs und allgemein die Verunsicherungen im Technikgeschehen gaben die Motive jener Schuletablierungen ab[8]. Das gilt zuallererst für Karlsruhe, denn zentralistische Tendenzen gingen ebenfalls mit der Entwicklung einher, aber auch Pforzheim und im Schwarzwald die Stadt Furtwangen standen im Mittelpunkt des Geschehens.

Schon Mitte des 19. Jahrhunderts setzte der Staat vor dem Hintergrund der Agrarkrise zur bildungsbezogenen Subvention der Hausindustrie an, die sich regional auf den Odenwald und den Schwarzwald bezog. In Furtwangen galt das Interesse der Uhrenindustrie, die hier einen regionalen Schwerpunkt besaß. Seit kurzem litt der Absatz erheblich unter französischer und amerikanischer Konkurrenz, da Technologiedefizite, Ausbildungsmängel und schließlich Überbesatz merklich einer Marktanpassung entgegenstanden. So setzte der Staat 1850 zur Einrichtung der Uhrmacherschule Furtwangen an, die über eine Lehre den Nachwuchs angemessen qualifizierte. Nach 14-jähriger Tätigkeit stellte die Uhrmacherschule dann die Aktivitäten wieder ein, sie hatte ihren Zweck erfüllt. Dennoch wies schon in den 1870er Jahren die Situation um Furtwangen abermals gewisse Verwerfungen auf, was nun den Staat zur gutachterlichen Klärung bewog. Im Ergebnis forderte die Expertise die Wiedereröffnung der Uhrmacherschule, um langfristig die erneut angeschlagene Exportfähigkeit zu sichern. Vor diesem Hintergrund verankerte der Staat gleich ein erweitertes Schulkonzept, das jetzt anstelle des Facharbeiters den Techniker in den Mittelpunkt der Ausbildung rückte. Später weitete Furtwangen das Fachangebot um die Feinmechanik und die Elektrotechnik aus, was innovationsorientiert die Produktdiversifikation auf der Basis einer verstärkten Mechanisierung erleichterte. Regionalförderung einer alten handwerklichen Tradition, die über Zeit zum gewerblichen Rückgrat der Gegend avancierte, bewog den Staat in diesem Fall zur Intervention.

Mit der Pforzheimer Bijouterieherstellung, deren Tradition bis zum frühneuzeitlichen Manufakturwesen zurückreichte, verfügte Baden über ein zweites stark am Export orientiertes Spezialgewerbe. Schon im Zuge der ersten Gewerbeschul-

7 Deutscher Ausschuß für technisches Schulwesen (Hg.). Die Ausbildung für den technischen Beruf in der mechanischen Industrie. Maschinenbau-Schiffbau-Elektrotechnik (4. Aufl.). Leipzig/Berlin 1922, S. 26; Grünbaum, Heinrich. Der mathematische Unterricht an den deutschen mittleren Fachschulen der Maschinenindustrie. Leipzig/Berlin 1910, S. 25.

8 Haverkamp, Frank. Staatliche Gewerbeförderung im Großherzogtum Baden. Freiburg 1979, S. 188ff.

reform von 1834 hatten die Stadtväter den gebotenen Spielraum genutzt, um eine ausschließlich der Bijouterie zugewandte Gewerbeschule zu etablieren – die Besucherzahl, die schon 1865 bei mehr als 600 Meldungen lag, stieg bis 1890 auf 1477 an. Ergänzend zu dieser rein an der Bijouterie orientierten Gewerbeschule nahm die Pforzheimer Stadtverwaltung im Jahr 1877 die Etablierung einer Fachschule vor, die , so hieß es im Statut, »tüchtigen Arbeitern, Werkführern, Zeichnern, Modelleuren, Graveuren und Ziseleuren« die Möglichkeit einer Fachqualifikation bot. Zehn Jahre später verfügte der Staat, die Einrichtung als »Großherzogliche Kunstgewerbeschule Pforzheim« in die eigene Trägerschaft zu übernehmen. Wie schon bei Furtwangen entschloß sich der Staat auch bei Pforzheim zu einer Maßnahme der Regionalförderung – ausgesprochene Spezialgewerbe privater Verankerung, dies in Verbindung mit einer hohen Exportorientierung und starken Durchdringung der jeweiligen Gewerbe, gaben den Verhandlungsgegenstand ab.

Sonstige mittlere Fachschulen, die in ihrer Funktion als Landesanstalt galten, verankerte die Regierung in der Residenzstadt Karlsruhe. Aus der Landesgewerbehalle heraus entstand ebenfalls 1877 die »Großherzogliche Kunstgewerbeschule Karlsruhe«, die auf der Basis einer Lehre Innenarchitekten, Bildhauern, Ziseleuren, Dekorateuren, Keramikern und Zeichenlehrern zur Weiterbildung verhalf. Im Sinne flankierender Wirtschaftsförderung verfolgte man mit der Kunstgewerbeschule das Ziel, dem ausgeprägten Hang jener Zeit entsprechend, eine Ästhetisierung der gewerblichen Produkte zu betreiben. Mit der »Großherzoglich Badischen Baugewerkschule« richtete der Staat 1878 eine zweite Landesanstalt ein, deren Bildungsangebot vorrangig auf die Sicherung der vom Öffentlichen Dienst benötigten Kräfte für Hoch- und Tiefbau abhob[9]. Soweit hier der Blick überhaupt nach der Privatwirtschaft ging, interessierte am ehesten noch der gewerbliche Mittelstand. Die Heranbildung von Nachwuchskräften für die Belange der Industrie sparte das Ausbildungskonzept der Karlsruher Baugewerkschule aus. Dem Fach Maschinenbau, das seit 1884 an der Baugewerkschule bestand, kam in der Folge keine gewichtige Bedeutung zu. Ebenso verhielt es sich mit der Elektrotechnik, die – ohnehin erst ab 1903 praktiziert – kaum über die Funktion eines Ergänzungsfaches hinauswuchs. Nach wie vor stand das Baufach mit der Zielsetzung im Vordergrund, den Berufsnachwuchs des badischen Staates zu sichern. Die Distanz zur Industrie blieb folglich gewahrt.

Eine an die Existenz der technischen Landesanstalten gekoppelte Regelung bestand darin, daß der Staat schon zu jener Zeit als Aufnahmekriterium für den Öffentlichen Dienst ausschließlich das an einer staatlichen Einrichtung erworbene Diplom akzeptierte. Privatschulabsolventen, unabhängig von ihrer Fachrichtung und individuellen Qualifikation, berücksichtigte der Staatsdienst nicht. Unter dem Aspekt der Finanzierung mobilisierte der Staat für sämtliche Fachschulen in etwa die Hälfte jenes Betrages, der auf der anderen Seite zur Unterhaltung der Techni-

9 SERAPHIN, Armin. Geschichte der Fachhochschule Karlsruhe von der Gründung der Baugewerkschule 1878 bis zum Staatstechnikum. In: 100 Jahre Staatstechnikum Karlsruhe. Karlsruhe o. J. (1978), S. 24.

schen Hochschule anfiel. Neunzig Prozent der Fachschulmittel flossen der Residenzstadt zu, während Pforzheim und Furtwangen jeweils nur fünf Prozent erhielten. Gemessen an der Einschreibungsquote hielten sich in der Summe die Fachschulen mit der Technischen Hochschule die Waage. Zentralismus, Regionalförderung zweier Spezialgewerbe, die Sicherung des staatlicherseits reklamierten Berufsnachwuchses und allgemein die Flankierung von Handwerk und Mittelstand rangierten im Zentrum der von Baden umgesetzten Fachschulpolitik. Dem Gang der Industrie respektive der Ausbildung des von dieser Seite benötigten Personals kam aus der Warte des Staates bzw. der Fachschulen keine rechte Aufmerksamkeit zu. Die TH Karlsruhe wiederum qualifizierte oberhalb des Fachschulniveaus auf der Ebene von Forschung und Entwicklung, so daß die Industrie innerbetrieblich den Hochschulabsolventen in der Planung und Entwicklung ansetzte. In der badischen Industrie tätige Ingenieure, deren Ausbildung mehr in Richtung an der Produktion orientierter Aufgaben ging, griffen folglich auf eine außerhalb des Landes erworbene Fachschulausbildung zurück – Handlungsspielraum für private Schulgründungen stellte sich vor diesem Hintergrund ein.

Mannheim, das gegen Ende des Jahrhunderts eindeutig das industrielle Geschehen im Lande dominierte, hatte zwar in den Beratungen um die Standortfindung der Baugewerkschule während der 1870er Jahre eine gewisse Rolle gespielt, am Ende aber blieb die Stadt, ebenso wie Konstanz und Freiburg, ohne jede Berücksichtigung. Diese Situation, wonach hier am Ort trotz der immensen Prosperität keine technische Einrichtung oberhalb der Gewerbeschule existierte, dauerte fast bis zur Jahrhundertwende fort – irgendwelche staatlichen Ansätze oder gar Initiativen hatte es zur Enttäuschung der Kommune und engagierter Wirtschaftkreise auch nicht im entferntesten gegeben.

Vor dem Hintergrund schulischer Unterversorgung, soweit dies zumindest technische Einrichtungen betraf, trat der Mannheimer Gewerbe- und Industrieverein 1896 mit einer Petition zur Errichtung einer zweiten Baugewerkschule vor beide Badische Kammern[10]. Neben der Etablierung des Baufaches strebte der Verein zusätzlich die Berücksichtigung einer Maschinenbauabteilung an. Die Notwendigkeit einer solchen Einrichtung stritt in der Stellungnahme die Regierung keineswegs ab, Budgetengpässe ständen einer Realisierung jedoch entgegen. Die Prosperität schritt am Standort Mannheim unaufhaltsam voran. Der Stadthistoriker Friedrich Walter merkte hierzu an: »Dieser Prozeß der Industrialisierung hat in den unmittelbar auf 1895 folgenden Jahren ganz ungeahnte Fortschritte gemacht, ja man kann ohne Übertreiben sagen, daß der Charakter der Stadt in den vier Jahren sich mehr verändert hat als in den zwanzig Vorangegangenen« .

Ein zweites Gesuch des Jahres 1898 sollte folgen. Mit Oberbürgermeister Beck und insbesondere der Handelskammer, dem Gewerbe- und Industrieverein, dem

10 GLA = Verhandlungen der Ständeversammlung des Großherzogtum Baden vom Landtag 1897/99. Fünftes Beilagenheft. Enthaltend die Protokolle der Zweiten Kammer. Hundertzweite öffentliche Sitzung. Karlsruhe 1899. S. 189ff.; Dito. Protokolle der Ersten Kammer und deren Beilagen. Beilage Nr. 277 zum Protokoll der 24. Sitzung vom 14. Juli 1898. Karlsruhe 1898. S. 57ff.

Allgemeinen Fabrikanten – Verein und dem örtlichen VDI – Bezirkverein traten die Repräsentanten der gesamten Mannheimer Wirtschaft als Antragsteller hervor. Abermals lehnten die Kammern die Wünsche nach einer Baugewerkschule ab. Der jetzigen Ablehnung entnahm man den Hinweis, daß die Stadt neben einer weiterführenden vierten Gewerbeschulklasse insbesondere die Etablierung einer privaten Ingenieurschule erwarte – der Bedarf an technischen Fachschulen sei somit vollkommen ausreichend gedeckt. Und in der Tat hatte schon im Frühjahr des Jahres 1898 ein gewisser Paul Wittsack, von Beruf Hochschulingenieur und seit 1895 als Zweibrücker Privatschulunternehmer tätig, Oberbürgermeister Beck die Absicht mitgeteilt, den Schulstandort nach Mannheim zu verlegen[11]; zu niedrige Studentenzahlen und die fehlende Unterstützung von Seiten der Kommune hätten seinen Abwanderungsgedanken entsprechend genährt. Gerne griff Oberbürgermeister Beck das Ansinnen des Privatschulunternehmers Wittsack auf, da zum einen das Projekt einer Mannheimer Baugewerkschule nach wie vor nicht vorankam und zudem die mächtig aufstrebende Industrie am Ort dringend der Flankierung bedurfte. Allerdings brachten in der einschlägigen Debatte einige Stadträte Bedenken vor, da bekanntlich an so mancher Privatanstalt im Reich Mißstände herrschten. Erst als man von den positiven Ergebnissen der Erkundungen zu der Person des Privatunternehmers Paul Wittsack erfuhr, räumte das Gremium letzte Vorbehalte aus. Im übrigen ging die Kommune von einer fortan günstigen Entwicklung des Anstalt aus. Neben der Berücksichtigung von zehn Freistellen zugunsten der förderungswürdigen Ortsjugend sicherte man sich zusätzlich das Recht, über einen Städtischen Aufsichtsrat den Fortgang der schulischen Entwicklung zu begleiten. Bei einem einseitig verfügten Wegzug der Ingenieurschule forderte die Kommune der Übereinkunft zufolge die gemachte Subvention zurück.

Zum Wintersemester des Jahres 1898 eröffnete die »Ingenieurschule Mannheim« als städtisch subventionierte Einrichtung in der Hafengegend mit 121 Studenten den Betrieb – die Hälfte des Klientels stammte noch aus Zweibrücken. Als Studienfächer offerierte Mannheim Maschinenbau und Elektrotechnik, ehe ein Jahr später die Hüttenkunde und ab 1907 das Baufach hinzutrat[12]. Das Ausbildungskonzept rückte die Qualifikation der Ingenieurs, dessen Tätigkeit im Vorfeld der betrieblichen Produktion ansetzen sollte, in den Mittelpunkt der Aktivität. Die Ausbildungsdauer umspannte fünf Semester. Obwohl die Mannheimer Stadtverwaltung finanziell in nennenswertem Umfang zur Etablierung der privaten Ingenieurschule beitrug – im Jahr 1901 verlegte die Einrichtung den Unterricht nach den Räumen des früheren Realgymnasiums im Bereich der zentralen Kapuzinerplanken nach dem Quadrat N6, Nr. 4 1/2 – kam das Unternehmen an der Erhebung eines Schulgeldes naturgemäß nicht vorbei; bei 150 Mark kamen die Gebühren pro Semester zu stehen. Als zentrales Aufnahmekriterium setzte das Di-

11 StA Mannheim, Ratsprotokoll vom 15. März 1898 (R 632, Nr. 2362); Verwaltungsbericht der Stadt Mannheim 1895–1899. Mannheim 1900, S. 380f.

12 GLA = Ingenieurschule zu Mannheim. Städtisch subventionierte Höhere Technische Lehranstalt. Bericht über die Entwicklung der Anstalt für die Zeit vom 1. Oktober 1898 bis 1. Oktober 1908.

rektorium das sog. Einjährige voraus, bei niedrigerem Bildungsniveau kompensierte man die Lücke über einen halbjährigen Vorbereitungskurs. So gesehen leistete die Schule über die eigentliche Bildungsverpflichtung hinaus auch einen frühen Beitrag zur Begabtenförderung; allerdings setzten die Studiengelder entsprechende Grenzen. An der Höhe studentischer Einschreibungen gemessen, verzeichnete die Ingenieurschule in der Phase bis zum Jahr 1914 eine Entwicklung, die beinahe durchweg Zuwächse zu erkennen gab. Nicht nur die allgemein günstige Konjunktur, sondern auch die Mannheimer Ausbildungsqualität trug essentiell zu diesem Umstand bei. Bereits 1903, also nach einem gerade einmal fünfjährigen Schulbetrieb, bilanzierte man unter Ausklammerung der Zweibrücker Altsemester die Vervierfachung der Einschreibungsquote. Dies entsprach der Zahl von etwa 250 Studenten[13]. Über 300 eingeschriebene Studenten des Winters 1907/08 führten die Einschreibungen zum Maximalwert von 356 Studenten des Jahres 1913/14. Bis zum Vorabend des Ersten Weltkrieges hatten annähernd eintausend Studenten die Ingenieurschule mit Erfolg absolviert. Die Berufskarrieren führten nicht ausnahmsweise bis in die Führungsetagen großer Unternehmen, wie etwa Benz & Cie. und BBC belegten. Auch nahmen bekannte Unternehmersöhne wie Hugo Steiff und Friedrich Wilhelm Märklin in Mannheim das Ingenieurstudium auf, zumal die Anstalt bald schon im Reich wie im Ausland eine ausgesprochene Seriosität genoß. Alles in allem hatte der Privatschulunternehmer Paul Wittsack mit der Stadt Mannheim eine Standortwahl getroffen, die in jeglicher Hinsicht das Fortkommen der Anstalt begünstigte. Der Aufstieg der Stadt zu der mit Abstand in Baden führenden Industriemetropole und deren fortwährende, bis 1914 reichende Prosperität hatte ebenso das Interesse einschlägiger Industriekreise an den Absolventen genährt, wie auch der rege Kontakt zu den technischen Vereinen die Fortschreibung der Lehrpläne an der Ingenieurschule begünstigte. Die Kommune wiederum gewährte die vereinbarte Subvention und flankierte durch ihre Aufsichtsfunktion zusätzlich die Vertrauensbildung. Umgekehrt trug auch Direktor Wittsack über die reine Ingenieurqualifizierung hinaus in gewissem Umfang zur Prosperität des Standortes bei, indem er bereits 1899 am Ort die Gründung des Elektrotechnischen Vereins initiierte. Für die in der gerade erst aufkeimenden Elektrotechnik tätigen Unternehmer stellte dieser Verein eine rege frequentierte Plattform dar, die zusätzlich zum Wissenstransfer auch den Fortgang der Branche und gleichwohl die städtische Elektrifizierung voranbrachte. Das Jahr 1914 allerdings setzte in der Entwicklung vorübergehend eine Zäsur.

Auch in Konstanz hielt seit 1906 eine technische Bildungsanstalt qualifizierten Unterricht ab, die ebenfalls aus einer Privatinitiative heraus entstand – die Einschreibungsquote lag dort bei 200 Meldungen und mehr. Offenbar wuchs auch am Bodensee die Ingenieurschule auf der Grundlage eines realen Bedürfnisses in der Region.

13 Archiv der Fachhochschule Mannheim. Hochschule für Technik und Gestaltung, Fasz. Studienbücher: Personalien der Studierenden für die Jahre 1895–1908/09 bzw. 1909–1918/19.

Abschließend sei noch einmal an jenen Schulexperten erinnert, der das badische Fachschulsystem mit dem Prädikat der Zweckmäßigkeit betitelte. Dieses Urteil schien durchaus treffend, solange hierbei die Summe der Einrichtungen im Blickfeld stand. Auch der Aspekt einer räumlich gleichgewichtigen Versorgung des Landes mit technischen Fachschulen stand außer Frage.

Spart man jedoch die beiden genannten Privatinitiativen aus der Betrachtung aus, stellt sich unweigerlich eine Schieflage zugunsten der politischen Metropole des Landes ein. Ob dieser Zentralismus in jener Bildungssparte ausschließlich als badisches Phänomen zu betrachten ist oder wieweit er auch in den anderen Territorien die Verhältnisse charakterisierte, ist eine Frage, die über den Rahmen des vorgegebenen Themas hinausführen würde, das den maßgeblichen Entwicklungslinien des technischen Schulwesens in Baden nachspürte.

Disziplinierung und Emanzipation

Kommunale Bildungspolitik für Mädchen und Frauen im Großherzogtum Baden

von Susanne Asche

Die Mädchenbildung und ihre Verbesserung waren im gesamten 19. Jahrhundert eine der viel diskutierten Fragen, an deren Lösung sich Frauenvereine, Stadthonoratioren, Mädchenschullehrer, Landesparlamente und Landesregierungen beteiligten. Am Beispiel der kommunalen Bildungspolitik des Großherzogtums Baden soll hier diese Entwicklung nachgezeichnet und gleichzeitig auf die darin liegenden Ambivalenzen hingewiesen werden[1]. Dabei wird nicht das gesamte Spektrum der Schuleinrichtungen für Mädchen und Frauen thematisiert, sondern es werden lediglich die Entwicklungen des Bildungswesens für die Töchter des Bürgertums und der Arbeiterschicht dargestellt.

Im Vordergrund der Darstellung soll die Haupt- und Residenzstadt Karlsruhe stehen, weil hier die Verbindung zwischen Hof und Stadt, d. h. von Landesregierung und Stadtverwaltung besonders eng war. Da die kommunale Bildungspolitik im Laufe des 19. Jahrhunderts zunehmend durch staatliche Verordnungen bestimmt wurde, andererseits jedoch Karlsruher Bürger durch ihre Präsenz in Schulkommissionen großen Einfluß auf landesherrliche Entscheidungen ausübten, hat die Karlsruher Bildungspolitik, insbesondere die für Mädchen und Frauen, eine über den Stadthorizont weit herausragende Bedeutung. Sie war prägend für die kommunale Bildungspolitik im gesamten Großherzogtum und erlangte sogar reichsweite Aufmerksamkeit.

1 Die Bildungspolitik für Mädchen bzw. die Verbesserung der Mädchenbildung im 19. Jahrhundert ist ein in der Forschung ausgiebig bearbeitetes Thema. Vgl. u. a. Jürgen Zinnecker, Sozialgeschichte der Mädchenbildung, Weinheim/Basel 1973. Zur Bildung für Mädchen des Bürgertums vgl. u. a. Ingrid Otto, Bürgerliche Töchtererziehung im Spiegel illustrierter Zeitschriften 1865 bis 1915, Hildesheim 1990 und James C. Albisetti, Schooling German Girls and Women. Secondary and Higher Education in the Nineteenth Century, Princeton 1988. Vgl. auch das Literaturverzeichnis im Handbuch der deutschen Bildungsgeschichte. Band III 1800–1870. Von der Neuordnung Deutschlands bis zur Gründung des Deutschen Reiches. Hg. Karl-Ernst Jeismann und Peter Lundgreen, München 1987, S. 190f. Vgl. auch Elke Kleinau, Claudia Opitz (Hg.), Geschichte der Mädchen- und Frauenbildung, Bd. 2: Vom Vormärz bis zur Gegenwart, Frankfurt a. M., New York 1996. Zu den Entwicklungen in Baden vgl. Rupert Kubon, Weiterführende Mädchenschulen im 19. Jahrhundert. Am Beispiel des Großherzogtums Baden, Pfaffenweiler 1991, und: Bildung durch Emanzipation. Karlsruhe und seine Bedeutung für die Mädchen- und Frauenbildung. Karlsruher pädagogische Beiträge 35/1995.

So wurde am 16. September 1893 in Karlsruhe das erste humanistische Mädchengymnasium in Deutschland eröffnet. Bei diesem Anlaß meinte Hedwig Kettler, die Vorsitzende des Frauenvereins, der die Schule gegründet hatte: »Bildungsfreiheit nun wollen wir versuchen zu schaffen, wir wollen der Frau ermöglichen, ihre geistigen Fähigkeiten so zu entwickeln wie der Mann. [...] Und wir glauben, daß kein Mensch das Recht hat, seinem Nebenmenschen, auch wenn dieser eine Frau ist, aus Prinzip das größte Glück des Lebens zu rauben: befriedigende Arbeit in einem selbsterwählten, einem nicht aufgezwungenen Berufe«[2]. Das Karlsruher Ereignis war von epochaler Bedeutung, hatten nun doch erstmals Mädchen und Frauen in Deutschland Zugang zu der Bildung, die alle Tore zu den Universitäten öffnete.

Dreizehn Jahre nach der Einrichtung des Gymnasiums, am 1. Mai 1906, trat in Karlsruhe ein Ortsstatut in Kraft, das den gewerblichen Fortbildungsunterricht für junge Arbeiter beiderlei Geschlechts vorschrieb. Die Selbstverpflichtung der Kommune, auch Arbeitermädchen nach der Volksschule weiter auszubilden, ließ Karlsruhe zu der ersten deutschen Stadt werden, die – wie die Fabrikinspektorin Marie Baum betonte – eine so weitgehende Fürsorge für die gewerbliche Ausbildung weiblicher Arbeiter traf[3].

Beide Ereignisse, die ohne die Initiative von Frauenvereinen nicht eingetreten wären, lassen die kommunale Bildungspolitik Badens in der Zeit um 1900, wie sie sich an seiner Haupt- und Residenzstadt Karlsruhe darstellte, zur Vorläuferin und Schrittmacherin auf dem Weg der Frauen in den Arbeitsmarkt im gesamtdeutschen Vergleich werden. Insofern ist auch im nachhinein noch Hedwig Kettlers Worten von 1893 zuzustimmen, die meinte: »Baden hat sich damit an die Spitze der Bewegung gestellt und sich für alle Zeit den Ruhm erworben, in der praktischen Lösung der Frauenfrage den ersten Schritt in Deutschland getan zu haben«[4].

Diese praktische Lösung der Frauenfrage zielte auf die Überwindung einer geschlechtsspezifischen Arbeitsteilung, die das Bürgertum zu Beginn des 19. Jahrhunderts festgeschrieben hatte und die die Frauen zu den Verliererinnen der wirtschaftlich und gesellschaftlichen Entwicklung des 19. Jahrhunderts werden ließ. Die Dichter und Philosophen, die Pädagogen und Theologen, die Naturwissenschaftler und Politiker des Bürgertums der Zeit um 1800, die literaturwissenschaftlich auch Klassik und Romantik genannt wird, entwarfen – häufig unterstützt durch ihre Ehefrauen, Schwestern oder Mütter – ein Geschlechterverhältnis, das die Frau als in sich ruhendes Sein außerhalb der Geschichte und jenseits der Sphäre

2 Hedwig KETTLER, Eröffnungsansprache. In: Das Mädchengymnasium in Karlsruhe. Amtlicher Bericht, Weimar 1894, S. 24.

3 Marie BAUM, Drei Klassen von Lohnarbeiterinnen in Industrie und Handel der Stadt Karlsruhe. Bericht erstattet an das Großherzogliche Ministerium des Innern. Hg. von der Großherzoglichen Badischen Fabrikinspektion, Karlsruhe 1906, S. 189. Vgl. hierzu auch Robert GOLDSCHMIT, Die Stadt Karlsruhe, ihre Geschichte und ihre Verwaltung. Festschrift zu Erinnerung an das 200jährige Bestehen der Stadt. Unter Mitwirkung von Heinrich ORDENSTEIN und Karl WIDMER, Karlsruhe 1915, S. 290.

4 KETTLER (wie Anm. 2), S. 24.

des Rechts, der Wirtschaft und der Politik als Gegen- und Ergänzungspol des Mannes sah. Dieses Denken, das nicht auf den deutschen Sprachraum beschränkt blieb und schon vielfach untersucht und beschrieben wurde[5], fand auch in den Kreisen der badischen Liberalen Zustimmung. So verfaßte der Politiker, Publizist und Professor Carl Theodor Welcker, der einer der badischen Vorkämpfer für bürgerliche Freiheitsrechte und liberaler Abgeordneter im badischen Landtag war, den Artikel Geschlechterverhältnisse für die »Encyklopädie der sämmtlichen Staatswissenschaften für alle Stände«, die er seit 1834 zusammen mit Karl von Rotteck herausgab. Hier hieß es: »Die ganze physische Natur [...] bezeichnet den stärkeren, kühneren, freieren Mann als schaffenden Gründer, Lenker, Ernährer und Schützer der Familie und treibt ihn ins äußere Leben [...], in den Rechts- und Waffenkampf [...]. Sie bezeichnete die schwächere, abhängige, schüchterne Frau zum Schützling des Mannes, wies sie an auf das stillere Haus, [...] auf die Bewahrung der heiligen Flamme des häuslichen Herdes«[6].

Hier wird auf der Ebene von Lexikonwissen das Geschlechterverhältnis in den Status von Natur gehoben, d. h. als außergeschichtliches Dasein und damit als Mythos entworfen. Zugleich bedingt der Entwurf der Frau als Schützling des Mannes einen Gegenpol, d. h. den die äußeren Verhältnisse und damit die Geschichte gestaltenden Mann. Dieser Entwurf verschaffte den liberalen Männern des Bürgertums die Möglichkeit, in dem Widerspruch zu agieren, einerseits gleiche Rechte für alle Menschen zu fordern und für einen Staat gleichberechtigter Bürger einzutreten und dabei gleichzeitig innerhalb der Familie tradierte rechtliche Ungleichheiten als naturgegebene Größen festzuschreiben oder erst durchzusetzen[7]. Die rechtspraktische Umsetzung dieses Geschlechterverhältnisses bedeutete für die Frauen den Ausschluß aus der im Laufe des 19. Jahrhunderts sich ausweitenden öffentlichen Sphäre in Recht, Politik, Wissenschaften und aus den prestige- und

5 Vgl. hierzu vor allem Karin HAUSEN, Die Polarisierung der Geschlechtscharaktere. Eine Spiegelung der Dissoziation von Haus- und Erwerbsarbeit. In: Sozialgeschichte der Familie in der Neuzeit Europas. Hrsg. von Werner CONZE, Stuttgart 1976, S. 363–392, Silvia BOVENSCHEN, Die imaginierte Weiblichkeit. Exemplarische Untersuchungen zu kulturgeschichtlichen und literarischen Präsentationsformen des Weiblichen, Frankfurt/M 1979. Zur literarischen Herausbildung und Reflexion des Geschlechterverhältnisses in der Zeit um 1800 vgl. Susanne ASCHE, Die Liebe, der Tod und das Ich im Spiegel der Kunst. Die Funktion des Weiblichen in Schriften der Frühromantik und im erzählerischen Werk E.T.A. Hoffmanns, Königstein/Ts 1985, und Hannelore SCHOLZ, Widersprüche im bürgerlichen Frauenbild. Zur ästhetischen Reflexion und poetischen Praxis bei Lessing, Friedrich Schlegel und Schiller, Weinheim 1992.

6 Carl WELCKER, Artikel Geschlechterverhältnisse. In: Das Staats-Lexikon. Encyklopädie der sämmtlichen Staatswissenschaften für alle Stände. Hg. Carl v. ROTTECK und Carl WELCKER, Bd. 5, Altona 1847. Zit nach: Ute FREVERT, Einleitung. In: DIES. (Hg.), Bürgerinnen und Bürger. Geschlechterverhältnisse im 19. Jahrhundert. Kritische Studien zur Geschichtswissenschaft Bd. 77, Göttingen 1988, S. 11–16, S. 12.

7 Auf die Widersprüchlichkeit der Argumentation frühliberaler badischer Denker, die die rechtliche Gleichheit der Frauen ablehnten und zugleich die rechtliche Gleichheit aller Menschen postulierten, hat schon Langewiesche hingewiesen. Vgl. Dieter LANGEWIESCHE, Liberalismus in Deutschland, Frankfurt 1988, S. 33.

einkommensträchtigen Berufszweigen und -positionen. Darüber hinaus verschlechterte sich in der zweiten Hälfte des 19. Jahrhunderts ihre im Ehe- und Familienrecht geregelte privatrechtliche Lage[8].

Die Mädchenbildung gewann nun bei der Durchsetzung des bürgerlichen Verhältnisses der Geschlechter in fast allen gesellschaftlichen Schichten im Laufe des 19. Jahrhunderts eine grundlegende Bedeutung, sowohl was die Behinderung einer Berufsausbildung für Mädchen betraf als auch was die Vermittlung bestimmter Fähigkeiten anging, die für das Dasein einer Bürgersgattin gefragt waren. Auf den in fast allen badischen Städten entstehenden Mädchenschulen, die meist auf private Initiative hin von Stadthonoratioren gegründet wurden und »Höhere Töchterschulen« hießen, erwarben die Mädchen des Bürgertums einige Grundkenntnisse, vor allem in Französisch, Sticken und Klavierspielen.

Karlsruhe, das 1806 mit Entstehung des Großherzogtums Baden Hauptstadt eines schlagartig um ein Vielfaches gewachsenen Staates wurde, dessen Bevölkerung sich seit 1771 vervierfachte, wuchs in den ersten Jahrzehnten des 19. Jahrhunderts sehr schnell. Allein die Zahl der Häuser stieg von 448 im Jahr 1801 auf 899 zwölf Jahre später[9]. Mit den neuen Bewohnern zog eine neue Schicht in die Stadt, das Bildungs- und Beamtenbürgertum, das in den Landesverwaltungen seinen Lebensunterhalt verdiente und dem es möglich war, die geschlechtsspezifische Arbeitsteilung zu leben. Dementsprechend gab es Bestrebungen der Stadthonoratioren und der Landesbediensteten, eine höhere Mädchenschule für ihre Töchter einzurichten, zumal 1825 eine bis dahin bestehende Privatschule aufgelöst wurde. Im Jahr 1828 wurde mit staatlicher Unterstützung und städtischem Finanzzuschuß eine Mädchenschule eingerichtet, die 1836 eine städtische Einrichtung wurde[10]. Sie war eine »Töchterschule für gebildete Stände«, gegründet mit dem Ziel der *sittlichen und wissenschaftlichen Bildung der Kinder weiblichen Geschlechts vom 6. bis 16. Lebensjahr, die sich eine höhere Bildung zueignen wollen, als in der gewöhnlichen Schule zu erreichen*[11]. Unterrichtet wurde täglich drei Stunden in den Fächern

8 Vgl. Ute GERHARD, Verhältnisse und Verhinderungen. Frauenarbeit, Familie und Rechte der Frauen im 19. Jahrhundert. Frankfurt/M 1978, DIES., Die Rechtsstellung der Frau in der bürgerlichen Gesellschaft des 19. Jahrhunderts. Frankreich und Deutschland im Vergleich. In: Bürgertum im 19. Jahrhundert. Hrsg. von Jürgen KOCKA unter Mitwirkung von Ute FREVERT. Bd. 1, München 1988, S. 439–468. Die rechtliche Einschränkung für Frauen im Familien- und Scheidungsrecht zeichnete Sigrid Schambach für das Großherzogtum Baden nach in: Sigrid SCHAMBACH, Eigenständigkeit und Abhängigkeit – Karlsruherinnen in einer Zeit des Übergangs (1806–1859). In: Susanne ASCHE u. a.: Karlsruher Frauen 1715–1945. Eine Stadtgeschichte. Veröffentlichungen des Karlsruher Stadtarchivs, Bd. 15, Karlsruhe 1992, S. 102–159, S. 109ff.

9 Vgl. Manfred KOCH, Karlsruher Chronik. Stadtgeschichte in Daten, Bildern, Analysen. Veröffentlichungen des Karlsruher Stadtarchivs Bd. 14, Karlsruhe 1992, S. 77.

10 Vgl. zur Geschichte dieser Schule und der ihrer Vorgängerinnen Sigrid SCHAMBACH, Mädchenbildung in standesgemäßen Grenzen. Widersprüche in der weiblichen Bildungsgeschichte der frühen 19. Jahrhunderts. In: Bildung durch Emanzipation (wie Anm. 1), S. 23–47, S. 32ff.

11 StadtA Karlsruhe 3/B 52, S. 70. Vgl. auch zum folgenden.

Lesen, deutsche Sprache, Rechnen, Erdkunde, Geschichte, Naturlehre, Zeichnen, Singen, französische Sprache sowie Religions- und Tugendlehre. Hinzu kamen täglich weitere drei Stunden im Industrie-Unterricht, d. h. Handarbeiten.

Was die Mädchen hier lernten, waren neben gewissen Grundkenntnissen die überkommenen Formen adligen Müßiggangs, dem die Töchter angepaßt wurden, um so den gesellschaftlichen Status ihrer Väter und ihrer Ehemänner zu symbolisieren[12]. Die Frauen des Bürgertums wurden damit zum konservativen Element innerhalb der dynamischen sozialen und wirtschaftlichen Entwicklung des 19. Jahrhunderts und zugleich zu einem Moment der Dynamisierung, da ihre an den höheren Töchterschulen erworbenen Fähigkeiten des Müßiggangs zur Manifestierung des höchst modernen bürgerlichen Geschlechterverhältnisses beitrugen.

Damit entstand aber ein soziales Problem, das als »Frauenfrage« diskutiert wurde und das die nicht familiär versorgten Frauen des Bürgertums und Kleinbürgertums betraf, die auf dem Arbeitsmarkt keine Chancen hatten und auch nicht haben sollten. Allgemein zeigte sich in den nun folgenden Jahrzehnten, daß viele Töchter und Witwen des Bürgertums unversorgt blieben und in Armut stürzten. Für fast alle Familienväter des Bürgertums gewann die Vorstellung, eine unverheiratete Tochter zu haben, die ihnen auf der Tasche lag, bedrohliche Aktualität. Das betraf bald schon eine sehr große Gruppe der Frauen, die ohne Ausbildung auf einen Arbeitsmarkt geschickt wurden, auf den sie nicht vorbereitet waren und der ihnen keine Berufsfelder zugestand. Allein in Karlsruhe waren 1830 20 % aller Haushalte Witwenhaushalte, 1890 waren 61 % aller über 15jährigen in Karlsruhe lebenden Frauen ledig, verwitwet oder geschieden[13].

Mit dem Wachsen dieser »Frauenfrage« entwickelte sich die Frauenbewegung zur größten sozialen Bewegung ihrer Zeit, und sie forderte, besonders ihr bürgerlicher Flügel, eindringlich eine Verbesserung der Mädchenbildung und -ausbildung[14]. Berufe, die dem weiblichen Wesen nicht entgegenstünden – wie der der Kindergärtnerin, der Kontoristin, der Lehrerin, aber auch der Ärztin –, sollten den Frauen zugänglich gemacht werden. Dabei kamen den Bemühungen der Frauenbewegung, die sich aufgrund des Fehlens jeglicher politischer Mitwirkungsmöglichkeit auf Petitionen, vor allem aber auf Selbsthilfeeinrichtungen sowie Vereinsgründungen beschränkten, die Bedürfnisse des Arbeitsmarktes entgegen. Schon

12 Vgl. SCHAMBACH (wie Anm. 10), 32 ff.

13 Zu den Zahlen vgl. Sigrid SCHAMBACH, Eigenständigkeit und Abhängigkeit – Karlsruherinnen in einer Zeit des Übergangs (1806–1859). In: ASCHE u. a. (wie Anm. 8), S. 102–159, S. 131 und Susanne ASCHE, Fürsorge, Partizipation und Gleichberechtigung – die Leistungen der Karlsruherinnen für die Entwicklung zur Großstadt (1859–1914). In: ebenda, S. 171–256, S. 174.

14 Vgl. unter den inzwischen sehr zahlreichen Darstellungen zur Geschichte der Frauenbewegung des 19. Jahrhunderts vor allem Margit TWELLMANN, Die deutsche Frauenbewegung. Ihre Anfänge und erste Entwicklung 1843–1889, Kronberg 1976, Barbara GREVEN-ASCHOFF, Die bürgerliche Frauenbewegung in Deutschland 1894–1933, Göttingen 1981. Ute GERHARD, Unerhört. Die Geschichte der deutschen Frauenbewegung, Reinbek bei Hamburg 1990. Herrad-Ulrike BUSSEMER, Frauenemanzipation und Bildungsbürgertum. Sozialgeschichte der Frauenbewegung in der Reichsgründungszeit, Weinheim/Basel 1985.

1864 meldete die Karlsruher Industrie- und Handelskammer in ihrem Jahresbericht einen Bedarf an weiblichen Arbeitskräften und beklagte den Mangel an Ausbildungsmöglichkeiten für Frauen: »Durch die Erfindungen der Neuzeit, durch die daraus entsprungene Verteuerung aller Lebensbedürfnisse, selbst in den von der Natur am reichsten gesegneten Ländern, wozu Baden gewiß in erster Linie gehört, ist die alte patriarchalische Ordnung in den Familien geradezu unhaltbar geworden. [...] Die weit überwiegende Mehrzahl der Familien des Mittelstandes aber wird gut tun, den jungen Mädchen eine solche Ausbildung zu geben, daß sie künftig, sei es an der Seite des Gatten oder allein, sich selbst zu erhalten imstande sind. [...] Je mehr Frauen in unseren Gewerben erfindend und ausführend mitarbeiten, um so leichter wird es uns sein, die Konkurrenz zu bestehen. [...] Nach unserem Dafürhalten sollten Schulen oder Institute für Mädchen und Frauen errichtet werden, in welchen deutsche Korrespondenz, Lektüre und Konversation, kaufmännisches Rechnen, Buchführung, Hauswirtschaftslehre, Geschichte und Geographie, Zeichnen und etwas Rechtskunde gelehrt wird[15].«

Nach der Reichsgründung 1871 und der Annexion von Elsaß-Lothringen erlebten das Großherzogtum Baden und seine Haupt- und Residenzstadt Karlsruhe einen weiteren wirtschaftlichen Aufschwung, der die Beamten- und Verwaltungsstadt auch zur Industrie- und Großstadt werden ließ und der den Arbeitskräftemangel erhöhte[16]. Die Industriebetriebe, die neuen Handels- und Verwaltungsbüros, die Einzelhandelsgeschäfte und Warenhäuser, das expandierende Unterrichts- und Krankenwesen und die öffentliche Fürsorge boten Frauen aller gesellschaftlichen Schichten neue Erwerbsmöglichkeiten und Betätigungsfelder. Die Fabriken brauchten Frauen für die einfachen Handgriffe wie Sortieren, Einpacken, Falten, Stanzen usw. Das Wachsen der Warenproduktion und des Handels erweiterte die Kontortätigkeiten; nun suchte man weibliche Arbeitskräfte, die vervielfältigen, kuvertieren und an den neuen Arbeitsgeräten wie Schreibmaschine, Rechenmaschine und Telefon arbeiten sollten. Handel und Industrie verlangten nach neuen und schnellen Kommunikations- und Transportmöglichkeiten. Hier stellten Post und Eisenbahn neue Techniken zur Verfügung, die auch von Frauen bedient wurden[17].

Die Vorbereitung der Mädchen auf den Arbeitsmarkt und ihr Schutz vor den Gefahren des Großstadtlebens wurden in Baden wie auch in allen anderen deut-

15 Jahresbericht der Industrie- und Handelskammer Karlsruhe für das Jahr 1864. GLA 236/10305.

16 Infolge von Eingemeindungen und durch Zuwanderung aus den ländlichen Gegenden stieg z. B. die Karlsruher Einwohnerzahl von 1817 bis 1915 von knapp 37.000 auf fast 149000. Vgl. Ernst Otto BRÄUNCHE, Die Karlsruher Industrie bis zum Ausbruch des Ersten Weltkrieges. In: Industriearchitektur in Karlsruhe. Veröffentlichungen des Karlsruher Stadtarchivs Bd. 6, Karlsruhe[2] 1993, S. 12–20, hier: S. 18.

17 Gegen Ende des 19. Jahrhunderts waren 26 % aller Karlsruherinnen berufstätig; das waren weniger als im Reichsdurchschnitt – in ganz Deutschland arbeiteten damals rund 36 % der weiblichen Bevölkerung über 14 Jahre; aber immerhin war mehr als jede fünfte Karlsruherin erwebstätig. Vgl. hierzu und zum folgenden Asche (wie Anm. 13), S. 172ff.

schen Ländern vorrangig von bürgerlichen Frauenvereinen getragen, die Unterstützung von Vertretern der Verwaltung erhielten. Im Großherzogtum existierte seit 1859 der Badische Frauenverein (BFV), der unter dem Protektorat der Großherzogin Luise stand und dessen Aktivitäten und Erfolge ihm reichsweite Aufmerksamkeit sicherten. Im Jahr 1908 hatte der badische Verein, der hauptsächlich in den protestantischen Gebieten des Großherzogtums verbreitet war, 75305 weibliche Mitglieder in 359 über Baden verteilten Zweigvereinen[18]. Die jeweiligen Vorstände der Zweigvereine entstammten der örtlichen Oberschicht, es waren meist die Ehefrauen des Lehrers, des Pfarrers und des Amtmannes. Was den badischen Verein jedoch vor allem für die »Sache der Frauen« so bedeutend werden ließ, war die Entfaltung seines vielfältigen und weitreichenden Tätigkeitsnetzes, das von der Ausbildung von Krankenschwestern und dem Aufbau von Krankenhäusern bis zur Schaffung von Kinderhorten, Volksküchen und Wohnheimen reichte. Dies ging einher mit einem weiteren Ziel der Vereinsarbeit, der »Förderung der Bildung und Erwerbsfähigkeit des weiblichen Geschlechts«[19]. Durch seine Einrichtungen schuf der BFV für die Frauen des Bürgertums und Kleinbürgertums neue Berufsfelder wie das der Krankenschwester oder Kindergärtnerin und auch Lehrerin. Seit den 1870er Jahren wurden zudem in Karlsruhe Handelskurse angeboten, in denen junge Frauen aus ganz Baden Grundkenntnisse in Buchführung erwerben konnten, um so befähigt zu werden, in den wachsenden Kontoren zu arbeiten. Damit nahm man das oben zitierte Anliegen der Karlsruher Industrie- und Handelskammer auf, die Berufsausbildung für Mädchen zu verbessern. In Baden zeichneten sich daher sehr viel früher als in Preußen für die Mädchen des Bürgertums und des Kleinbürgertums gute Möglichkeiten ab, einen Beruf zu ergreifen[20]. Der Frauenverein, den die Großherzogin sehr aktiv protegierte und in dessen Geschehen sie häufig und initiativ eingriff, schuf darüber hinaus in den protestantisch geprägten Kommunen Badens für die Gattinnen und Töchter der jeweiligen Honoratioren die Möglichkeiten, in der Öffentlichkeit tätig zu sein, vor allem aber ihre Anliegen über ihre Ehemänner umzusetzen, die in den Stadt- oder Gemeinderäten saßen und über die Finanzen verfügten.

Nun war auch für die Frauen, die sich nicht ihren Lebensunterhalt selbst verdienen mußten und die es geschafft hatten, einen Ehemann zu bekommen, die übliche Schulbildung nicht mehr ausreichend. So beschloß die Weimarer Konferenz

18 Vgl. Geschichte des Badischen Frauenvereins. Festschrift zur Feier der goldenen Hochzeit Ihrer Königlichen Hoheiten des Großherzogs Friedrich und der Großherzogin Luise am 20. September 1906. Karlsruhe 1906, S. 323 ff. und die dem Band beiliegende Karte. Vgl. zur Geschichte des Vereins Asche (wie Anm. 13), S. 206ff. und Dies., Fürsorge und Emanzipation – oder Rassehygiene. Die Frauenbewegung im Großherzogtum Baden. In: Standpunkte. Ergebnisse und Perspektiven der Frauengeschichtsforschung in Baden-Württemberg. Hg. Susanne Jenisch, Tübingen und Stuttgart 1993, S. 132–142.

19 Statuten des Badischen Frauenvereins, Karlsruhe 1872, § 1. I. S. 3.

20 Vgl. hierzu Asche (wie Anm. 13), S. 189 ff. und Dies., »Das Streben der Frauen ist gerechtfertigt.«. Baden als Schrittmacher auf dem Weg zur Gleichberechtigung. In: Beiträge zur Landeskunde. Regelmäßige Beilage zum Staatsanzeiger für Baden-Württemberg, August 1993, S. 12–15.

der Mädchenschullehrer von 1872 eine Resolution, in der es hieß: »Es gilt, dem Weibe eine der Geistesbildung des Mannes ebenbürtige Bildung zu ermöglichen, damit der deutsche Mann nicht durch die geistige Kurzsichtigkeit und Engherzigkeit seiner Frau an dem häuslichen Herde gelangweilt und in seiner Hingabe an höhere Interessen gelähmt werde, daß ihm vielmehr das Weib mit Verständnis dieser Interessen und der Wärme des Gefühls für dieselben zur Seite stehe«[21]. Dieses Anliegen, das als Ziel der Mädchenbildung die Verhinderung der Langeweile der Ehemänner definierte, stieß mancherorts auf offene Ohren, so auch im Großherzogtum Baden. Mit der landesherrlichen Verordnung vom 29. Juni 1877 wurden in allen badischen Gemeinden die weiblichen Mittelschulen, die nun auch jährliche Beiträge aus der Staatskasse erhalten konnten, dem Oberschulrat und dem jeweiligen Stadtrat unterstellt und damit zu öffentlichen Schulen. Darüber hinaus vereinheitlichte man für das Großherzogtum die Schulfächer, die Religion, Deutsch, Französisch, Englisch, Geschichte, Geographie, Größenlehre, Naturkunde, Kalligraphie, Zeichnen, Gesang, Turnen und die unvermeidlichen weiblichen Nadelarbeiten umfaßten, und legte fest, daß die Zahl der akademisch gebildeten Lehrer einschließlich des Vorstandes mindestens drei betragen mußte[22]. Eine Berufsausbildung bedeutete der Besuch dieser Schulen allerdings nicht. Die Aufwertung des Mädchenschulwesens für die Töchter des Bürgertums in Baden, und nur solche konnten angesichts des Schulgeldes diese Schule besuchen, zielte darauf, die Frauen zu ebenbürtigen Genossinnen der Männer werden zu lassen. Die schon erwähnte Karlsruher Töchterschule wurde durch dieses Gesetz zu einer Mittelschule für Mädchen und kam darüberhinaus nun in den Genuß eines jährlichen staatlichen Zuschusses von 28600 Mark. Damit sollte sie gemäß dem Wunsch des dem Liberalismus nahestehenden Staatsministers Julius Jolly, dem sich auch der Landtag grundsätzlich anschloß, zu einer Musterschule für weitere solcher Einrichtungen werden. Jolly war ein entschiedener Gegner der Frauenemanzipation und der – wie es 1897 in einer Biographie über ihn hieß – »Züchtung von Blaustrümpfen«. Er hoffte aber durch eine solche gut ausgestattete Schule den Klosterschulen Konkurrenz zu machen. Die Verbesserung der Mädchenschulen kann so auch vor dem Hintergrund des Kulturkampfes in Baden gesehen werden[23].

Die Schaffung eines einheitlichen weiblichen Mittelschulwesens war aber nur ein kleiner Schritt auf dem Weg zur vollen Gleichberechtigung in der Bildung, die seit den 1870er Jahren auch im deutschen Kaiserreich einige Frauen, unterstützt von manchen linksliberalen Männern, forderten[24]. Sie verlangten Bildungsfreiheit für Frauen als ein Menschenrecht und daher die volle weibliche Teilhabe an den Bildungsgütern und den Zugang zu jenen Institutionen, die diese Bildungsgüter

21 Denkschrift zur Versammlung deutscher Mädchenschulpädagogen in Weimar (1872). Zit. nach: Helene LANGE, Die höhere Mädchenschule und ihre Bestimmung, Berlin 1888, S. 6f.

22 Vgl. Gesetzes- und Verordnungsblatt für das Großherzogtum Baden vom 3. Juli 1877.

23 Vgl. Hermann BAUMGARTEN, Ludwig JOLLY, Staatsminister Jolly, Karlsruhe 1897, S. 266f.

24 Vgl. z. B. Hedwig DOHM: Die wissenschaftliche Emanzipation der Frau, Berlin 1874.

verwalteten und vor allem vermittelten, d. h. zu den Gymnasien und Universitäten. Dabei konnten sie auf die europäischen Nachbarstaaten verweisen, die schon lange das Frauenstudium kannten: Frankreich seit 1863, die Schweiz seit 1867, Schweden seit 1870, England und Dänemark seit 1875, gefolgt von Holland, Norwegen und Belgien[25].

Um den Zugang zur Universität in Deutschland zu erreichen, mußte für Mädchen die Möglichkeit geschaffen werden, ein Abitur abzulegen, d. h. das Gymnasium zu besuchen: Das eingangs erwähnte Karlsruher Mädchengymnasium war der erste große Erfolg dieser Bemühungen[26]. Es war eine Gründung des Vereins »Frauenbildungsreform«, der es sich zum Ziel gesetzt hatte, den Mädchen und Frauen den Zugang zu den Universitäten zu eröffnen. Die 1851 in Harburg bei Hamburg als Tochter eines Eisenbahndirektors geborene Hedwig Kettler war die Initiatorin und Vorsitzende des Vereins. Sie litt darunter, keine bessere Schulbildung erhalten zu dürfen[27]. 1880 heiratete sie ihren Vetter Julius Kettler, der zeitweise in Karlsruhe als Assistent des Statistischen Büros arbeitete. 1884 zog die Familie nach Weimar, wo Hedwig Kettler ihre politische Tätigkeit begann und den »Deutschen Frauenverein Reform« ins Leben rief, der sich später »Frauenbildungsreform« nannte. Kein anderer der Frauenvereine in Deutschland vertrat in dieser Zeit so deutlich wie der von Hedwig Kettler Positionen und Forderungen, die auf der Basis gleicher Rechte von Mann und Frau argumentierten. In Berlin hatte Helene Lange Realgymnasialkurse eingerichtet, in denen sich die Schülerinnen auf eine externes Abitur vorbereiten konnten. Das allerdings manifestierte das weibliche Abitur als eine Ausnahmeerscheinung mit gesonderten Regelungen. Der Weimarer Verein forderte dagegen das gleichberechtigte und auch als Regelfall geltende Mädchenabitur, das wie das der Jungen auf der humanistischen Bildung, d. h. auf Latein und Griechisch aufbauen sollte.

Der Verein »Frauenbildungsreform« reichte bei den Landtagen der deutschen Länder, so auch bei der Zweiten Kammer des badischen Landtages, eine Petition um Ermöglichung eines Abiturs für Mädchen ein, die am 5. Februar 1892 nach ein-

25 Vgl. Karl STIEFEL, Baden 1648–1952, Band II, Karlsruhe 1978, S. 2045.
26 Vgl. zur Geschichte dieser Schule Sigmund REICHENBERGER, Das Karlsruher Mädchengymnasium in seinen ersten fünfundzwanzig Jahren. 1893–1918, Karlsruhe 1918, Luise RIEGGER, Geschichte der Mädchenbildung in Karlsruhe, Karlsruhe 1973, KUBON (wie Anm. 1), S. 59 ff., Eva HIRTLER, Das erste deutsche Mädchengymnasium. In: Blick in die Geschichte Nr. 2, 1989, DIES., Ein Jahrhundert gymnasiale Mädchenbildung. Kaiserzeit und Weimarer Republik. In: Festschrift 100 Jahre Mädchengymnasium in Deutschland, Karlsruhe 1993, S. 8–24 und Gerhard KALLER, Mädchenbildung und Frauenstudium. Die Gründung des ersten deutschen Mädchengymnasiums in Karlsruhe und die Anfänge des Frauenstudiums an den badischen Universitäten (1890–1910). In: Zeitschrift für die Geschichte des Oberrheins 140. Bd. NF 101. Bd. 1992, S. 361–375.
27 Vgl. zur Biographie Kettlers Hugo WILLICH, Hedwig Kettler 1851–1937. In: Otto Heinrich MAY (Hg.): Niedersächsische Lebensbilder 4. Bd., Hildesheim 1960, S.155–171, ferner Marion SCHMIDBAUER, Hedwig Kettler und der Verein Frauenbildung Reform. In: Ilse BREHMER (Hg.), Mütterlichkeit als Profession? Lebensläufe deutscher Pädagoginnen in der ersten Hälfte dieses Jahrhunderts, Bd. 1, Pfaffenweiler 1990, S. 37–48.

gehender Debatte der Großherzoglichen Regierung zur Kenntnisnahme überwiesen wurde. Dabei fand der Kommissionsbericht in der Zweiten Kammer des Karlsruher Ständehauses eine Mehrheit, in dem es immerhin hieß: »Das in der vorliegenden Petition hervortretende Streben der Frauen nach Erweiterung ihrer Erwerbsmöglichkeiten, insbesondere durch Erschließung einzelner auf wissenschaftliche Vorbildung beruhenden Berufe ist gerechtfertigt und teilweise erfüllbar«[28]. Zwar unterstützte die Mehrheit der Abgeordneten nicht die Forderung des Frauenvereins nach Errichtung eines Mädchengymnasiums oder nach Teilnahme der Mädchen am Unterricht eines Knabengymnasiums, aber immerhin sollten *Inländerinnen* bei einem bestehenden Gymnasium das Abitur ablegen dürfen. Die Ablehnung des Mädchengymnasiums wurde mit der allgemeinen Reformbedürftigkeit des gymnasialen Schulwesens begründet. Auch der Vertreter der großherzoglichen Regierung betonte, daß die Landesregierung *der Frage des Frauenstudiums wohlwollend gegenüberstehe, im Hinblick auf die praktischen Schwierigkeiten derselben aber nur sehr vorsichtig vorgehen zu dürfen glaube*[29]. Mit dieser Haltung zeigten sich der badische Landtag und die großherzogliche Regierung sehr viel wohlwollender gegenüber dem Anliegen der Frauen als die anderen deutschen Staaten oder auch der Reichstag in Berlin. Dieser ging noch 1893 über eine Petition, die von 60000 Personen, meist Frauen, unterzeichnet war und die die Freigabe des Medizinstudiums für Frauen verlangte, hinweg und einfach zur Tagesordnung über[30].

Der Badische Frauenverein berichtete in seinen Blättern ausführlich über die Debatten des Landtages zum Mädchenabitur, obwohl er sich zu dem Anliegen des Weimarer Vereins eher distanziert äußerte: »Die Frauenwelt steht bei uns diesen Reformbestrebungen, wenn nicht ablehnend, so doch kühl gegenüber und widmet sich vielmehr mit Vorliebe [...] der Aufgabe, der heranwachsenden Jugend in allen der natürlichen Bestimmung der Frau entsprechenden [...] Thätigkeitsfeldern eine tüchtige Ausbildung zu Theil werden zu lassen.«[31].

Um auch unter der Einwohnerschaft Karlsruhes zu werben, dessen Ständehaus sich so wohlwollend zum Frauenstudium geäußert hatte, hielt im März 1892 Anita Augspurg, Vorstandsmitglied des Vereins »Frauenbildungsreform«, im Karlsruher Rathaus einen Vortrag über das Frauenstudium vor gut 200 Personen, weitaus ›zum größten Teil dem weiblichen Geschlecht angehörig‹. Der Bericht in der Karlsruher Zeitung über diesen Abend läßt erahnen, auf welche Vorbehalte Vertreterinnen der – wie es hieß – Frauenemanzipationsbestrebungen stießen: »Sie selbst war eine sympathische Erscheinung [...], eine Dame mit pikantem Titus-

28 Verhandlungen der Ständeversammlung des Großherzogtums Baden, II. Kammer 1891/92. 4. Beilagenheft, S. 339, GLA 233/33283. Zit. nach KALLER (wie Anm. 26), S. 362.

29 StadtA Karlsruhe 3/B 52, S. 72.

30 Vgl. Ingrid SCHMIDT-HARZBACH, Kampf ums Frauenstudium. Studentinnen und Dozentinnen an deutschen Hochschulen. In: Frauen und Wissenschaft. Beiträge zur Berliner Sommeruniversität für Frauen. Juli 1976, Berlin 2. Aufl. 1977, S. 43.

31 Blätter des Badischen Frauenvereins vom 1. April 1892. Über die Landtagsdebatten wurde in den Blättern des BFV vom 15. Februar, 1. März und 15. März 1892 berichtet.

kopf, einem scharf und fein geschnittenen Gesichtchen. Also von dem Bilde des gereiften Blaustrumpfs, von der herkömmlichen Vorstellung einer Vorkämpferin der Frauenrechte, welche die Ehe nicht als den Frauenberuf gelten lassen will, weil sie selber nicht mehr viel Aussicht hat, diesem Berufe zu leben, hatte die Rednerin keinen Zug«[32].

Da das Klima in Baden für die Frauenbestrebungen am günstigsten war und wohl auch, weil Hedwig Kettler Karlsruhe aus früheren Jahren kannte, entschlossen sich die Mitglieder des Vereins »Frauenbildungsreform«, auf eigene Initiative hin ein Mädchengymnsium in der badischen Haupt- und Residenzstadt zu gründen. Am 5. Februar 1893 wandte sich der Vereinsvorstand in einem Schreiben an die Stadtverwaltung mit der Bitte um Überlassung von geeigneten Räumlichkeiten und der Übernahme der Heizungs- und Beleuchtungskosten. Der Stadtrat erklärte daraufhin, man habe diesen Vorschlag »mit Freude zur Kenntnis genommen und sei gern bereit, dessen Bestrebungen durch unentgeltliche Stellung der [...] nötigen Räume zu fördern«[33]. Dem war eine besorgte Anfrage der preußischen Regierung in Karlsruhe vorausgegangen, mit der die Preußen auf die Ankündigung des Frauenvereins, ein Gymnasium zu gründen, reagierten. Die badische Regierung beantwortete das mit dem Hinweis, daß für die Errichtung einer Schule für nicht mehr schulpflichtige Kinder eine behördliche Genehmigung nicht nötig sei.

Die Unterstützung des damals so aufsehenerregenden Unterfangens durch den Stadtrat, der mehrheitlich nationalliberal und mit Vertretern des wohlhabenden Bürgertums besetzt war, mag vielerlei Gründe gehabt haben[34]. Wesentliche Voraussetzungen war natürlich die wohlwollende Haltung der Landesregierung. Hinzu kam, daß in Wien und Prag im gleichen Jahr Mädchengymnasien gegründet wurden, und vielleicht spielte auch der seit der Revolution von 1848/49 latent noch vorhandene Vorbehalt gegenüber Preußen eine Rolle.

Die neue Schule, deren Schülerinnen jährlich 200 Mark Schulgeld zahlen mußten, entwickelte sich in den ersten Jahren nur langsam. Eine der ersten Schülerinnen, Rahel Goitein, erinnert sich in ihrer Autobiographie an die ersten Wochen, in denen ein Unterricht kaum möglich war, da täglich Besuche kamen. »Nicht nur Schulleute, sondern auch Frauenrechtlerinnen, die das neue Schulwerk sehen wollten. So erschien einmal eine kleine freundlich aussehende ältere Frau und stellte sich uns als Frau Lina Morgenstern vor. Keinem von uns war das ein bekannter Name, nicht einmal den anwesenden Lehrern, und erst von Mutter erfuhr ich, welch bedeutende Vorkämpferin der Frauenbewegung sie war«[35]. Da die Lehrer nebenamtlich arbeiteten und die Zentrale des Vereins, der das Gymnasium trug,

32 Karlsruher Zeitung vom 16. März 1892.
33 Zit. nach KALLER (wie Anm. 26), S. 363. Vgl. auch zum folgenden.
34 Vgl. zur Zusammensetzung des Stadtrats und Bürgerausschusses 1890 Ernst Otto BRÄUNCHE, Stadtrat und Bürgerausschuß. In: Residenz im Kaiserreich. Karlsruhe um 1890, hg. vom Generallandesarchiv Karlsruhe, bearbeitet von Konrad KRIMM und Wilfried RÖSSLING, Karlsruhe 1990, S. 118–125, S. 121 ff.
35 Rahel STRAUSS, Wir lebten in Deutschland. Erinnerungen einer deutschen Jüdin 1880–1933, Stuttgart 1961, S. 69.

weit weg in Hannover lag und da nicht geklärt war, ob der badische Staat das Abitur anerkennen würde, sanken die Schülerinnenzahlen, bis für 1896/97 keine Anmeldungen mehr vorlagen. Damit schien der Bestand der Schule gefährdet, obwohl das Oberschulamt 1896 durchaus positiv darüber berichtet hatte: *Die Mädchen sind fleißig und wohlgesittet, keinerlei Anwandlungen von Emanzipationslust zeigt sich in dieser kleinen Anstalt, in der Latein, Griechisch und Mathematik mit dem nämlichen Ernste betrieben werden, wie in den höheren Knabenschulen*[36].

Die Schwierigkeiten in der Entwicklung der Karlsruher Schule führten 1897 zu schweren Zerwürfnissen innerhalb des Vereins »Frauenbildungsreform«, bis ein großer Teil insbesondere der süddeutschen und alle Karlsruher Mitglieder einen neuen Verein mit dem Namen »Frauenbildung – Frauenstudium« gründete und sich an den Stadtrat mit der Bitte wandte, die Schule in städtische Verwaltung zu nehmen[37]. Das Wohlwollen gegenüber dieser Einrichtung seitens der Karlsruher Honoratioren war erhalten geblieben, im Voranschlag für 1897 hatte der Bürgerausschuß 2000 Mark zur Unterstützung der Schule eingestellt. Nun wurde eine Kommission gegründet, in der Anna Ettlinger den Frauenverein vertrat und in der mit dem Gymnasialdirektor Gustav Wendt ein hervorragender Vertreter der badischen Schulreformpolitik saß. Die Kommission schlug dem Bürgerausschuß vor, das Gymnasium als sogenanntes Reformgymnasium zu einer städtischen, der höheren Mädchenschule angeschlossenen Institution zu machen. Mit dem Reformgymnasium meinte man in Karlsruhe einen im Jahr zuvor geschaffenen Schultypus, mit dem man die Schwierigkeiten, die das gymnasiale Schulwesen nicht nur in Baden seit Jahren begleiteten, zu beheben hoffte. Im Jahr 1896 wurde die schon seit 1890 vom Stadtrat gewünschte Differenzierung in Gymnasium und Realgymnasium durchgesetzt[38]. Auf dieser Reformschule wurden die Schüler in den ersten drei Klassen alle gleich unterrichtet, erst danach begann der Lateinunterricht.

Damit reagierte die Stadtverwaltung auf den wachsenden Andrang an den höheren Schulen, der aber nicht bedeutete, daß alle das Gymnasium besuchenden Jungen das Abitur machen wollten. Viele wollten nur das sogenannte »Einjährige« erreichen und belasteten mit ihrem Desinteresse den Unterricht in alten Sprachen. Die Reform war einerseits der Versuch, den neuen Ansprüchen an das Schulwesen entgegenzukommen und zugleich das humanistische Bildungsideal für eine Elite beibehalten zu können. Mit der Karlsruher Regelung, die den Fremdsprachenunterricht in der Sexta mit Französisch beginnen, in der Untertertia Latein folgen und in der Untersekunda die Wahl zwischen Englisch und Griechisch ließ, wurde die Grundlage für eine Schulreform in Baden gelegt.

Nachdem diese Regelung in Kraft getreten war, ergaben sich damit auch die Bedingungen für ein städtisches Mädchengymnasium, da die in der Reformschule angebotene Reihenfolge des Fremdsprachenunterrichts es erlaubte, das Mädchen-

36 GLA 235/42414.
37 Vgl. zum folgenden auch StadtA Karlsruhe 3/B 52, S. 73 ff.
38 Vgl. GOLDSCHMIT (wie Anm 3), S. 283ff.

gymnasium an die höhere Mädchenschule anzuschließen. Bemerkenswert aber blieb, daß die Stadtväter bei der humanistischen Vollbildung für Mädchen selbst dann blieben, als der Zugang zur Universität in Baden ab 1900 auch für »Nichtgriechische« erlaubt wurde, zumal Englischkenntnisse für das Berufsleben besser vorbereiteten als Kenntnisse des klassischen Griechisch. Jedoch waren der Bürgerausschuß und der damalige Oberbürgermeister Karl Schnetzler ein Anhänger der traditionellen humanistischen Bildung, die in den nun folgenden Jahrzehnten noch mehr an Bedeutung verlieren sollte. »Man ging dabei von der Ansicht aus« – wie 1915 der Karlsruher Chronist, Professor und Stadtverordnete Robert Goldschmit meinte, der auch 1897 in der Kommission für das Mädchengymnasium gesessen hatte –, »daß das weibliche Geschlecht in unserer Zeit berufen ist, gerade an der ästhetischen Bildung der Nation mitzuwirken, dafür aber sei das Griechische, auf dem unsere ästhetische und geistige Kultur in ihren Grundgedanken beruhe, wichtiger als das Lateinische«[39]. Die Karlsruher Abiturientinnen wurden so zu den Hüterinnen eines Bildungsideals, das schon vor dem Ersten Weltkrieg zunehmend an Bedeutung verlor, und das Mädchenabitur wurde zum konservierenden Element in der Modernisierung des Schulwesens. Dennoch markierte das Karlsruher Mädchengymnasium den eigentlichen Durchbruch auf dem Weg der Frauen in die Universitäten[40]. Der Handarbeitsunterricht war im Lehrplan nicht vorgesehen, dafür aber das für Mädchen und Frauen höchst moderne Turnen, das mit dem Korsett-Tragen nicht vereinbar war[41].

Auffallend an der badischen Entwicklung ist die Vorläuferrolle gegenüber Preußen, das damals im allgemeinen führend im Schulwesen und dessen Reformierung war. Bei der Gleichberechtigung der Mädchen und Frauen aber lag Preußen in der Entwicklung im Vergleich zu Baden immer um Jahrzehnte zurück. Als der Frankfurter Verein »Frauenbildung – Frauenstudium« 1898 ein Gymnasium wie das in Karlsruhe einrichten wollte, genehmigte das preußische Unterrichtsministerium nur die Einrichtung von »Gymnasialkursen«[42]. In Baden erhielten Frauen 1901 das Immatrikulationsrecht, reichsweit und damit auch in Preußen erst 1908[43].

Mit der – wie die Frauenrechtlerin Hedwig Dohm es nannte – wissenschaftlichen Emanzipation der Frau[44] – war das Geschlechterverhältnis, das die Frau zum

39 Goldschmit (wie Anm. 3), S. 288.

40 Eine Aufstellung des Vereins »Frauenbildung – Frauenstudium« nach dem Stande vom 1. Juli 1916 nannte insgesamt 77 deutsche Unterrichtsanstalten zur Vorbereitung der Mädchen auf die Reifeprüfung, darunter waren nur acht humanistische Gymnasien. Von diesen acht waren vier städtische Institutionen, drei private und ein staatliches in Berlin. Auch Stuttgarts Mädchengymnasium war humanistisch, aber es war privat, mit städtischen und staatlichen Zuschüssen. Den weitaus größten Anteil stellten die 52 Realgymnasien, die mehrheitlich städtisch waren. Hinzu kamen 12 Oberrealschulen und zwei Städte mit Einzelkursen und drei mit Vorbereitungskursen für Lehrerinnen. Vgl. StadtA Karlsruhe 1/H.Reg. A 123.

41 Vgl. 3/B 52, S. 569.

42 Für diesen Hinweis danke ich Christine Klaußmann, die mir ihr bisher unveröffentlichtes Manuskript zur Verfügung stellte.

43 Vgl. hierzu Kubon (wie Anm. 1), S. 66ff. und Kaller (wie Anm. 26), S. 374.

44 So der gleichnamige Titel ihres 1874 in Berlin erschienenen Buches. Vgl. Anm. 24.

Schützling des Mannes bestimmte, brüchig geworden, doch wurde es nun auf anderen Gebieten neu verankert in der Hoffnung, dadurch eine Stabilität gesellschaftlicher Verhältnisse zu erhalten. Die Durchsetzung des Geschlechterverhältnisses wurde zu einem Mittel eines »Klassenkampfes von oben«.

Inzwischen hatte sich mit der Arbeiterklasse eine gesellschaftliche Schicht gebildet, deren politische und soziale Forderungen von der Sozialdemokratie artikuliert wurden und deren Töchter der gesellschaftlichen Arbeitsteilung der Geschlechter – glaubt man den zeitgenössischen Ausführungen – eher abwartend gegenüberstanden. Auch in den Städten des Großherzogtums Baden entwickelte sich die Arbeiterklasse zur immanenten Bedrohung der wirtschaftlichen, politischen und sozialen Verhältnisse des Kaiserreiches, zumal die Armut in den neu entstehenden Arbeitervierteln wohnte – mit allen Begleiterscheinungen wie hoher Säuglingssterblichkeit und Tuberkulose. Das erregte die Aufmerksamkeit der Verwaltungsbeamten, der Politiker und der bürgerlichen Frauenvereine, bei deren Bemühungen um die Verbesserung der sozialen Lage und um die Entschärfung der gesellschaftlichen Gegensätze die Arbeiterfrauen und -mädchen ins Zentrum der Aufmerksamkeit rückten. Eine herausragende Bedeutung gewann dabei der Schul- und hier vor allem der Handarbeitsunterricht für Mädchen.

Das badische Gesetz vom 8. März 1868, »den Elementarunterricht betreffend«, das die Simultanschule einführte, schrieb u. a. für Jungen Leibesübungen und für Mädchen Unterricht in weiblichen Arbeiten vor[45]. § 28 des Gesetzes regelte den Handarbeitsunterricht, zu dem die Mädchen der drei letzten Jahrgänge verpflichtet wurden. Unterrichtet wurden sie von »Industrielehrerinnen«, die auf Vorschlag des Ortsschulrates »von der Gemeindebehörde in widerruflichster Weise« ernannt wurden[46]. Der Badische Frauen-Verein (BFV) begriff die Verbesserung sowohl dieses Unterrichts als auch der Ausbildung der Industrielehrerinnen als sein Anliegen. In einer 1869 veröffentlichten Denkschrift »Über den Unterricht in weiblichen Handarbeiten an den badischen Volksschulen« legte er seine pädagogischen und didaktischen Vorstellungen dar. Diese zielten vor allem auf eine Systematisierung des Handarbeitsunterrichts in der Art, daß alle Mädchen das gleiche lernten und fertigten, und auf eine Vereinheitlichung der Ausbildung für die Lehrerinnen[47]. Damit führte der BFV die allgemeine Diskussion über Unterrichtsmethoden dieser Zeit für den Handarbeitsunterricht ein und sorgte so für dessen Aufwertung im Fächerkanon[48].

45 Vgl. Großherzoglich Badisches Regierungs-Blatt vom 12. März 1868.
46 Vgl. ebenda.
47 Über die Geschichte des Handarbeitsunterrichts und die herausragende Bedeutung des Badischen Frauenvereins für diese Entwicklung vgl. vor allem Heidi MÜLLER, Der Handarbeitsunterricht. In: Zwischen Schule und Fabrik. Textile Frauenarbeit in Baden im 19. und 20. Jahrhundert. Katalog zur Ausstellung des Badischen Landesmuseums Karlsruhe und des Museums für Volkskunde Staatliche Museen zu Berlin – Preußischer Kulturbesitz, Karlsruhe 1993, S. 17–72.
48 Vgl. zu der Methodendiskussion Handbuch der deutschen Bildungsgeschichte (wie Anm. 1), S. 139 ff.

Der BFV organisierte von nun an Kurse für badische Handarbeitslehrerinnen und erreichte, daß die Frauen des Vereins schon sehr früh auf kommunaler Ebene ein Mitspracherecht im Volksschulwesen des Großherzogtums erhielten[49]. Seit dieser Aufwertung und Professionalisierung regelten die Damen der Oberschicht im Großherzogtum Baden im Einvernehmen mit den Verwaltungsbeamten, wie die armen Mädchen stricken, stopfen, flicken, nähen, kochen usw. lernen sollten.

Der Handarbeitsunterricht, der gegen Ende des Jahrhunderts z. B. in Karlsruhe vom ersten Schuljahr an wöchentlich vier Stunden umfaßte und im achten Schuljahr noch um vier Stunden erweitert wurde, führte dazu, daß die Schülerinnen mehr wöchentliche Unterrichtsstunden – nämlich 20 bis 28 – als die Jungen – 16 bis 22 – hatten[50]. Durch die Verpflichtung aller Volksschulbesucherinnen der oberen Klassen, am Handarbeitsunterricht teilzunehmen, und durch dessen Systematisierung »setzte sich der [überkommene] Arbeitsschulgedanke in einer eigenen, geschlechtsspezifischen Form durch und bestimmte die weibliche Berufstätigkeit in ihrer Ausrichtung auf textile Arbeiten in den folgenden Jahrzehnten ganz entscheidend«[51]. Der Handarbeits- und Haushaltungsunterricht gewann in den letzten Jahrzehnten des 19. Jahrhunderts darüber hinaus eine innenpolitische Bedeutung, man begriff ihn als Mittel, das Leben der Arbeiterfamilie dem der bürgerlichen anzupassen und damit die Arbeiterklasse im Sinne der Regierung zu disziplinieren. Das mag das folgende Beispiel veranschaulichen:

Am 11. Mai 1878 versuchte ein junger Mann in Berlin ein Attentat auf Wilhelm I. und gefährdete damit auch die Großherzogin Luise, die sich in unmittelbarer Nähe ihres kaiserlichen Vaters befand. Die »Karlsruher Nachrichten« kommentierten dieses Ereignis als ein Beispiel dafür, wie die Sozialdemokratie durch ihre Agitation gegen alles Bestehende in Wort und Schrift «einen großen Theil an dem begangenen Verbrechen mit trägt. Denn wenn man die Blätter [...] der Sozialdemokraten liest und daraus ersieht, wie zum Kampf gegen alles Bestehende aufgefordert und besonders der Klassenhaß in allen erdenklichen Formen gepredigt wird, so wird jeder Unbefangene daraus erkennen, daß damit ein Same gelegt wird, welcher bei jungen exaltierten Menschen, denen dazu die nothwendige Bildung und das dadurch bedingte selbständige Urtheil abgeht, notwendig zu Ausschreitungen und selbst zu solch scheußlichen Verbrechen [...] führen [...] muß«[52].

Aus Freude über das Mißlingen des Attentats wurden am darauf folgenden Tag im festlich beflaggten Karlsruhe Dankgottesdienste abgehalten, auf die der Großherzog mit einer Spende von 1000 M *zu einer wohlthätigen Verwendung reagierte*[53]. Dazu schrieb er: *Hat der 11. Mai einen traurigen Blick thun lassen in ein*

49 Seit 1877 beaufsichtigten sie in Karlsruhe den Handarbeitsunterricht, bis die Stadt zu Beginn des 20. Jahrhunderts eine Inspektorin dieses Unterrichts an allen städtischen Volksschulen einstellte. Vgl. StadtA Karlsruhe 1/H.Reg. A 37.

50 Vgl. Hygienischer Führer durch die Haupt- und Residenzstadt Karlsruhe. Festschrift zur XXII. Versammlung des deutschen Vereins für öffentliche Gesundheitspflege. Hrsg. durch die Stadt und in deren Auftrag redigiert von R. BAUMEISTER, Karlsruhe 1897, S. 201.

51 MÜLLER (wie Anm. 47), S. 29.

52 Karlsruher Zeitung vom 15. Mai 1878.

53 StadtA Karlsruhe 1/H.Reg.A 2907. Vgl. auch zum folgenden.

von Jugend an innerer Zerrissenheit zugewandtes Gemüth, so liegt in diesem Bilde eine Mahnung, überall in wachsendem Maaße der Pflege der Jugend in den ärmeren Kreisen der Bevölkerung liebend und ernste Fürsorge zu widmen.

Der Forderung, die großherzogliche Spende der Fürsorge der Jugend als Mittel der Eindämmung sozialdemokratischer Einflüsse zu widmen, kam die Stadtverwaltung nach, indem sie beschloß, das Geld für eine Mädchen-Arbeitsschulstiftung zu verwenden[54]. Das fand die Zustimmung der Großherzogin, die dazu meinte: *Den Sinn für Fleiß und Arbeitsamkeit und das Pflichtgefühl für richtige Verwendung von Zeit, Kraft und Fähigkeit bei den armen Mädchen zu erwecken, erachte ich mit ihnen, für eine der wichtigsten Aufgaben.* Des weiteren wies sie auf den gerade gegründeten Flickverein für arme Mädchen hin, empfahl die Zusammenarbeit mit dem BFV und schlug vor, *unter Leitung des Armenraths stehende Mädchen zum Erlernen häuslicher Arbeiten, Waschens, Bügelns usw. unter bestimmter Beaufsichtigung durchaus zuverlässiger Hausfrauen zu geben.* Die Mädchenarbeitsschule blieb nicht die einzige Einrichtung dieser Art, es gab in fast allen badischen Gemeinden solche Institutionen, die sich unterrichtend und erziehend an die Mädchen und Frauen der »armen Klassen« wandten[55].

Diese reichhaltigen Unterrichtsangebote zeigten allerdings nicht bei allen Mädchen den gewünschten Erfolg. So beklagte z. B. 1907 der Durlacher Bezirksarzt den *Übelstand, daß die jungen Mädchen alsbald nach der Entlassung aus der Schule zum großen Teil in den Fabriken beschäftigt werden und daher das Kochen nicht erlernen, was sie später als Hausfrauen ordentlich verstehen sollten, da eine schlechte Küche zu Hause manchen jungen Mann nach dem Wirtshaus leitet*[56]. Hier wurde nicht nur das große Problem des Alkoholismus angesprochen, dem sich insbesondere die Frauenvereine stellten, sondern auch die Sorge, daß das Fehlen der geschlechtsspezifischen Arbeitsteilung zur weiteren Destabilisierung der gesellschaftlichen Verhältnisse führen könne.

Dieser Argumentation schloß sich der Deutschnationale Handlungsgehilfenverband an. So forderte er z. B. 1912 von der Karlsruher Stadtverwaltung, in der seit 1906 für alle Mädchen vorgeschriebenen Fortbildungsschule Haushaltungsunterricht erteilen zu lassen. Damit wandten sich die Karlsruher Handlungsgehilfen gegen die von der Frauenbewegung erhobene Forderung, der weiblichen Jugend mehr Fachunterricht an den Fortbildungsschulen zu geben. Die Handlungsgehilfen sprachen *aus Sorge um die Wohlfahrt des Volkes*, die aufgrund der mangelnden Hausarbeitskenntnisse der Frauen gefährdet sei, und meinten zugleich die Angst vor weiblicher Konkurrenz an ihrem eigenen Arbeitsplatz: *Die vielfach trostlosten Zustände im Arbeiterhaushalte, schlechte Erziehung und Ernährung der Kinder, materielle Not und sittliches Herabsinken, Dienstbotenmangel und Zunahme der Zahl der Verkäuferinnen, Kontoristinnen und Fabrikarbeiterinnen,* all dies verlan-

54 Diese Mädchenarbeitsschulstiftung bestand bis zu seiner Auflösung im November 1949. Vgl. ebenda.

55 Vgl. z. B. die Auflistung der Zweigvereine des BFV und ihrer Einrichtungen in der Geschichte des Badischen Frauenvereins 1906 (wie Anm. 18), S. 323ff.

56 GLA 236/15823.

ge die Vorbereitung der *heranwachsenden weiblichen Jugend für den pflichtreichen Beruf der Hausfrau und Mutter*[57]. Gegen diesen Vorschlag, der an den Koch- und Bügelunterricht die Hoffnung des Sinkens weiblicher Konkurrenz auf dem Arbeitsmarkt knüpfte, wandten sich die organisierten weiblichen Handelsangestellten mit dem Hinweis, *daß die Verquickung des hauswirtschaftlichen Unterrichts mit der beruflichen Ausbildung in der Praxis nichts anderes [sei] als eine Schädigung und Verkürzung der Fachbildung*. Der Haushaltungsunterricht für die Gewerbeschülerinnen wurde dennoch durchgesetzt, denn die Eingabe des Deutschnationalen Handlungsgehilfen-Verbandes und die Klagen des Durlacher Bezirksarztes entsprachen durchaus den zeitgenössischen Diskussionen des Kaiserreichs über die Möglichkeiten, die sozialen Mißstände zu verbessern. Die als Hygienefragen diskutierten sozialpolitischen Probleme des Großstadtlebens, wie Armut, Krankheiten, Säuglingssterblichkeit und Alkoholismus sollten gelöst werden durch eine verbesserte Ausbildung der Arbeitermädchen in hauswirtschaftlichen Fragen.

Was im Schulunterricht für Mädchen begonnen wurde, setzten Frauenvereine für die Arbeiterfrauen und Arbeiterinnen in abendlichen Koch- und Flickkursen fort. Allein in Karlsruhe gab es neben der Flickschule des BFV die Flickschulen der katholischen Frauenvereine, die Frauenarbeitsschule des BFV, die Handarbeitsschule der Niederbronner Schwestern, die Haushaltungsschule, zwei Kochschulen und die Luisenschule des BFV, die Nähschule im St. Elisabethenhaus und drei Sophienschulen, d. h. Frauenarbeitsschulen[58].

Die Aufklärung, die die Frauen des BFV mit Unterstützung der Stadthonoratioren und der Verwaltungsbeamten in die Arbeiterhaushalte trugen, machten bei dem Herd und der Nähnadel nicht halt: Im Sinne einer »fürsorglichen Belagerung« wurden auch die neuesten Erkenntnisse über die Hygiene bei der Wohnungsgestaltung an die Arbeiterfrauen herangetragen[59].

Die Schulbildung für die Mädchen der unteren Schicht wurde vor diesem Hintergrund zu einem gewichtigen Faktor innerhalb der kommunalen Sozialpolitik, aber auch in dem Bemühen um Befriedung der sozialen Auseinandersetzungen. Kochen, Putzen, Waschen, Bügeln, Flicken und Nähen waren am Vorabend des Ersten Weltkrieges zu öffentlich diskutierten Arbeiten geworden, denen eine große Bedeutung für die jeweiligen gesellschaftlichen Zustände zugesprochen wurde. Gegen das Konzept der Befreiung einer Klasse setzte der Frauenverein die Idee der Befriedung einer Klasse am häuslichen Herd vor gut gekochtem Essen

57 StadtA Karlsruhe 1/H.Reg. A 5. Vgl. auch zum folgenden.

58 Vgl. Adreßbuch der Haupt- und Residenzstadt Karlsruhe 1913. Stand Mitte Oktober 1912, Karlsruhe 1913.

59 Vgl. hierzu Ute FREVERT, »Fürsorgliche Belagerung«: Hygienebewegung und Arbeiterfrauen im 19. und frühen 20. Jahrhundert. In: Geschichte und Gesellschaft 11. Jg. 1985, S. 420–446, und Iris SCHRÖDER, Wohlfahrt, Frauenfrage und Geschlechterpolitik. Konzeptionen der Frauenbewegung zur kommunalen Sozialpolitik im Deutschen Kaiserreich 1871–1914. In: Geschichte und Gesellschaft. Zeitschrift für historische Sozialwissenschaft. 21. Jg. Heft 3, Juli–September 1995, S. 368–390.

und bei geschickt ausgebesserter Kleidung. Mädchenschulbildung war ein Moment dieses Sozialpolitikkonzeptes, das über die Arbeiterfrauen die ganze Klasse meinte erreichen zu können.

Als im September 1893 in Karlsruhe von Vertreterinnen der deutschen Frauenbewegung das erste deutsche Mädchengymnasium eröffnet wurde, errang die Residenz- und Hauptstadt des als liberal geltenden Großherzogtums Baden den Rang einer Vorläuferin in den allgemeinen Bestrebungen der Frauen um Gleichberechtigung und um Emanzipation aus der Unmündigkeit, in die sie die Schicht des Bürgertums seit Beginn des 19. Jahrhunderts gestellt hatte. Zeitgleich stickten die Mädchen der Arbeiterklasse, angeleitet in einem modernen Unterricht, ihre Phantasie ins Mustertuch und mußten die jungen erwerbstätigen Frauen ihren Berufsunterricht zugunsten des Kochens reduzieren. Die Emanzipation der Frauen der städtischen Oberschichten durch humanistische Bildung ging einher mit dem Versuch, die Arbeiterfrauen zu Dienstmädchen und zu Hüterinnen des heimischen Herdes und damit der geschlechtsspezifischen Arbeitsteilung zu machen.

Mannheims Schul- und Bildungsgeschichte im Kaiserreich

Das Beispiel der Elementarschulen und der höheren Lehranstalten

von Ulrich Niess

Auf einem 1911 entworfenen Plakat warb die Stadt Mannheim in eigener Sache[1]. Schlagwortartig preist sie darauf ihre Vorzüge als Handels- und Industriestadt mit der weltberühmten Hafenanlage, der Kunsthalle, dem Rosengarten und dem Barockschloß und verweist schließlich auf ein »reich ausgebildetes Schul-, insbesondere Fach- und Mittelschulsystem«. Die Stadtwerbung des Verkehrsvereins gefiel sich darin, Mannheim als Schulstadt hervorzukehren. In der 1907 anläßlich des 300jährigen Jubiläums erschienenen Stadtgeschichte heißt es denn auch entsprechend[2]:

»Es ist eine bekannte Tatsache, daß unser Heimatland Baden hinsichtlich der Fürsorge für das Unterrichtswesen hinter keinem anderen deutschen Bundesstaat zurückbleibt. Aus der vorstehenden Übersicht über die Einrichtungen der Stadt Mannheim für Schulzwecke dürfte hervorgehen, daß insbesondere die Handels- und Industriestadt Mannheim keine Opfer scheut, um sich die zuverlässigste Grundlage zu einer zukunftssicheren Weiterentwicklung ihres in mächtigem Wachstum begriffenen Gemeinwesens zu sichern: eine alle Klassen und Schichten der Bevölkerung durchdringende und belebende Bildung«.

Bildung und Schule wurden als Fundamente für die industrielle und gewerbliche Entfaltung wie für die Zukunft als Handelsmetropole gesehen. Man ist versucht, geradezu von einem Topos zu sprechen, der keineswegs nur zum Werbeslogan degenerierte, sondern wohl als kommunalpolitisches Grundcredo figurierte. In der Diskussion um die Einrichtung einer Reformschule am 20. Mai 1898 etwa wies Stadtrat Dr. Karl Glaser lapidar »auf die Nothwendigkeit für Mannheim als Industriestadt«[3] hin. Ernst Bassermann, Stadtratsmitglied, pflichtete den Aus-

1 Mannheim in Plakaten 1900–1933, hg. vom Stadtarchiv Mannheim (Sonderveröffentlichung des Stadtarchivs Mannheim 3), Mannheim 1979, Nr. 4. Als Allegorie geben Merkur, der Gott des Handels und Verkehrs, und Minerva, die Hüterin der Künste und Wissenschaften, einander die Hand; im Hintergrund ist der Mannheimer Wasserturm zu sehen, gleichfalls ein Symbol für Mannheims Rolle als technisch-wirtschaftliches wie den Künsten aufgeschlossenes Zentrum.

2 Sickinger, Anton, Das Volksschulwesen. In: Statist. Amt der Stadt Mannheim (Hg.), Mannheim in Vergangenheit und Gegenwart, Bd. 3, Mannheim 1907, S. 483ff.; hier S. 501.

3 StadtA Mannheim, Ratsprotokoll vom 20. Mai 1898.

führungen Glasers unisono bei. Und mehrfach referierte Oberbürgermeister Otto Beck über die Notwendigkeit, daß der schulischen Ausbildung der entscheidende Beitrag zukomme, damit Mannheim eine blühende Handels- und Industriestadt bleibe; die Stimmen des Chors, die den Ausbau des Schulwesens als Garanten der Zukunft sahen, ließen sich nahezu beliebig vermehren. Im nachfolgenden ist zu fragen, wie sich das Schul- und Bildungsangebot zwischen 1870/71 und 1914/18 in der größten Stadt Badens entfaltete, von welcher Seite die maßgeblichen Impulse ausgingen und welche Entwicklungstendenzen zu konstatieren sind. Schwerpunktmäßig stehen die Elementarschulbildung, das Volksschulwesen und die höheren Schulen im Vordergrund der Betrachtung, auch mit Blick auf die anderen Beiträge dieses Bandes. Das gesamte Schul- und Bildungsspektrum Mannheims, zu dem beispielsweise das reiche Privatschulwesen, die Bildungsvereine, das Berufs- bzw. Gewerbeschulwesen, die technischen Schulen oder die Handelshochschule zu zählen sind, würde den Rahmen dieses Aufsatzes sprengen.

I.

Im niederen Schulwesen, bei den Elementarschulen, traf Baden durch das am 18. Sept. 1876 erlassene Änderungsgesetz in § 6 eine endgültige Grundsatzregelung. Hatte das parlamentarisch hart erstrittene Elementarschulgesetz von 1868 den Gemeinden erstmals die Möglichkeit eröffnet, konfessionell gemischte Volksschulen einzuführen – eine Möglichkeit, von der Mannheim bereits 1870 als erste Stadt Badens Gebrauch machte –, so wurde jetzt aus der Kann- eine Sollbestimmung, die Pflicht zur Simultanschule entzog den Amtskirchen unwiderruflich die Mitwirkung an der Schulaufsicht. Dieses Ergebnis des badischen Kulturkampfes, mit dem das Großherzogtum innerhalb der Bundesstaaten eine Sonderrolle einnahm, darf jedoch andererseits nicht zu dem naheliegenden Schluß verleiten, die Volksschulen seien dem staatlichen Steuerungsanspruch unterworfen worden. Vielmehr blieben sie als Gemeindeschulen, wie in Preußen oder Württemberg, in weit stärkerem Maße als die anderen Schulformen lokalen und regionalen Sonderbedingungen ausgesetzt; und eine Stadt wie Mannheim, die gemäß der badischen Städteordnung von 1874 den finanziellen Schulaufwand alleine zu bestreiten hatte, bildet hierzu ein ebenso markantes wie interessantes Studienobjekt, um den kommunalen Gestaltungswillen in organisatorischer wie pädagogischer Hinsicht zu ergründen.

1872 wurde die einheitliche, achtklassige Volksschule, die – nach dem Schulgeld benannte – Zwei-Gulden-Schule (ab 1874: vier Gulden) eingerichtet. Erst 1892, also vier Jahre später als in Preußen, gestattete Baden die Befreiung von der Schulgeldpflicht, was in Mannheim sogleich umgesetzt wurde. Andererseits wurde parallel dazu die Einführung der schulgeldpflichtigen Bürgerschule (28 Mark, rund das Vierfache gegenüber der Vier-Gulden-Schule!) gestattet, eine Standesschule für in der Regel besser gestellte, aber auch begabtere Kinder[4]. Neben der

4 Sickinger, Volksschulwesen (wie Anm. 2), S. 483 ff.

obligatorischen Unterrichtung in der französischen Sprache war die Bürgerschule vor allem an der kaufmännischen und gewerblichen Befähigung der Schüler ausgerichtet. Deshalb wurde ihr Besuch auch, wie die Ratsprotokolle belegen, zumeist von jenen auswärtigen Kindern bzw. deren Eltern angestrebt, die dem Kaufmannstand oder dem industriell-gewerblichen Milieu entstammten. Die Bürgerschule näherte sich einer Begabtenschule insoweit, als auf ihr neben der Fremdsprachenpflicht die Bestimmung galt, daß dort nur die Schüler verbleiben konnten, die das Klassenziel erreichten. Etwa 10% der volksschulpflichtigen Kinder besuchten die Bürgerschule. Insgesamt war sie ein unklares *mixtum compositum* einer Standes- und Begabtenschule, bei der gleiche Bildungschancen nicht bestanden und die mit dem Untergang des Kaiserreichs 1919 endgültig verschwand[5].

Ungleich wichtiger als die Bürgerschule war jedoch eine organisatorische Innovation auf dem Gebiet der Volkschulen ab der Jahrhundertwende, jenes maßgeblich von Anton Sickinger (1858–1930), dem seit 1895 amtierenden Stadtschulrat, initiierte und als »Mannheimer System« bekannt gewordene Ineinandergreifen von Hilfsklassen, Förderklassen, Abschlußklassen oder Sprachklassen[6]. Das ab 1901 entwickelte Sickingersche Organisationsmodell, dem der deutsche Pädagoge und Herbartianer Wilhelm Rein 1908 die Bezeichnung »Mannheimer Schulsystem« gab, basierte im Kern auf der Erkenntnis, daß aufgrund unterschiedlicher Begabungen den Kindern auch eine unterschiedliche Ausbildung zuteil werden müsse. Diesen Grundgedanken, der nach Sickinger sowohl den individual- wie den sozialpädagogischen Forderungen verpflichtet sein sollte, versuchte er in Frageform zu begründen[7]: »Wenn nicht jeder die gleiche Last zu tragen vermag und wenn dennoch die Tragkraft jedes einzelnen, wie es gesunde Erziehungsgrundsätze erheischen, in vollem Umfang bestätigt werden soll, weshalb differenziert man

5 Die Bürgerschule wurde vor allem von der Sozialdemokratie heftig attackiert, vgl. mit Verweis auf den Mannheimer Parteiführer August Dreesbach Konrad ELSÄSSER, Die badische Sozialdemokratie 1890 bis 1914. Zum Zusammenhang von Bildung und Organisation (Schriftenreihe für Sozialgeschichte und Arbeiterbewegung 14), Marburg 1978, S. 207 ff. Ergänzend hierzu sei angemerkt, daß die Auswirkungen dieser Debatte um die Bürgerschule in Mannheim auch in die Religionsgemeinschaften hineinwirkte, vgl. StadtA Mannheim, Freireligiöse Gemeinde, Zug. 34/1995, Nr. 135: Jahresbericht des Vorstandes der Freireligiösen Gemeinde Mannheim für das Jahr 1892, S. 3ff. (Kontroverse zwischen dem Gemeindemitglied Dreesbach und dem Prediger Schneider).

6 Zu Person und Lebenswerk vgl. Karl BRAUCH, Anton Sickinger zu seinem 100. Geburtstag, in: Mannheimer Hefte 1 (1958), S. 26–34; zur Ausstrahlung des »Mannheimer Sytems« vgl. Almuth NOLL, Sickingers System der Klassen für förderungsbedürftigte Schüler in der Schweiz. Eine schulhistorische Studie (Züricher Beiträge zur Förderung Behinderter 2), Berlin 1985, S. 2 ff.

7 Anton SICKINGER, Über naturgemäße Organisation des großstädtischen Volksschulwesens im allgemeinen und über das Mannheimer Volksschulsystem im besonderen. Ein Beitrag zur Lösung des Problems der »allgemeinen Volksschule«, Selbstverlag des Frankfurter Lehrervereins 1913, S. 15; auszugsweise wiederabgedruckt bei Hans-Heinrich PLICKAT (Hg.), Schulaufbau und Schulorganisation. Pläne und Empfehlungen zur Reform und Neugestaltung des Volksschule im 19. und 20. Jahrhundert (Klinkhardts Pädagogische Quellentexte), Bad Heilbrunn 1968, S. 49–58.

nicht innerhalb der Massen, wie es uns die Natur und das Kulturleben auf Schritt und Tritt vormacht, und gibt jedem soviel zu tragen, als es seine Kräfte gestatten?«

Was aber hieß dies konkret? Sickinger hatte in seiner 1899 erstellten Denkschrift *Zur Frage der Organisation der Volksschule in Mannheim* eine statistisch-empirische Studie vorgelegt, die eines der Grunddefizite des damaligen Volksschulsystems offenbarte und auch die Schattenseite des raschen, durch Zuwanderung wie Geburtenüberschuß gleichermaßen bedingten Bevölkerungszuwachses – der ortsgebürtige Bevölkerungsanteil lag 1900 bei knapp 40%[8]–aufdeckte. Denn in dem von Handel und Industrie geprägten Mannheim mit seinem städtischen Proletariat, das sich überdies in bestimmten Wohngebieten konzentrierte, waren die Nachteile der stürmischen Entwicklung sehr früh statistisch zu erfassen. Sickingers Nachweis, daß nicht einmal ein Drittel der Knaben und nur knapp ein Fünftel der Mädchen die oberste Klassenstufe erreichten, offenbarte für ihn »das Missverhältnis zwischen der natürlichen Leistungsfähigkeit der Kinder und den Forderungen des Lehrplans«[9]. Hinsichtlich der erfolgreichen Absolvierung der Volksschule lag Mannheim damit in Baden, gemessen an den größeren Städten, eindeutig an letzter Stelle. Als Erklärung verwies Sickinger auf die deutlich höheren Anforderungen in Mannheim bei den Lehrplänen im Vergleich zu Karlsruhe und Heidelberg, vor allem im Fach Mathematik. Da die Reduzierung des Lehrstoffs allein kein Heilmittel sein könne, schon gar nicht, um Begabungen zu fördern, warb Sickinger für eine Organisationsreform, die, mit gewissen Modifizierungen durch die Schulkommission, 1901 vom Stadtrat angenommen wurde. Neben der achtstufigen Abfolge der Haupt- oder Normalklassen für die schwächer begabten Schüler wurden Wiederholungsklassen, später Förderklassen (sieben- bzw. sechsstufig) genannt, eingerichtet sowie für die *abnorm schwachbegabten* Schüler die Hilfsklassen.

Im Laufe der Jahre wurde dieses Kerngerüst immer weiter differenziert und mit – wie Sickinger es nannte – *sozialhygienischen* Komponenten verbunden[10]: In den neueren Schulhäusern wurden als Standard Schulbrausebäder eingerichtet; das System der Ferienkolonien, das ab 1884 über einen Trägerverein schwächlichen Schulkindern einen Aufenthalt auf dem Lande während der großen Ferien ermöglichte, wurde wesentlich ausgebaut. Ab 1897 kamen neben diesen Ganz- oder Ferienkolonien auch Halb- oder Stadt- und Spielkolonien hinzu, d. h., die Schüler konnten jetzt auch in den Ferien auf städtischen Spielplätzen pädagogische Betreuung finden[11]. Für die Schulspeisung bedürftiger Kinder wurden erhebliche Sachmittel bereitgestellt, allein 1912 erhielten 4076 Schulkinder an den Wintertagen ein

8 Verwaltungsbericht der Stadt Mannheim 1900–1902, Mannheim 1905, S. 11.

9 Anton SICKINGER, Zur Frage der Organisation der Volksschule in Mannheim. Denkschrift, hier zitiert nach: DERS., Der Unterrichtsbetrieb in großen Volksschulkörpern sei nicht schematisch-einheitlich sondern differenziert-einheitlich. Zusammenfassende Darstellung der Mannheimer Volksschulreform, Mannheim 1904, S. 19.

10 Vgl. Friedrich WALTER, Schicksal einer Deutschen Stadt. Geschichte Mannheims 1907–1945, Bd. 1, Mannheim 1949, S. 72 ff.

11 SICKINGER (wie Anm. 2), S. 497 f.

entgeltfreies Frühstück[12]. Bereits 1904 konnte Sickinger, erstmals in Deutschland, eine hauptamtliche Schularztstelle durchsetzen[13], weil die Auswertung der für jedes Kind erstellten Erfassungsbögen in den Förder- und Abschlußklassen erbrachte, daß zwischen 18 und 20% der Kinder infolge Krankheit das Klassenziel nicht erreichten[14]. Neben dem Stadtschularzt wurden weitere, adäquat vergütete Assistentenstellen geschaffen[15]. 1911 begannen die planmäßigen Röntgenuntersuchungen in Schulen und Heimen. Der Schularzt Paul Stephani (1870–1947)[16] sowie der praktische Arzt Julius Moses (1869–1945)[17] veröffentlichten ihre Forschungsergebnisse und gaben damit der Schulmedizin Impulse. 1907/08 konnten Fortbildungskurse für zeichnerisch begabte Schüler angeboten, ein Jahr später erstmals fremdsprachliche Klassen für gut begabte Schüler des 5.–8. Schuljahres eingerichtet werden. Diese sogenannten Sprachklassen machten die Bürgerschule zusehends entbehrlich. 1912 wurde dann noch mit dem Aufbau eines siebenstufigen Klassensytems für Schwerhörige begonnen, nachdem Untersuchungen ergeben hatten, daß rund 40% aller Kinder in den Förderklassen Hörschäden aufwiesen[18].

Der Modernisierungsschub an den Mannheimer Volksschulen zeigt sich im nüchternen Blick auf die Zahlen. Während 1900/01 nur 36% der zu entlassenden Schüler bis zur 8. Klasse gelangten, waren es im Schuljahr 1911/12 bereits 63%, in

12 Verwaltungs- und Rechenschaftsbericht der Großherzoglich Badischen Hauptstadt Mannheim für 1912, Mannheim 1913, S. 145.

13 Vgl. WALTER (wie Anm. 10), S. 72.

14 Für das Mannheimer Volksschulwesen kommt dem im StadtA Mannheim verwahrten, fünfbändigen maschinenschriftlichen Manuskript von Emil LOHRER und Eduard GERWECK, Die Mannheimer Volksschule 1895–1945, Mannheim 1948, Ersatzquellencharakter zu, da sämtliche Akten des Volksschulrektorats, des späteren Stadtschulamts – an dem die Verfasser tätig waren – im Zweiten Weltkrieg vernichtet wurden. Zu den Bemühungen Sickingers um die Gesundheitsfürsorge der Schulkinder und zur Tätigkeit des hauptamtlichen Schularztes vgl. Bd. 1, S. 13 f., 47 und 55 f.; grundlegend ferner das maschinenschriftliche Manuskript von Wilhelm STEPHAN, Die Mannheimer Schulgesundheitspflege von 1904 bis 1946, StadtA Mannheim, Nachlaß Emil Lohrer, Zug. 10/1972, Nr. 5.

15 Vgl. StadtA Mannheim, Ratsprotokoll vom 1. Aug. 1907 (Erhöhung des Jahressalärs für eine neue Assistentenstelle auf Antrag des Stadtrats); ferner STEPHAN (wie Anm. 14), S. 3 ff.

16 Bereits 1908 übernahm Stephani die Schriftleitung der »Zeitschrift für Schulgesundheitspflege«; zu seinem Wirken vgl. STEPHAN (wie Anm. 14), S. 3 f. und 14 f.; StadtA Mannheim, Personengeschichtliche Sammlung, S 1/1772.

17 Die enge Kooperation zwischen Sickinger und Moses führte dazu, daß beide auf dem I. Internationalen Kongreß für Schulhygiene in Nürnberg referierten, Moses über das Sondersystem der Mannheimer Volksschule, dessen Leitsätze abgedruckt sind bei SICKINGER, Der Unterrichtsbetrieb (wie Anm. 9), S. 141–143. Julius Moses war von 1921 bis 1933 Leiter der Beratungsstelle für schwererziehbare Kinder des Fürsorgeamts Mannheim, hielt ab 1923 Vorlesungen an der Handelshochschule und am Städtischen Kindergärtnerinnen-Seminar. Seit 1929 Professor, war er zwischen 1923 und 1934 auch Vorsitzender des Synagogenrats der Israelitischen Gemeinde in Mannheim. 1934 wanderte er nach Palästina aus; vgl. Hans-Joachim FLIEDNER, Die Judenverfolgung in Mannheim 1933–1945. Darstellung und Dokumente (Veröffentlichungen des Stadtarchivs Mannheim 1 und 2), Stuttgart[2] 1991, S. 390–392; Volker KELLER, Bilder vom jüdischen Leben in Mannheim (Sonderveröffentlichungen des Stadtarchivs Mannheim 19), Mannheim 1988, Nr. 162 u. 259.

18 Vgl. NOLL (wie Anm. 6), S. 110 ff.

der Weimarer Republik dann 75%. Mannheim lag damit im Ergebnis weit vor vergleichbaren Städten wie Köln, Altona, Hannover oder Breslau[19]. Betrug 1880 die durchschnittliche Klassenstärke noch 52 Schüler, lag sie 1900/01 bereits bei 44, 1913 für die Hauptklassen bei 43, für die Förderklassen bei 30 und für die Hilfsklassen bei 15. Die Zahl der Lehrerstellen versiebenfachte sich zwischen 1880/81 und 1906, während im gleichen Zeitraum die Schülerzahl um das Viereinhalbfache anstieg. Gleichzeitig stieg die Lehrerbesoldung; sie wurde 1905 erstmals in Baden den vergleichbaren Beamtengruppen auch tatsächlich angepaßt[20]. Auch wuchsen die Zuweisungen an Sachmitteln, womit Mannheim insgesamt deutlich bessere Werte aufwies als etwa der Durchschnitt in Preußen unter der Ära Falk und der seiner konservativen Nachfolger[21]. Parallel hierzu wurden im genannten Zeitraum, also zwischen 1880 und 1906, 14 neue Volksschulhäuser in Mannheim gebaut, zwei weitere erheblich erweitert. Zwischen 1906 und 1911 kamen dann noch einmal weitere 249 neue Klassenräume hinzu[22]. Dem lagen klare, frühzeitige Planungen zugrunde, da das Wachstum der Stadt, ihre demographischen Veränderungen genauestens vom Statistischen Amt unter dessen in Fachkreisen hochgeschätzten Leiter Sigmund Schott analysiert wurden. Die Kosten für Bau und Bauunterhaltung wie Besoldung der Lehrer lagen ausschließlich bei der Stadt; das starke finanzielle Engagement von seiten der Bürgerschaft ist unbestreitbar. Gleichwohl konnte das städtische Hochbauamt, wegen angeblich zu hoher Baukosten vom Stadtrat kritisiert, schon 1895 den Nachweis erbringen, daß Mannheim, »wenn es nicht unter der Ungunst besonderer örtlicher Verhältnisse zu leiden hätte, billiger bauen würde wie [!] alle anderen Städte«[23].

Das Sickingersche System hatte in vielen Städten, vor allem im westdeutschen, aber auch im vogtländischen oder im schweizerischen Raum Nachahmung gefunden[24]; ein breites, zumeist positives Presseecho begleitete nicht allein in Fachzeitschriften seinen Weg. Kritiker von pädagogischer Seite gab es auch in Mannheim um die Hauptlehrer Michael Rödel und Hugo Fränkel[25], die sich vor allem am Sy-

19 Ebd., S. 128 ff.

20 Vgl. Lohrer/Gerweck, Bd. 1 (wie Anm. 14), S. 67.

21 Christa Berg (Hg.), Handbuch der deutschen Bildungsgeschichte, Band IV: 1870–1918. Von der Reichsgründung bis zum Ende des Ersten Weltkriegs, München 1991, S. 192.

22 Sickinger, Organisation (wie Anm. 7), S. 36f. Danach beliefen sich die Baukosten auf 3913000 Mark ohne Grunderwerb.

23 StadtA Mannheim, Ratsprotokoll vom 28. Febr. 1895.

24 Vgl. die Zusammenstellung bei Hans Heckel, Die Städte und ihre Schulen. Leistung und Bedeutung der Städte für die Entwicklung und den Bestand des deutschen Schulwesens, Stuttgart 1959, S. 29 f. und Noll (wie Anm. 6), S. 140 f.

25 Michael Rödel war verantwortlicher Redakteur der Neuen Badischen Schulzeitung, worin er bereits 1900, mit Verweis auf die Klassiker der Pädagogik, seinen Haupteinwand formulierte, auch bei geistig unterschiedlichen Begabungen hätte im Elementarbereich ein gemeinsamer Unterricht der Schulkinder den Vorteil, »damit eines das andere pflege, hemme, aneifere«! Vgl. Michael Rödel, Wie Comenius, der große Schulorganisator, zu dem Mannheimer Schulorganisationsplan sich geäußert hat, in: Neue Badische Schulzeitung, 24. Jahrgang, Nr. 3 (1900), S. 65 f. Die Auseinandersetzung verschärfte sich in den nächsten Jahren zusehends; vgl. Lohrer/Gerweck, Bd. 1 (wie Anm. 14), S. 36 f. u. 81 f.

stem der Förderklassen stießen. Sehr leidenschaftlich attackierte in Hamburg Schulinspektor Fricke das ihm zu differenzierte, »unorganisch« erscheinende System[26]. Ablehnung erfuhr es jedoch auch im Mai 1904 von der Schulkommission und dem Stadtrat in Karlsruhe[27]. Bei einem Gastvortrag Sickingers vor dem Arbeiterdiskussionsklub in der badischen Hauptstadt am 11. Okt. 1910 zog es der Karlsruher Stadtschulrat vor, nach dem Vortrag der Diskussion erst gar nicht beizuwohnen[28]. In Mannheim wurde Sickingers System von den Nationalsozialisten nach deren Machtübernahme abgeschafft, wobei auffällt, daß schon der dort lange tätige Hauptlehrer und bekannte NS-Pädagoge Ernst Krieck sich bereits vor dem 1. Weltkrieg kritisch mit dem Schulsystem auseinandergesetzt hatte[29]. Sickinger selbst blieb bis zu seiner Pensionierung 1924 ein organisatorischer Reformer, aber auch stets um Zustimmung seiner Reformideen durch prominente Fürsprecher in Politik wie Gelehrtenkreisen bemüht, etwa von seiten des Psychologen Wilhelm Wundt oder der Pädagogen Paul Natorp, Friedrich Paulsen und Theobald Ziegler, um nur wenige zu nennen[30]. Selbstbewußt, rhetorisch begabt und streitbar war Sickingers Auftreten in vielen Vorträgen; seinen Kritikern entgegnete er 1910[31]: »Die Idee des Mannheimer Systems wird sich deshalb mit der Logik eines Naturgesetzes sieghaft durchsetzen, in drei Etappen nach dem bekannten Erfahrungssatze: »Alle bahnbrechenden Ideen werden in der ersten Periode verlacht, in der zweiten bekämpft, in der dritten aber als selbstverständlich angesehen«. Die reformpädagogischen Bestrebungen eines Georg Kerschensteiner kannte Sickinger zwar, das pädagogische Schlagwort »Arbeitsschule« wurde von ihm in seinen Schriften durchaus gebraucht, aber eher in eklektizistischer Manier interpretiert und umgesetzt[32]. Die experimentelle Pädagogik eines Wilhelm August Lay, ihre Differenzierung nach sogenannten Vorstellungstypen bewegte sich gleichsam auf einer anderen Argumentationsebene als das Sickingersche Schulsystem. Lays Propagierung einer »Lebensgemeinschaftsschule«, die sein Schüler Max Enderlin, ab 1900 in Mannheim als Hauptlehrer tätig, dann ab 1922 in Mannheim-Feudenheim an einer Versuchsschule umzusetzen suchte, fand Sickingers Genehmigung

26 Entsprechend pointiert, oftmals ins Persönliche abgleitend, fiel die Stellungnahme von Sickinger aus, vgl. DERS., Das Mannheimer Schulsystem in Hamburgischer Beleuchtung. Eine Klarstellung, Mannheim und Leipzig 1910; im Ton ganz analog ist die hamburgische Entgegnung gehalten, vgl. H. FRICKE, AHLBURG, Das Mannheimer Schulsystem in Hamburgischer Beleuchtung. Erwiderung auf die Broschüre des Stadtschulrates Dr. Sickinger, Hamburg 1910.

27 SICKINGER, Der Unterrichtsbetrieb (wie Anm. 9), S. 119.

28 Badische Landeszeitung vom 12. Okt. 1910, Nr. 472.

29 Eine Untersuchung zur Geschichte des Mannheimers Schulsystems in der Weimarer Republik und dessen Abschaffung durch die Nationalsozialisten ist ein Desiderat.

30 Vgl. die Zusammenstellung bei Anton SICKINGER, Arbeitsunterricht, Einheitsschule, Mannheimer Schulsystem im Lichte der Reichsverfassung, Leipzig o.J. [1924], S. 112ff.

31 SICKINGER, Mannheimer Schulsystem (wie Anm. 26), S. 34.

32 Vgl. Anton SICKINGER, Mannheimer System oder Arbeitsschule?, in: Deutsche Schulpraxis. Wochenblatt für Praxis, Geschichte und Literatur der Erziehung und des Unterrichts, Leipzig, 16. Juli 1911, Nr. 28, S. 217–219.

unter Auflagen[33], wie er überhaupt ab ca. 1910 im Bürgerausschuß und von Teilen der Volksschullehrerschaft wegen seiner oft pedantisch-reglementierenden, autoritären Art angegriffen wurde[34]. Fraglos stellt das Mannheimer Schulsystem eine der gelungensten Antworten auf die rapide ansteigenden Schülerzahlen in den Volksschulen dar[35] – ein stärker schulpädagogisch ausgerichteter Umbau gelang letztendlich jedoch nicht. Und insofern ist es müßig, darüber zu spekulieren, inwiefern die in Mannheim mindestens zeitweise tätigen und durch Veröffentlichungen hervorgetretenen Reformpädagogen Max Enderlin, Gustav Wiederkehr oder Hermann Itschner[36] durch Sickinger angelockt wurden bzw. Anregungen und Impulse erhielten. Aber das System hätte gewiß ohne die pädagogische Einsatzfreude vieler Lehrer und Lehrerinnen und ohne die Unterstützung vieler Mitstreiter außerhalb der Schule, wie durch den bereits genannten Julius Moses, kaum derartige Erfolge und diesen Bekanntheitsgrad vor dem Ersten Weltkrieg erzielen können[37]. Heute findet es selbst in schulgeschichtlichen Fachbüchern allenfalls in einem Nebensatz Erwähnung[38].

II.

Betrachten wir nunmehr das höhere Schulwesen Mannheims. Dazu zunächst eine auswärtige Stimme: Einem am 4. Dez. 1897 vom Bürgermeisteramt Ludwigshafen beim Königlich-Bayerischen Staatsministerium des Innern eingereichten Antrag, der zum Ziel hatte, die seit 1873 bestehende Lateinschule – seit 1894 zum Progymnasium ausgebaut – nunmehr zum Vollgymnasium erheben zu dürfen, können wir folgende Begründung entnehmen[39]:

»Die für eine gelehrte Berufsart bestimmten Ludwigshafener Söhne sind heute mehr als je auf das mehr oder minder wohlwollende Entgegenkommen der Mannheimer Gymnasien angewiesen und liegt gerade darin ein zwingender Grund für die hiesige Stadt, sich, unabhängig von der badischen Schwesterstadt, ihre humanistische Bildung selbst zu schaffen, um auch in dieser Beziehung, wie auf dem Gebiet des Handels und der Industrie, die Konkurrenz mit Mannheim aufzunehmen,

33 Hansjürgen KESSLER, Versuchsschule Feudenheim 1922–1933. Die vergessene Reformpädagogik Enderlins und Lays, Mannheim-Feudenheim 1995, S. 31–33.
34 Vgl. LOHRER/GERWECK, Bd. 1 (wie Anm. 14), S. 88; BRAUCH (wie Anm. 6), S. 29–32.
35 Statistisch gesehen ging 1912 jeder zwölfte badische Schüler in Mannheim zur Volksschule.
36 Zu deren Mannheimer Werdegang vgl. LOHRER/GERWECK, Bd. 1 (wie Anm. 14), S. 28, 33 und 103–106.
37 BRAUCH (wie Anm. 6), S. 28 f.
38 Vgl. Handbuch der deutschen Bildungsgeschichte, Bd. IV (wie Anm. 21), S. 159 f., wo lediglich in Zusammenhang mit Reins Handbuch der Allgemeinen Pädagogik auf einen Beitrag Sickingers über das Mannheimer Schulsystem verwiesen wird, ohne daß der Leser erfährt, was konkret hierunter zu verstehen ist.
39 Gottlob KEMLEIN, Rückblick auf die ersten 25 Schuljahre (1873–1898) der humanistischen Lehranstalt zu Ludwigshafen a. Rh., Ludwigshafen 1899, S. 15 (Den Hinweis verdanke ich meinem Ludwigshafener Kollegen Stadtarchivar Dr. Stefan Mörz).

abgesehen davon dass es für eine Stadt von der Bedeutung Ludwigshafens eine kulturelle Pflicht ist, nach der Schule zu streben, welche nach der Anschauung der maßgebenden Kreise nächst den Hochschulen die höchste Bildung und Gesittung vermittelt«.

Wer in Konkurrenz zur Schwesterstadt im Handelsbereich stand, der mußte, so das Hauptargument, dieser auch auf dem Gebiet des Schul- und Bildungswesens nachstreben. Auffällig ist dabei, daß nicht an die Errichtung einer höheren Realanstalt – die Ludwigshafen erst 1907 erhielt -, sondern an ein humanistisches Lehrinstitut gedacht wurde. Doch mit nur allgemeinen Verweisen auf die besondere Situation zur badischen Nachbarstadt begnügte sich der Antrag nicht, er verstand es, sein Anliegen in die Form eines Appells an das allgemeine Staatsinteresse zu kleiden, indem ausgeführt wurde[40]: »Ferner ist es aber auch ein Herzenswunsch der Eltern, ihre Söhne lieber in einem bayerischen Gymnasium zu wissen, als in einem auswärtigen. Es liegt dies übrigens auch im allgemeinen Staatsinteresse und zwar um deswillen, weil am Mannheimer Gymnasium naturgemäss den Pfälzer Schülern nichts geboten werden kann, was ihr Verständnis und ihren Sinn für die historische Bedeutung des Königreichs Bayern öffnen bzw. erweitern und was ihre Anhänglichkeit an ihr bayerisches Herrscherhaus und ihr engeres Vaterland festigen könnte. So darf man sich dann auch nicht wundern, wenn der aus dem Mannheimer Gymnasium hervorgegangene, später vielleicht in den bayerischen Staatsdienst tretende junge Mann gar manches nachzuholen hat, an Kenntnissen und Gefühlen, die ihn auch innerlich mit seinem Bayernlande verknüpfen wollen und sollen«.

Dem Antrag war eine Petition nebst Unterschriftenliste einflußreicher Ludwigshafener Bürger beigefügt, u. a. finden sich die Namen des Direktors der Pfälzischen Eisenbahnen, Geheimrat Jacob von Lavale, sowie des Direktors der Badischen Anilin- und Sodafabrik, Kommerzienrat Heinrich von Brunck. Der konzertierten Aktion war Erfolg beschieden, am 24. Juni 1898 erging die Genehmigung aus München. Geschickt hatte Ludwigshafen das bayerische Nationalbewußtsein ins Spiel gebracht. Das vorgegebene Ziel, Ludwigshafener Schüler vom Besuch der Höheren Schulen Mannheims abzuhalten, konnte indes nur unvollkommen erreicht werden. Zwar sackten die Werte beim Mannheimer humanistischen Gymnasium von ehemals 49 Schülern 1897/98 auf nur noch 14 im Jahre 1905/06 ab, dann stagnierten sie aber auf diesem Niveau[41]. Und werten wir die regionale Herkunft anhand der Schülerlisten beim Mannheimer Realgymnasium aus, dann kamen aus Ludwigshafen 1870: 40, 1880: 46, 1890: 47, 1900: 39, 1910: 39, aber 1913/14 sogar 89 Schüler. Der prozentuale Anteil schwankte hier zwischen mini-

40 Ebd., S. 15.

41 Auswertung anhand der gedruckten Jahresberichte des Großherzoglichen Gymnasiums. Der Höchststand an Ludwigshafener Schülern am Mannheimer Gymnasium wurde ohnedies bereits Anfang der 90er Jahre, vor der Umwidmung der Ludwigshafener Lateinschule zum Progymnasiums, erreicht: Schuljahr 1890/91: 51, 1891/92: 65, 1892/93: 66, 1893/94: 61, 1894/95: 63, 1895/96 und 1896/97: 55 Schüler.

mal 4,3 % im Schuljahr 1904/05 und 14 % im Schuljahr 1913/14[42]. Ob diese Schüler durch fortwährenden Besuch badischer Lehranstalten Schaden an ihrer bayerischen Gesittung genommen haben, läßt sich empirisch nicht ermitteln. Viel bedeutsamer dürfte es sein, daß sich hinter diesen nüchternen Zahlen insgesamt ein bislang kaum beachtetes Phänomen verbirgt. Denn nicht nur Kinder aus benachbarten Orten sind vertreten, der Einzugsbereich der höheren Schulen in Mannheim war während der gesamten Zeit des Kaiserreichs beträchtlich größer. Am Gymnasium finden sich in den Schülerlisten und Jahresberichten Herkunftsangaben wie Moskau und Surabaya, Riga und Paris, ferner Libanon und Nord- wie Südamerika sowie aus Deutschland die Städte Erfurt und Trier, Karlsruhe, Düsseldorf oder Paderborn, um nur einige zu nennen. Schon einem der ersten Jahresberichte des Realgymnasiums kann entnommen werden, daß nicht weniger als 11% aller Schüler von auswärts stammten, »welche lediglich zum Zwecke des Besuches des Realgymnasiums hier sich aufhalten oder aufgehalten haben und zwar: 2 aus New York, 2 aus St. Franzisko in Californien, 2 Franzosen aus Dijon ... und je einer aus Villingen, Triberg, aus Thumeringen und aus Binzen bei Lörrach, Offenburg ..., Gemmingen, Sinsheim, Obergympern Amts Sinsheim, Neukirchen bei Kaiserslautern, Carlsruhe, Worms«[43] usw. Die Pendler, die aus Ludwigshafen kamen, machten noch einmal 18% aus. Aus nahezu jedem europäischen Staat sind im Laufe der wilhelminischen Periode Schüler in den höheren Schulen Mannheims nachweisbar; auch der prozentuale Anteil blieb beachtlich. Wie dieses Phänomen im einzelnen zu begründen und zu bewerten ist, muß vorläufig offen bleiben, da dies eine detaillierte Untersuchung der Einzelschicksale verlangen würde. Die überregionale Ausstrahlungskraft, wie sie ansonsten bei den Privatlehranstalten für Mannheim vermutet und teilsweise belegt werden kann, scheint mindestens partiell auch für die öffentlichen höheren Schulen, vor allem für die beiden traditionsreichsten Anstalten zu gelten, für das humanistische Gymnasium und das aus der Höheren Bürgerschule hervorgegangene Realgymnasium. Bei beiden Lehranstalten hält diese Entwickung bis in die 80er Jahre gleichbleibend an, danach fällt die Kurve, zeigen sich auch hier verstärkt Tendenzen der Regionalisierung[44]. Durch die Forschungen von Hansjörg Probst kennen wir die soziale Stratifikation am Mannheimer Großherzoglichen Gymnasium, dem ehemaligen Lyceum, das seit 1907 die Bezeichnung Karl-Friedrich-Gymnasium trägt, näher[45]: Die Ober-

42 Auswertung anhand der gedruckten Jahresberichte des Großherzoglichen Realgymnasiums.

43 Zweiter Jahresbericht des Großherzoglichen Real-Gymnasiums zu Mannheim für das Schuljahr 1870/71, Mannheim 1871, S. 21.

44 Auswertung anhand der gedruckten Jahresberichte der beiden Schulanstalten.

45 Hansjörg Probst, Die soziale Herkunft der Schüler des Karl-Friedrich-Gymnasiums in Mannheim von 1807 bis 1970, in: Karl Albert Müller (Hg.), Dreihundert Jahre Karl-Friedrich-Gymnasium. Vergangenheit und Gegenwart einer Mannheimer Schule, Mannheim 1972, S. 149–165. Die nachfolgende Einteilung der einzelnen Schichten folgt dem Autor, die dieser eingehend für bestimmte Zeitintervalle – ständische Gesellschaft bis 1860, frühindustrielle Gesellschaft bis 1900, industrielle Leistungsgesellschaft bis 1935 – begründet; ebd., S. 160–163.

schicht, vor allem der Adel, hohe Beamte, Bankiers- und Fabrikantenfamilien, ist mit ca. 10% (zwischen 8,2 und 12,6%), die obere Mittelschicht (Akademiker: Geistliche, Juristen, Ärzte) ab 1895 mit nahezu konstant wachsendem Anteil von 19,5 auf 28,2% innerhalb der Elternschaft vertreten. Die mittlere Mittelschicht, vorweg Kaufleute, Privatiers, Künstler und gehobene Beamte, lag bei durchschnittlich 41,5 %, wobei um 1885 mit 48 % der Höhepunkt erreicht wurde. Die untere Mittelschicht, bestehend aus Volksschullehrern, Handwerkern, Landwirten und mittleren Beamten, weist relativ konstante Werte zwischen 20 und 26,5 % über die Jahrzehnte hinweg auf; bei der Unterschicht, den einfachen Beamten und Angestellten sowie den Arbeitern schwanken sie zwischen 7,3 % um 1880 und 18,3 % um 1905. Das Gymnasium zeigt trotz seines hohen Sozialprestiges eine Offenheit nach unten, eine breiter werdende soziale Rekrutierungsbasis; es bildete, um mit Wehler zu sprechen, »keinen sorgsam abgeschotteten bildungsaristokratischen Exklusivraum«[46], und es behauptete seinen Platz innerhalb des zunehmend vielgestaltigeren höheren Schulwesen in Mannheim. Allerdings wies es zwischen 1885 und 1915 einen Schülerschwund von rund 28% auf, was in absoluten Zahlen 1915 immer noch 499 Schüler bedeutete. Immerhin war es damit noch deutlich frequentierter als vor 1875 (bis zu 300 Zöglinge). Ab 1895 jedoch besuchten immer mehr Schüler, und, wenn auch noch in bescheidenerer Zahl, ab 1901 auch Schülerinnen die höheren Knabenschulen Mannheims, also nicht mehr allein die Höhere Töchterschule. Innerhalb von nur zwei Jahrzehnten verzweifachten sich die Zahlen auf über 4300[47]. Das humanistische Karl-Friedrich-Gymnasium verlor deutlich an Boden, profitierte als einzige öffentliche höhere Lehranstalt Mannheims von diesem Bildungsboom ab den 1890er Jahren nicht – aller sozialen Offenheit und überregionalen Ausstrahlungskraft zum Trotz und entgegen der gesamtbadischen Entwicklung. Dessen ungeachtet wußte es sich selbst stets als die »vornehmste Bildungsstätte« darzustellen, ein Urteil, das viele Zeitgenossen mit dem Mannheimer Fabrikanten und Direktor der Gewerbebank Joseph Kinkel (1858–1945) teilten[48]. Und Kinkel begründete sein Votum mit der hervorragenden Leitung und einer Reihe gelehrter Einzelpersönlichkeiten, die am Gymnasium tätig waren. Namen wie Wilhelm Caspari, Ludwig Mathy, Karl Baumann oder Ferdinand Haug zählt

46 Hans-Ulrich WEHLER, Deutsche Gesellschaftsgeschichte, Bd. 3: Von der »Deutschen Doppelrevolution« bis zum Beginn des Ersten Weltkrieges 1849–1914, München 1995, S. 1205.

47 Die Zahlen ermittelt aus: Verwaltungsbericht der Stadt Mannheim 1895–1899, Mannheim 1903, S. 348ff. (Gesamt: 1921); Verwaltungsbericht der Stadt Mannheim 1913, Mannheim 1915, S. 143 (Gesamt: 4365). In Baden insgesamt verläuft die Entwicklung ähnlich, allein für den Zeitraum 1900 bis 1910 stieg die Zahl aller Schüler – Jungen wie Mädchen – an den Höheren Schulen von rund 15500 auf 22400, davon im humanistisch-gymnasialen Bereich von rund 4500 auf 5200 Schüler. Vgl. Badische Schulstatistik. Volksschulen. Höhere Schulen. Lehrerbildungsanstalten für die Zeit von 1900–1910, Heft II, Karlsruhe 1914, Tab. 37 u. Beilage 8.

48 Vgl. Joseph KINKEL, Erinnerungen eines Alt-Mannheimers aus den 1860er und 1870er Jahren, in: Mannheimer Geschichtsblätter XXVI (1925), Sp. 252.

er auf, womit Kinkel zugleich auch führende Repräsentanten des 1859 gegründeten Mannheimer Altertumsvereins nannte, die hier, zum Teil über Jahrzehnte hinweg, ihre regionalen und lokalen Forschungen vortrugen und publizierten; teilweise veröffentlichten sie ihre Arbeiten auch als Beilage zu den gedruckten Jahresberichten ihrer Schule. Darauf näher einzugehen ist hier nicht der Ort, wenngleich der Mannheimer Altertumsverein in den weiten Kontext der Mannheimer Bildungsvereine – hier speziell des Bürgertums – fällt[49]. Den umfassenden Bildungsauftrag nahm das humanistische Gymnasium für sich in Anspruch: Mochten auch die Realanstalten, so resümierte der Direktor Ferdinand Haug (1837–1925), den Vorzug haben, »daß sie unmittelbarer auf das praktische Leben vorbereiten«, seine Lehranstalt könne jedoch »eine tiefer gründende Geistesbildung geben, einen weiteren Ausblick in die Geschichte der menschlichen Kultur, in das ideale Wesen und die höheren Aufgaben des Menschen eröffnen«[50]. In diesem Zusammenhang ist auffällig, daß unter den Gymnasialprofessoren die Bildungselite der Naturwissenschaftler eher beim Realgymnasium auszumachen ist, etwa in der Person des Mathematikers und Chemikers Heinrich Schröder (1810–1885), Begründer des Mannheimer Gewerbevereins[51], oder des Geologen Wolfgang Vogelgesang (1826–1888). Überdies zeigt die Entwicklung der Schülerzahlen beim Realgymnasium auch einen anderen Verlauf als beim humanistischen Pendant: Nach einem ersten expansiven Zeitabschnitt zwischen 1870 und 1874 von 280 auf 509 Schüler setzte am Realgymnasium eine zweiten Wachstumsphase zwischen 1884 und 1887 von 438 auf 749 Knaben ein. Sehr bald nach 1900 konsolidierte sich die Zahl auf dem hohen Niveau von mehr als 600 Schülern[52]. Dies gelang, obschon bereits 1902 mit der Gründung einer Reformschule nach Karlsruher Muster – in Mannheim zunächst als Realprogymnasium mit Realschulzweig – bald ein zweites Realgymnasium in etwas anderer Gestalt geschaffen wurde: die – ab 1908 so benannte –

49 Die Geschichte des Vereins war Gegenstand mehrerer Forschungsarbeiten: Vgl. Erich GROPENGIESSER, Humanistisches Gymnasium, Archäologische Sammlungen und Altertumsverein in Mannheim, in: Karl Albert MÜLLER (Hg.), Dreihundert Jahre Karl-Friedrich-Gymnasium (wie Anm. 45), S. 199–210; Barbara TROEGER, Der Mannheimer Altertumsverein 1859–1914, in: Mannheimer Geschichtsblätter N.F. 1 (1994), S. 273–327, hier S. 313 f., die feststellte, daß im Vergleich zur Mitgliederzahl insgesamt die Zahl der Gymnasialprofessoren relativ gering war, diese aber im Vorstand bzw. als Hauptakteure dominierten. Ausführlich nunmehr Christoph POPP, Der Mannheimer Altertumsverein 1859–1949. Regionale Forschungen, Sozialstruktur und Geschichtsbild eines Historischen Vereins (Mannheimer Historische Forschungen 10), Mannheim 1996, S. 167 ff. und S. 444.

50 Zitiert nach GROPENGIESSER (wie Anm. 49), S. 200.

51 Zur Person Schröders, der auch zunächst den Vorsitz beim Mannheimer Arbeiterbildungsvereins innehatte, zuletzt mit weiterführenden Literaturangaben Andrea HOFFEND, Verhinderte Sozialdemokraten: Die Rolle des Mannheimer Linksliberalismus im Emanzipationsprozeß der deutschen Arbeiterbewegung nach 1860, in: Mannheimer Geschichtsblätter N.F. 2 (1995), S. 317–342, hier S. 320.

52 Auswertung anhand der gedruckten Jahresberichte des Großherzoglichen Realgymnasiums. Zur Geschichte des Realgymnasiums vgl. Wilhelm HÖHLER, Das Realgymnasium Mannheim 1840–1910. Beilage zum Jahresbericht des Realgymnasiums Mannheim für das Schuljahr 1910/11, Mannheim 1911.

Lessing-Schule[53]. Auch diese Lehranstalt wuchs hinsichtlich ihrer Schülerzahlen rasch: 1902/03 begann sie mit 285 Schülern, erreichte aber schon 1910 nicht weniger als 664 und kletterte noch einmal bis 1914 auf 812[54]. Der wesentliche Vorzug der Reformschule lag darin, den Kindern noch bis zur Untertertia die Wahlfreiheit für oder gegen die realgymnasiale Ausbildung zu belassen, um ihnen länger die Möglichkeit zu geben, auszuprobieren, welche Bildung ihren Begabungen besser entsprach. Der Anteil auswärtiger Schüler fiel jedoch vergleichsweise gering aus. Insgesamt blieb die Lessing-Schule hinsichtlich der Schülerzahlen nur knapp hinter der Oberrealschule zurück, die 1895 eingerichtet worden war[55]. Binnen weniger Jahre nahm dieser neue Schultyp, der auf den bis dahin obligatorischen Latein-Unterricht verzichtete, ungeachtet seiner erst später erfochtenen Gleichrangigkeit des Bildungsabschlusses eine stürmische Aufwärtsentwicklung: Die Mannheimer Oberrealschule stieg kurzzeitig zur größten höheren Schule Badens auf. Andererseits aber waren die beiden Mannheimer Realgymnasien die eigentlichen Gewinner der Expansionsära nach der Jahrhundertwende.

Das Bild horizontaler Segmentierung zwischen dem (älteren) Bildungsbürgertum und dem (jüngeren) Wirtschaftsbürgertum und die Sicherstellung gleichbleibender Schichtzugehörigkeit über die Generationen hinweg scheint sich in Mannheims höherem Bildungswesen insgesamt zu bestätigen: Auf der einen das humanistische Gymnasium mit hohem Sozialprestige und elitärem Bildungsanspruch, auf der anderen die Realgymnasien und die Oberrealschule mit stärkerem Praxisbezug für die *homines novi*. Aber dieses Bild horizontaler Segmentierung ist nur bedingt zutreffend, reicht allein nicht aus. War doch die Diversifizierung der höheren Schulen, wie sie in Mannheim anzutreffen ist, mehr das Ergebnis pragmatischer Offenheit für neue Bildungsabschlüsse und gestiegene Nachfrage denn Produkt pädagogischer Innovationsbereitschaft. In historischer Perspektive spiegelt sich in Mannheim das wider, was James Albisetti und Peter Lundgreen mit Blick auf die preußischen Debatten und die Ergebnisse der Lehrerkonferenz von 1900, »auch ein Stück Kapitulation vor einem Bildungspluralismus« bezeichnet haben[56]. Die jahrzehntelang ausgetragenen Gegensätze zwischen den Verfechtern der Gelehrtenschule, der humanistischen Richtung und denen des Unterrichts in den modernen Fremdsprachen und den Naturwissenschaften, der Realienkunde, hatten allseits nur noch Ermüdung hervorgerufen – und in Mannheim, wenn ich es recht sehe, eher Unverständnis als irgendwelche Leidenschaften ausgelöst. »Man (soll) hier keinen Prinzipienkampf austragen wollen«, reflektierte in seinen Lebenserinnerungen Max Hachenburg[57], einer der Wegbereiter des modernen Han-

53 Vgl. Wolfgang HÖFLER, Von der Bürgerschule zum Gymnasium, in: Karl Albert MÜLLER (Hg.), 300 Jahre Karl-Friedrich-Gymnasium (wie Anm. 45), S. 175–198, hier S. 185 f.; 75 Jahre Lessing Gymnasium Mannheim, Mannheim o.J. [1977], S. 17–19.

54 Zahlen nach den gedruckten Jahresberichten der Reformschule (Lessing-Schule).

55 Vgl. HÖFLER (wie Anm. 53), S. 184 f.

56 James C. ALBISETTI, Peter LUNDGREEN, Höhere Knabenschule, in: Handbuch der deutschen Bildungsgeschichte, Bd. IV (wie Anm. 21), S. 228–278, hier S. 239.

57 Zu den humorvollen und farbigen Beschreibungen über seine Schulzeit vgl. Max HA-

delsrechts, der bis 1878 das Mannheimer humanistische Gymnasium besucht hatte. Letztendlich verschleierte diese Vielfalt eher das zunehmend drängender empfundene Problem der Gleichrangigkeit der Bildungsabschlüsse, was Oberbürgermeister Otto Beck scharfsinnig analysierte. Er schrieb 1899 in einer Denkschrift[58]:

»Diejenige Lösung, welche allen gerechtfertigten Forderungen entspricht und auch eine logische Folge der bisherigen Entwicklung bildet, wird wohl nur darin bestehen, daß den Abiturienten der sämmtlichen humanistischen wie Realmittelschulen die gleiche Berechtigungen zugestanden werden. (...) Diese Gleichstellung der sämmtlichen Mittelschulen würde ihre Begründung in der unbestreitbaren Thatsache finden, daß es nur eine Bildung gibt und geben kann, die aber auf verschiedene Art und Weise, namentlich auf verschiedenartigen Mittelschulen erworben werden kann. Kann auch von den begeistertsten Freunden altklassischer Schulung nicht beabredet werden, daß die moderne, reale Schulbildung eine durchaus gleichwerthige Bildung gewährt, so entfällt jeder Grund, eine Ungleichheit in der Berechtigungsfrage noch walten zu lassen«.

Unter den Trends um die Jahrhundertwende darf schließlich der, wenn auch nur mühsam errungene Zugang der Mädchen zu den höheren Bildungsanstalten nicht unerwähnt bleiben. Die Entwicklung in Mannheim ist dabei von der Übernahme der 1863 gegründeten Höheren Töchterschule in städtische Verwaltung 1898 und ihrer Reorganisation als Oberrealschule ab 1902 über die Zulassung der Mädchen ab 1900/01 an den höheren Schulen weit weniger geradlinig verlaufen, als es zunächst den Anschein hat. Die Entwicklung zur Koedukation, wie sie 1901 am humanistischen Gymnasium als erster der höheren Schulen in Baden eingeleitet wurde, kam nicht zum Durchbruch; der Anteil der Mädchen an den bisherigen höheren Schulen in Mannheim stieg vor 1914 nicht über 8%, meist lag er unter 2%[59]. Und obwohl die Gründung entsprechender eigener Anstalten für Mädchen in Mannheim sowohl vom Wirtschafts- wie auch vom Bildungsbürgertum gefordert und gefördert worden ist, gelang es nicht, einen realgymnasialen Zweig nach Karlsruher Vorbild durchzusetzen – dies untersagte die Landesaufsicht, der Oberschulrat. Statt dessen wurde eine Oberrealschule eingerichtet, die bereits 1911 nicht weniger als 1275 Schülerinnen hatte, so daß die Schule geteilt wurde. Während die Elisabethschule als höhere Mädchenschule organisiert war, die neben dem Realschulzweig auch ein Lehrerinnenseminar umfaßte, wurde die Liselotteschule als Oberrealschule eingerichtet und später um einen realgymnasialen Zweig erweitert[60]. Die humanistische Ausbildung konnte in Mannheim nur am Großherzoglichen- bzw. dem späteren Karl-Friedrich-Gymnasium erworben werden.

CHENBURG, Lebenserinnerungen eines Rechtsanwalts und Briefe aus der Emigration, hrsg. von Jörg SCHADT (Veröffentlichungen des Stadtarchivs Mannheim 5), Stuttgart 1978, S. 23–32 (Zitat S. 31).

58 Die Reform des kaufmännischen Bildungswesens. Denkschrift des Oberbürgermeisters [Otto] BECK an den Stadtrath der Hauptstadt Mannheim, Mannheim 1899, S. 58f.

59 Auswertung anhand der gedruckten Jahresberichte der höheren Schulen.

60 Marcus REINFRIED, Eine Schule im Wandel der Zeiten, in: 75 Jahre Liselotte-Gymnasium Mannheim 1911–1986, Mannheim 1986, S. 13–18.

Und der Direktor dieser Anstalt kam nicht umhin, im Mai 1905 lobend zu vermerken, die Leistungen der Mädchen seien dort vergleichsweise besser als die der Knaben, und das wohl nicht nur, weil sie überdurchschnittlich begabt, sondern auch weil sie erkennbar fleißiger und strebsamer wären[61]. Die höhere Mädchenbildung blieb in sozialer Hinsicht zunächst wohl weitgehend auf die Oberschicht und die obere Mittelschicht beschränkt, und wir finden hier auch nach 1900 den größten Anteil an jüdischen Schulkindern. Allein an der Liselotteschule betrug er 1912 nicht weniger als 25 %, wobei anzufügen ist, daß in Mannheim der jüdische Bevölkerungsanteil 8,5% im Kaiserreich nie überstieg[62]. Jüdische Kinder waren nahezu in allen höheren Schulen überdurchschnittlich vertreten, am humanistischen Gymnasium lag ihr Anteil zwischen 1870 und 1880 bei 28,3%, sank dann – im Jahrzehntenmittel gerechnet – von 25,9% in den achtziger Jahren auf 16,6% um die Jahrhundertwende und betrug zwischen 1900 und 1914 immer noch rund 15 % (exakt 14,9%, vgl. Schautafel)[63]. Hierin spiegeln sich vermutlich auch traditionelle Präferenzen wider, hatte doch schon das Lyceum, aus dem das Karl-Friedrich-Gymnasium hervorging, bei seiner Reorganisation 1807 Schüler aller Glaubensbekenntnisse zum Besuch zugelassen. Und die ehemals Höhere Bürgerschule, seit 1869 das Realgymnasium, war 1840 vom liberalen Großbürgertum erfochten worden, vor allem durch den Bankierssohn und Juristen Leopold Ladenburg, einen Nationalliberalen, der sich um die volle Gleichberechtigung der Juden verdient machte. Das Realgymnasium hatte nach dem humanistischen Gymnasium bei den Knaben den höchsten Anteil jüdischer Schulkinder, aber mit stärker fallender Tendenz: Waren es noch zwischen 1870 und 1880 im Mittel 24,3%, so fiel dieser Wert schon zwischen 1890 und 1900 auf 8,5%, dann bis 1914 auf nur noch 6,9%[64].

III.

Fragen wir nach den verantwortlichen Kräften für diesen rasanten Modernisierungsschub. Die expansive Entwicklung, die Mannheims Schul- und Bildungsgeschichte um 1900 auszeichnet, von deren Ergebnissen die Stadt bis weit in die Wiederaufbauzeit nach 1945 profitierte, muß eingebettet werden in den allgemeinen Kontext der Stadtentwicklung, jenes umfassenden Transformationsprozesses, den die Stadt ab dem letzten Drittel des 19. Jahrhunderts bis zum Vorabend des Ersten

61 Ferdinand HAUG, Das Großherzogliche Gymnasium, in: Mannheim in Vergangenheit und Gegenwart, Bd. III (wie Anm. 2), S. 505.
62 In absoluten Zahlen: 216 jüdische Schülerinnen bei 850 insgesamt, bei der Elisabethschule hingegen lauten die Zahlen 113 zu 764 (15,1 %); Verwaltungsbericht der Stadt Mannheim 1912, Mannheim 1913, S. 154. Zur Bedeutung der Mädchenbildung bei Juden vgl. den Beitrag von Susanne ASCHE in diesem Band.
63 Auswertung anhand der gedruckten Jahresberichte des Großherzoglichen (Karl-Friedrich-)Gymnasiums; vgl. auch die statistische Zusammenstellung in: Großh. Gymnasium. Festschrift zum Hundertjährigen Jubiläum der Anstalt, Mannheim 1907, S. 109 f.
64 Auswertung anhand der gedruckten Jahresberichte des Realgymnasiums.

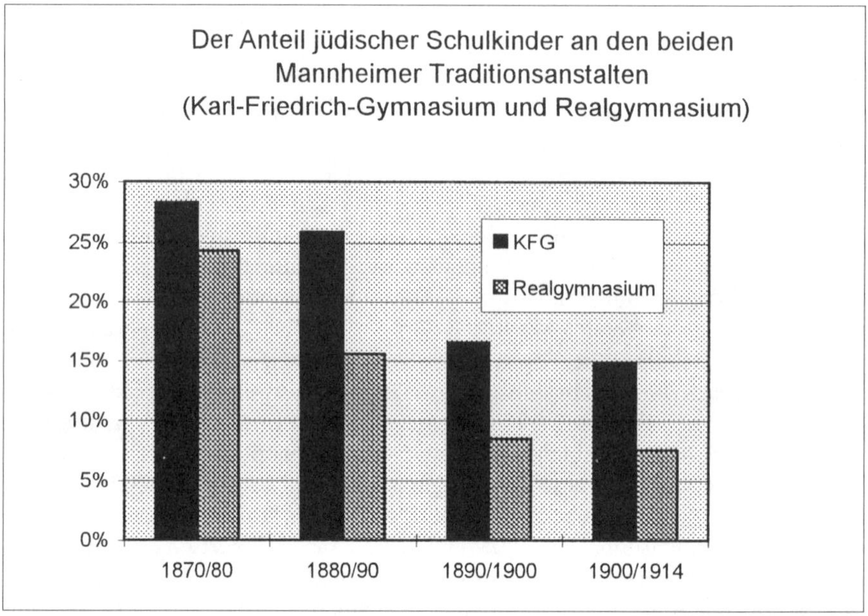

Weltkriegs erlebte[65]. Die lokalen politischen Kräfte jener Zeit, egal ob stärker sozialdemokratisch, demokratisch-liberal, katholisch-konservativ oder nationalliberal geprägt, unterschieden sich in ihrem Bemühen um die Weiterentwicklung des städtischen Gemeinwesens oft in weit geringerem Maße, als dies die in Kommunalwahlen aufgebauten ideologischen Frontstellungen vermuten lassen könnten. In der kommunalpolitischen Szene Mannheims herrschte bei konkreten Sachfragen ein Hang zum Pragmatismus vor; weniger die Auseinandersetzung um politische Grundpositionen war gefragt, als die Kunst gegenseitiger Kompromißfähigkeit und Kooperationsbereitschaft. Im Widerstreit der partikularen Interessen konnte die Entwicklung des Schulwesens allgemeine Aufmerksamkeit beanspruchen, war Ausdruck eines sich Kunst, Kultur und Wissenschaft öffnenden städtischen Gemeinwesens, aber auch, wie eingangs zitiert, Ausdruck der Erkenntnis, daß ein vielgestaltiger Industrie- und Handelsplatz auch ein entsprechendes Bildungsangebot bereit halten müsse. Mochte auch die klassenlose Bürgergesellschaft sich als Fiktion erwiesen haben[66], in der Förderung des Bildungssystems konnte und wollte das Bürgertum nicht nachlassen, sah es in der Bildung doch die Voraussetzung für die Behauptung wie den Aufstieg innerhalb des eigenen Standes. Nichts belegt

65 Vgl. Anna-Maria LINDEMANN, Mannheim im Kaiserreich (Sonderveröffentlichungen des Stadtarchivs Mannheim 15), Mannheim[2] 1988, S. 191 ff.; Michael CAROLI und Jörg SCHADT, Mannheim um 1900 – eine stadtgeschichtliche Skizze, in: Jugendstil – Architektur um 1900 in Mannheim, Mannheim 1986, S. 9–20.

66 Lothar GALL, Bürgertum in Deutschland, Berlin 1989, Taschenbuchausgabe Augsburg 1991, S. 335 ff.

dies deutlicher als die beiden zentralen Mannheimer Gestalten der Kaiserepoche, die Bürgermeister Eduard Moll (1814–1896) und Otto Beck (1846–1908). Der Kaufmann und ehemalige Präsident der Handelskammer Eduard Moll, 1870 gewählt, verkörperte noch stark den Typ des *citoyen* und Honoratiorenvertreters, für den Schule auch eine Sache des eigenen Standesbewußtseins war. Er war führendes Mitglied einer Vereinigung, die zur Gründung der Höheren Töchterschule 1863 den Stiftungsfond in Höhe von 25 000 Gulden aufbrachte[67]. Seiner liberal-demokratischen Überzeugung gemäß trat Moll für die Simultanschule ein, leitete das Ende der Konfessionsschule in Mannheim ein. Sein 1891 bestellter Nachfolger Otto Beck war ein brillanter, juristisch vorgebildeter Verwaltungsfachmann, und er war der Sohn eines Volksschullehrers, weshalb wir von ihm auch über die Volksschulen vergleichsweise häufiger hören. Er rühmte sie 1906 als »vortrefflich«, als eine Stätte, »die eine abgeschlossene, ausreichende Bildung für das praktische Leben, vor allem im Schreiben und Lesen« vermittle[68]. Beck hat bis zu seinem Tode 1908 größten Anteil an der Entwicklung des Schulwesens, vor allem der Fachschulen im kaufmännischen Bereich genommen. Seine 1899 veröffentlichte Denkschrift für den Stadtrat *Die Reform des kaufmännischen Bildungswesen* liest sich streckenweise wie ein bildungspolitisches Grundsatzprogramm eines Kommunalpolitikers, der die analytische Betrachtungsweise liebt, um daraus, wie aus einer mathematischen Gleichung, seine Folgerungen ziehen zu können. Nachdem Beck den akuten Notstand in der Ausbildung der Kaufleute kritisch seziert hatte – die Bemühungen von seiten des kaufmännischen Vereins und anderer zwar würdigend, aber als ›Kratzen‹ an den Symptomen interpretierend – kommt er zu dem Ergebnis[69]:

»Es ist mit ziemlicher Gewißheit anzunehmen, daß die badische Regierung, deren warmes Interesse und Verständnis für alle auf wirthschaftlichem Gebiete hervortretenden Bedürfnisse rühmend anerkannt werden muß [!], die Regelung auch dieser Frage in nicht zu ferner Zeit erwägen wird. Allein selbst wenn der Staat seine Aufgabe in völligem Einklang mit der gegenwärtigen Bewegung zu Gunsten einer Reform des kaufmännischen Unterrichts erfassen und ausführen würde, bliebe für das einzelne Gemeinwesen und vor allem die Stadt Mannheim Vieles zu thun übrig, um den an anderer Stelle eingehend beleuchteten vielgestaltigen Bedürfnissen des hiesigen Handelsstandes ausreichende und dauernde Befriedigung zu gewähren«.

Fast will es scheinen, als hätte die Stadt dem Staate die Richtung zu weisen – und so mußte denn die kaufmännische Ausbildung den unterschiedlichen Anfor-

67 Das Verzeichnis der Gründer, das 103 Namen aufführt, umfaßt nahezu das gesamte führende Wirtschaftsbürgertum der Stadt. Das gedruckte Verzeichnis bei Martin WALLESER, Zur Geschichte der Großherzoglichen Höheren Mädchenschule in Mannheim. Festschrift zur Feier des 25jährigen Bestehens der Anstalt am 19. Mai 1888, S. 10 f. (zu Molls Wirken vgl. S. 4, 16 u. 57); Gründerliste wiederabgedruckt in: 125 Jahre Elisabeth-Gymnasium Mannheim, Mannheim 1988, S. 14.

68 Rede Otto Becks in der Sitzung der ersten Kammer am 23. Juni 1906 zum Budget »Unterrichtswesen«; maschinenschriftliches, mit Handkorrekturen versehenes Typoskript im StadtA Mannheim, Personengeschichtliche Sammlung, S 1/1059.

69 Vgl. BECK, Reform (wie Anm. 58), S. 152.

derungen des vielgestaltigen Handelszentrums Rechnung tragen: An der unteren Skala stand die Handelsfortbildungsschule, dann die Handelsschule, eine höhere Handelsschule und dann als Krönung die Handelshochschule. Um sie hat Beck gekämpft, ein Finanzierungsmodell gesucht; erlebt hat er ihren Ausbau zur Vollhandelshochschule nicht mehr: Wenige Wochen vor der geplanten feierlichen Eröffnung starb er unerwartet. Erst in einem gemeinsamen Kraftakt konnte schließlich auch die Finanzierung der Hochschule sichergestellt werden; Stiftungen wohlhabender Mannheimer Bürger schufen mit die Grundlage[70].

Aber der Mannheimer Schul- und Bildungspluralismus war nicht allein das Ergebnis der bürgerlich-nationalliberalen oder -demokratischen Kräfte, er traf teilweise auch auf das Wohlwollen bei den lokalen Führern der Arbeiterschaft, etwa bei August Dreesbach, dem Parteivorsitzenden der Mannheimer SPD, der neben seiner Tätigkeit als badischer Landtags- und Reichstagsabgeordneter über Jahrzehnte hinweg als Mitglied in der städtischen Schulkommission saß. Nach anfänglicher Skepsis, die er mit vielen Mitgliedern seiner Partei teilte, setzte er sich für die Sickingerschen Reformen ein[71]. Die schulgeldpflichtigen Bürgerschulen konnten dagegen nie die Zustimmung der SPD finden und wurden auch von Dreesbach abgelehnt. Insofern ist es bezeichnend, daß im Kommunalprogramm der SPD 1910 »ein Schulsystem, ähnlich wie es in Mannheim und nach Mannheimer Muster jetzt in Charlottenburg versuchsweise eingeführt ist«, verlangt wurde[72]. Sickingers System, Reaktion auf eine zunehmend inhomogene Bevölkerungsstruktur und auf das Erstarken der Arbeiterschaft, traf sich mindestens partiell mit den Bemühungen der Arbeiterbewegung.

IV.

Kommen wir zum Schluß: Die Entwicklung einer vielgestaltigen Schullandschaft in Mannheim war Ausdruck seiner Transformation zum modernen Handels- und Industriezentrum in der Zeit des Kaiserreichs. Das Wachstumstempo

70 Vgl. Bernhard KIRCHGÄSSNER, Von der Handelshochschule zur Universität, in: Die Universität Mannheim in Vergangenheit und Gegenwart, Mannheim 1976, S. 11–28, hier S. 13 ff.

71 Vgl. LOHRER/GERWECK, Bd. 1 (wie Anm. 14), S. 64; auch Sickinger selbst hat sich in seinen Veröffentlichungen darauf berufen, August Dreesbach vom Mannheimer Schulsystem überzeugt zu haben, vgl. SICKINGER, Das Mannheimer Schulsystem in Hamburgischer Beleuchtung (wie Anm. 26), S. 23 f. Zur Haltung der badischen Sozialdemokratie am Beispiel der Stadt Pforzheim, die ebenfalls das Mannheimer Schulsystem einführte, vgl. ELSÄSSER (wie Anm. 5), S. 209–214.

72 Hier zitiert nach LOHRER/GERWECK, Bd. 1 (wie Anm. 14), S. 91; vgl. ELSÄSSER (wie Anm. 5), S. 212. Zur partiellen Kooperation zwischen der SPD und den Nationalliberalen auf Landesebene in der Frage der Volksschule vgl. Jürgen THIEL, Die Großmachtpolitik der Nationalliberalen Partei Badens 1905 bis 1915. Ein Beitrag zur Zusammenarbeit von Liberalismus und Sozialdemokratie in der Spätphase des Wilhelminischen Deutschlands (Veröffentlichungen der Kommission für Geschichtliche Landeskunde in Baden-Württemberg, Reihe B, 86), Stuttgart 1976, S. 64–68.

verglichen viele Zeitgenossen mit amerikanischen Verhältnissen, und in der Tat wurde und wird diese Phase gern als das »zweite Goldene Zeitalter« der Stadt bezeichnet. Zwischen 1871 und 1914 wuchs die Bevölkerungszahl auf das fünfeinhalbfache, von rund 40000 auf über 220000. Der dynamische Entfaltungsprozeß konnte nicht ohne tiefgreifende Folgen für das Schul- und Bildungswesen in der Stadt sein. Daß hier jedoch die eigentlichen Modernisierungsschübe erst ab den 1890er Jahren einsetzten, dürfte auch in dem Umstand begründet sein, daß erst in der Ära Otto Beck sich in der Stadtverwaltung der Typus des hochqualifizierten, besser besoldeten Fachmanns durchzusetzen vermochte. Mit dem Honoratiorentum, wie es noch Eduard Moll verkörperte, waren die Herausforderungen, vor die sich die Stadt gestellt sah, nicht mehr zu bewältigen. Die Stadt erlebte den Wandel von der Hoheits- zur modernen Leistungsverwaltung, ein planmäßiger Strukturwandel griff überall Platz. Nur dadurch konnten Organisatoren vom Schlage eines Anton Sickinger wirken, die ihrerseits in anderen Ämtern ähnlich hochqualifizierte Fachleute antrafen, etwa den bereits erwähnten Statistiker Sigmund Schott oder die Stadtbaudirektoren Gustav Uhlmann (1851–1916)[73] und Richard Perrey (1866–1937)[74], unter deren Leitung die meisten Schulbauten jener Epoche entstanden. Insgesamt wurden zwischen 1888 und 1918 nicht weniger als 23 Schulneubauten durchgeführt, ferner zahlreiche Um- bzw. Erweiterungsbauten für Schulzwecke. Richard Perrey selbst veröffentlichte in Fachzeitschriften seine Arbeiten und ging hier auch auf allgemeinere Themen ein, z.B. *Über Ersparnisse im Betrieb und in der Verwaltung der Schulhäuser*, ja selbst über die *Klosettspülung in Schulgebäuden* wurde berichtet[75]. Solche Aufsätze waren en vogue, auch Ausdruck und Nebenprodukt der planerischen Vorarbeiten, die alle Projekte begleiteten. Stets wurden die Verhältnisse genauestens analysiert, Vergleichsstädte, vor allem Karlsruhe, herangezogen und entsprechende Vorschläge unterbreitet mit der Option, auch einzulenken, wenn es galt, Größeres zu verwirklichen. Sickinger verzichtete zunächst auf seine Sprachkurse, die er später dann doch bewilligt bekam. Er wie auch der Statistiker Schott oder die Architekten Perrey und Uhlmann waren gewiß keine avantgardistischen Vertreter ihres jeweiligen Berufsstands, aber ausgesprochen zielorientiert, tüchtig zudem und auch fähig, sich den jeweiligen Gegebenheiten und Vorgaben anzupassen. Mit ihrem zunehmenden Erfolg hinterließen sie mit ihrem Tun immer breitere Spuren. Erst sehr spät entwickelt etwa Perrey den Typus Schulbau als große Dreiflügelanlage, dem Barockstil nachemp-

73 Vgl. Michael RUHLAND, Gustav Uhlmann, Richard Perrey und das städtische Hochbauamt 1888–1915, in: Jugendstil – Architektur um 1900 in Mannheim (wie Anm. 55), S. 121–142.

74 Zur Person vgl. Aina HEDSTRÖM, Das Herschelbad und das Städtische Krankenhaus von Stadtbaudirektor Richard Perrey, in: Architektur in Mannheim 1918–1939, bearb. von Monika RYLL (Beiträge zur Mannheimer Architektur- und Baugeschichte 2), Mannheim 1994, S. 12–37, hier S. 36 f.

75 Vgl. RUHLAND (wie Anm. 73), S. 135 f. Letzterer Aufsatz wurde in Stephanis »Zeitschrift für Schulgesundheitspflege« 1911 veröffentlicht; vgl. auch oben Anm. 16.

funden[76]; diese Bauten prägen noch heute das Erscheinungsbild der Stadt, erinnern uns als steinerne Zeugnisse an eine bürgerliche Schulpolitik im Kaiserreich, die nach 1918/19 eine andere Wendung nehmen mußte.

Auf die Leistungen im Schul- und Bildungsbereich waren die Stadt und ihre oberste Verwaltung wohl nicht zu Unrecht stolz, das Schulwesen war Manifestation ihres planerischen Handelns; und Mannheim ließ sich diesen Stolz durchaus anmerken, wie die anfangs zitierten Belege treffend zeigen. Der Modernisierungsschub wurde auch unterstützt durch das Engagement eines dem Gemeinwohl verpflichteten Großbürgertums, von dessen Legaten die Stadt übrigens noch heute profitiert. Ohne die großzügige Stiftung des »Heinrich-Lanz-Gedächtnisfonds« hätte die Handelshochschule gar nicht erst ihre volle Anerkennung erzielen können[77]. Nichts wäre allerdings verkehrter als die Annahme, dieser dynamische Entfaltungsprozeß hätte langfristig aufrecht erhalten werden können. Der Erste Weltkrieg, in den Anton Sickinger ebenso begeistert zog wie der Leiter des Archivs und des Museums, der Stadthistoriker Friedrich Walter, und sogar, aus Pflichtgefühl, der Mannheimer Führer der badischen Sozialdemokratie, Ludwig Frank, dieser Erste Weltkrieg brachte die als schmerzhaft empfundene Zäsur. Immerhin – eine Richtungsänderung in der Bildungspolitik wäre, früher oder später, ohnedies erfolgt, nachdem ab 1910 erkennbar wurde, daß der Bevölkerungszuwachs abflachte, daß die Finanzierungsproblematik und der gesamtstaatliche Regelungsbedarf immer spürbarer wurden – und daß allzuviel planerisches Handeln, etwa im Bereich der Schulorganisation, die pädagogische Innovationsfreude nicht unbedingt förderte. Nach dem Ersten Weltkrieg wurde schon die Konsolidierung des Erreichten zum Problem, die Wachstumsphase war vorbei[78]. Auf alle Fälle vermittelt Mannheims Schul- und Bildungsgeschichte im Kaiserreich ein markantes Beispiel dafür, welche kommunalen Gestaltungsräume im Schulsystem bis in die ersten Dezennien des 20. Jahrhunderts noch bestanden und welche organisatorischen wie – mit Abstrichen – auch pädagogischen Impulse sich daraus ergeben konnten.

76 Ebd., S. 133 ff.

77 Vgl. KIRCHGÄSSNER (wie Anm. 70), S. 14.

78 Eine Schul- und Bildungsgeschichte der Weimarer Zeit fehlt für Mannheim, nur Weniges hierüber bei Friedrich WALTER, Schicksal einer deutschen Stadt. Geschichte Mannheims 1907–1945, Bd. 2, Mannheim 1950, S. 61 ff; einen ersten wichtigen Ansatz für die reformpädagogischen Bemühungen jener Jahre bietet am Beispiel Max Enderlins und seiner Versuchsschule Feudenheim die Arbeit von KESSLER (wie Anm. 33).

Diskussionsbeiträge zu den einzelnen Referaten

DISKUSSION ZUM VORTRAG WESOLY

U. Andermann: Ich möchte mich auf drei Fragen beschränken. Sie sprachen vom Unterricht für arme Schüler. Hier würde mich interessieren, wer zu jener Zeit darüber entschied, wer arm war. Im Mittelalter, so auf den Universitäten, beruhte dies Urteil doch vielfach auf Selbsteinschätzung. Sie haben ferner von den Anstrengungen gesprochen, eine Schule einzurichten, in der man kaufmännische Bildung genießen sollte. Nun ließe sich daraus schließen, es hätte Vergleichbares vorher nicht gegeben. Kann man vielleicht davon ausgehen, daß es so etwas – wie im Mittelalter – im privathäuslichen Unterricht gab? Daß wir zu wenig darüber wissen, wem diese Wissensbestände vermittelt wurden, ist einfach auf die Überlieferung zurückzuführen. Die letzte Frage: Sie sprachen davon, daß das Unterrichtswesen finanzielle Ressourcen in Form von frommen Stiftungen besaß. Ich komme aus der Grafschaft Ravensberg, und zwar aus Bielefeld, wo am Ende des 17. Jahrhunderts das ehemalige Kanonissenstift Schildesche drei Konfessionen unter einem Dach beherbergte. Dort gab es viele Stiftungen, die bei allen Konfessionsparteien darauf angelegt waren, daß unabhängig von der Konfession arme Kinder in den Genuß der Stiftungsgelder kamen. Ist das bei Ihnen auch so? Oder gab es vielleicht Stiftungen, die auf die eigene Konfessionspartei gerichtet waren?

Wesoly: Zur ersten Frage: Wer entschied darüber, welche Familie arm war? Die Antwort lautet für das Bergische Land ganz allgemein: Es ist immer eine kirchliche Stelle, die diese Beurteilung vornimmt. Bis in die preußische Zeit war das Armenwesen allein eine Sache der Kirchen. Erst in den zwanziger Jahren des 19. Jahrhunderts ändert sich das, zum Teil unter massivem staatlichen Druck. Das Gremium, das auf evangelischer Seite die Bedürftigkeit einer Familie feststellt, ist in der Regel das Konsistorium. Es hat aber häufig die Aufgabe der Befragung und der Nachforschung zwei Provisoren übertragen. Gelegentlich hatten diese mit dem Pastor allein das Recht, Armenmittel zu bewilligen. Offensichtlich sollten so die verschämten Armen geschützt werden, die wir aus dem Mittelalter als Hausarme kennen. Allen Kindern von anerkannt Armen war das Schulgeld erlassen. Der Lehrer, dessen Gehalt zu einem erheblichen Teil aus dem Unterrichtsentgelt seiner Schüler bestand, bekam den Ausfall, den ärmere Kinder verursachten, meist an zwei Terminen im Jahr aus dem Armenfonds erstattet. Gelegentlich entstanden Differenzen, weil für Kinder, die nicht als arm anerkannt waren, kein Schulgeld entrichtet worden war. Aber auch in diesen Fällen übernahm die Gemeinde fast immer die Zahlung. Wie es bei den Katholiken war, ist den Quellen nicht exakt zu entnehmen. Anscheinend hat hier der Pfarrer allein für den kostenlosen Schulbesuch gesorgt. – Zur zweiten Frage: Sicher war kaufmännisches Denken schon viel früher als am Ende des 18. Jahrhunderts notwendig. Aber das Aufkommen der Kameralistik als staatlich geförderte Wissenschaft veränderte doch die Situation. Vieles dürfte über Privatunterricht vermittelt worden sein. Das ist den damaligen Zeitungen zu entnehmen. In den seit 1769 erscheinenden »Jülich- und Bergischen wöchentlichen Nachrichten«, deren Jahrgänge vollständig in der Düsseldorfer Landes- und Universitätsbibliothek vorliegen, finden sich häufig Angebote von Französischunterricht und auch entsprechende Gesuche. Daneben gibt es Annoncen zur Vermittlung von Kenntnissen in der doppelten Buchführung. Selbstverständlich hat man vielfach Wert auf eine praxisbezogene Ausbildung gelegt und seinen Sohn – wie im

Mittelalter – in eine andere Stadt zu einem befreundeten Kaufmann in die Lehre gegeben. – Herr Andermann, auf Ihre dritte Frage kann ich nur antworten, daß mir das in bergischen Quellen nicht begegnet ist, daß man quasi für die Bildung insgesamt etwas gestiftet hat. Hier schenkt man regelmäßig für den Unterhalt eines Lehrers und/oder einer Schule. Die Konfessionsgrenzen werden bei solchen Stiftungen strikt eingehalten. Zwei mir bekannt gewordene sehr großzügige Schenkungen eines Reformierten und eines Katholiken bedachten jeweils die fünf ärmsten Lehrer ihrer Konfession im Bergischen jährlich mit den Zinsen eines angelegten Kapitals. Gelegentlich kamen glaubensverschiedene Kinder mittelbar in den Genuß von Stiftungen. Unter den Schülern einer katholischen Schule befanden sich häufig auch lutherische Kinder. Dies gilt umgekehrt ebenfalls. Die reformierten Schulen sind dagegen seltener von den Angehörigen der beiden anderen Konfessionen besucht worden. Immerhin heißt es am Ende des 18. Jahrhunderts bei drei der zwölf Schulen Elberfelds, daß alle Glaubensrichtungen – einschließlich der jüdischen – bei den Schülern vertreten waren.

Wüst: Herr Wesoly, wenn man das, was Sie uns heute zur Kenntnis vor Augen führten, mit dem vergleicht, was wir gestern abend hörten, ist das Neue an Ihrem Thema die tiefere Dimension des Bildungswesens. Und das führt mich zu zwei Fragen: Einmal wird ja in diesem Zusammenhang die entscheidende Erkenntnis, die uns interessiert, sein, wie wir Norm und Vollzug in Einklang bringen. Zu diesem Komplex wollte ich zunächst fragen. Das Zweite wäre, inwieweit haben wir ein allgemeines Interesse über die Region hinaus an dem, was uns an Elberfeld im Detail vorgestellt wurde. Zunächst zu der Normensetzung am Ende des Alten Reiches: Ich fand es sehr aufschlußreich, daß Sie über Visitationsberichte geprüft haben, wie die Realität vor Ort aussieht. Da stellt sich die Frage, welche Quellentypen Sie haben, um das zu überprüfen, was eben Bildung von unten ausmacht. Welche Quellen haben wir also dafür im Vergleich zu dem, was wir exterritorial finden. Ich denke da an die berühmten Inventuren und Teilungen in Württemberg, die es uns ermöglichen, bereits für die frühe Neuzeit gewisse Rückschlüsse auf das Leseverhalten der Unterschichten durchzuführen. Wie ist es nun möglich, die normativen Zielsetzungen der Schulordnungen tatsächlich zu überprüfen an dem Quellenmaterial, das Sie haben? Das Zweite wäre, daß mir nicht ganz klar war, wie Sie die beiden Fallstudien vermengt haben, die Sie präsentierten. Standen sie in einem territorialen, in einem räumlichen oder in einem konfessionellen Zusammenhang? Sie haben einmal erwähnt, daß Eberfeld deutlich über dem Niveau anderer katholischer Städte in der Region steht. Wenn Sie das vielleicht noch erläutern könnten? Denn die Städtelandschaft ist ja in gewisser Weise auch mit dem vergleichbar, was wir in den habsburgischen Territorien mit den unter Maria Theresia eingeführten Normalschulen vorfinden. Da sind ja ganz ähnliche Phänomäne angesprochen. Gibt es also tatsächlich so etwas wie eine örtliche Bildungsidentität?

Wesoly: Es bestehen selbstverständlich auch hier Gegensätze zwischen Norm und Wirklichkeit. In Ansätzen kann ich das gut fassen. 1684 gibt es zum Beispiel einen Einigungsvertrag zwischen der brandenburgischen und der pfalz-neuburgischen Seite, daß das Schulwesen eine Sache der Kirchen sei und daß sie für wohlbestellte Schulen sorgen sollten, in denen gottseelige Männer unterrichten. Eigentlich war das auf alle drei christlichen Konfessionen gemünzt, denn das Bergische Land war konfessionell gemischt wie kaum eine Gegend in Deutschland. Meist gab es ja sonst ein territoriales Nebeneinander von Andersgläubigen. Offensichtlich funktionierte das Pflanzen von Bildung in den evangelischen Gemeinden sehr viel besser. Sicherlich ist dabei zu fragen, was man mit der Bildung bezweckte. Ein wichtiger Grund war zweifellos der Wunsch, den Katechismus, die Bibel und die erbaulichen christlichen Schriften lesen zu können. Die Evangelischen machten deshalb schon im 16. Jahrhundert erhebliche Anstrengungen, Schulen zu errichten, selbst dort, wo es nur wenige Angehörige ihrer Konfession gab. Vergleichbare Bemühungen der Katholiken erkennt man – wenn überhaupt – erst viel später. – Die Qualität des Unterrichts einzuschätzen, fällt sehr schwer. Wir haben meist nur Quellen, die anzeigen, das etwas im argen lag; etwa, wenn Eltern sich über den Lehrer beschwerten oder wenn das Konsistorium sich verzweifelt fragte:

das bisherige konfessionelle, ständische und rechtliche Schranken überwand. Darüber hinaus versuchten viele der an diesem Prozeß Beteiligten, über die jeweilige Lesegesellschaft hinaus in die Stadtgesellschaft hineinzuwirken. Hierzu beschritt man dann unter Umständen andere Wege, indem man etwa sozial offenere patriotisch-gemeinnützige Gesellschaften ins Leben rief. Dies war dann ein Weg, um auch mit anderen Teilen der Gesellschaft zusammenzukommen und besser in die Breite wirken zu können. In diesen Gesellschaften lagen die Mitgliedsbeiträge in der Regel auch sehr viel niedriger, weil die Initiatoren eben ausdrücklich auch andere Teile der städtischen Gesellschaft zur Mitarbeit an Reformvorhaben gewinnen wollten.

Klötzer: Zunächst bedanke ich mich, Herr Kollege Hahn, für Ihren sehr schönen Vortrag, der uns die Entwicklungsstränge gezeigt hat: von den Lesegesellschaften über die patriotischen Gesellschaften zu den Bildungsgesellschaften des 19. Jahrhunderts. Und als Frankfurter kann ich nur bestätigen, daß auch hier derselbe Strang sichtbar wird und sich schließlich in drei Gesellschaften niederschlägt, die noch heute existieren: der Polytechnischen von 1816, der Senckenbergischen Gesellschaft und schließlich des Physikalischen Vereins. Wobei der Polytechnischen Gesellschaft das größte Interesse entgegengebracht werden darf, weil sie sich bemühte, gerade Mittel- und Unterschichtenbildung zu vermitteln. – Mich bewegt seit den drei Vorträgen, die wir bis jetzt gehört haben, die Frage, inwieweit in dieser Männergesellschaft die Frau eine Rolle spielte. Im Mittelalter kennen wir durchaus Kauffrauen, die »ihren Mann« standen. Aber ich möchte bezweifeln, daß in der humanistischen Gesellschaft Frauen aktiv mitwirkten. Vielleicht als Hausfrauen im Hintergrund, und das sind sie dann auch später gewesen. Aber wir wissen auch, daß das Schlagwort immer noch Routine ist, »die Frau gehört an den Herd und zur Kindererziehung«. Und wir haben genügend Beispiele dafür, daß die Frauen darunter vehement gelitten haben, bis in die 1848er Zeit hinein. Aber es gab doch schon seit dem 17./18. Jahrhundert die Frauen, die als Wissenschaftlerinnen, Schriftstellerinnen, Naturwissenschaftlerinnen gewirkt haben oder als Malerinnen oder »verhinderte« Komponistinnen. Man denke nur an die Unterdrückung der Fanny Mendelssohn durch ihren Bruder oder auch an Goethe. Cornelia konnte sich nicht so entwickeln, wie sie das gewollt hätte. Aber meine ganz konkrete Frage an Sie, Herr Hahn, ist die: Haben Frauen in Lesegesellschaften bereits eine aktive Rolle gespielt, so wie sie später durch den romantischen Salon bekannt geworden sind? Ja vielleicht schon in den pietistischen Zirkeln, die vielleicht keine Bildungszirkel waren, aber doch den Frauen Gelegenheit zur Artikulation gegeben haben. Und wenn Sie an Sophie La Roche denken oder auch an den politischen Salon der 48er Zeit, wo die Intima Heinrich von Gagerns, Klothilde Koch-Gontard, sicher stimulierend auf die Männerwelt auch in politischer Hinsicht gewirkt hat, so glaube ich doch, ist die Frage sicher nicht ganz uninteressant, und das ist die konkrete an Sie: Haben Sie Beispiele, daß auch Frauen in diese Männerwelt der Lesegesellschaften aufgenommen worden sind?

Hahn: Zu den Lesegesellschaften war den Frauen in der Regel der Zugang verschlossen. Es gab offenbar nur wenige Ausnahmen. Die auch in Deutschland aufkommende Salonkultur ist auch als Versuch zu werten, diesem Defizit an Zugangsmöglichkeiten zu den neuen bürgerlichen Geselligkeitsformen abzuhelfen. In den Geselligkeitsvereinen des 19. Jahrhunderts, die teilweise aus den Lesegesellschaften hervorgingen, sah dies dann allmählich etwas anders aus. Auch hier gab es nach wie vor die Tendenz der Männer, unter sich zu bleiben, aber Frauen traten – etwa bei Festen oder Konzerten – stärker in Erscheinung. Im übrigen möchte ich noch darauf verweisen, daß in den angesprochenen Reformdebatten der gemeinnützigen Gesellschaften auch Probleme der Frauen und hier insbesondere der Unterschichtsfrauen teilweise eine wichtige Rolle spielen. Bei der Wetzlarer Schulreform wurde über die Ausbildung von Mädchen intensiv diskutiert.

…che: Zeichnen sich in diesem Zusammenhang Veränderungen während der zweiten Hälfte des 18. Jahrhunderts ab? Die erste Generation der Aufklärer des Bürgertums neigte ja durchaus auch zu geschlechtsegalitären Positionen und suchte den Disput zwischen den Ge-

»Um Gottes willen, wen haben wir denn da eingestellt?« Manchmal wandern auch reformierte Kinder in »päpstliche Schulen«. Wenn nach der Ursache geforscht wird, ist es regelmäßig schlechter Unterricht, der zu der »Abstimmung mit den Füßen« geführt hat. In diesen Fällen versuchte man dann, eine bessere Lehrkraft zu bekommen, oder man verwarnte die vorhandene ernstlich. Inwieweit die Unterschriftsleistung ein Indiz für die Schreibfähigkeit sein kann, ist umstritten. Wir finden in den evangelischen Pfarrarchiven des Bergischen Landes viele Schriftstücke mit eigenhändigen Unterschriften der Beteiligten. Wenn man eine große Menge solcher Quellen gesehen hat, gewinnt man eine ausreichende Urteilskraft, um mit einiger Sicherheit sagen zu können, daß die betreffende Person auch etwas anderes als nur die Unterschrift schreiben konnte. Manche verdächtige krakelige Unterschrift mag nur auf das Alter des Schreibers zurückzuführen sein. Selbst nach dem Aussortieren solcher Zweifelsfälle bin ich nach vorsichtiger Berechnung in dem damals kleinen niederbergischen Dorf Velbert in der zweiten Hälfte des 18. Jahrhunderts auf etwa 80 Prozent Schreibkundige gekommen. Offensichtlich hat ein Gutteil der Einwohner die seit 300 Jahren bestehende Schule mit Erfolg besucht und konnte lesen und schreiben. Beim Rechnen bin ich skeptischer; denn über mangelhafte Fähigkeiten auf diesem Gebiet wird gelegentlich geklagt. Es gibt in den Synodalprotokollen, die ich durchgesehen habe, allerdings manche Klage über rein mechanisches Vorlesen und daß die Schüler die Bedeutung der vorgetragenen Stelle nicht erklären könnten. Aber immerhin faßt um 1780 die sogenannte Berliner Lehrart im Bergischen Fuß. Das ist die Lehrart – mit Frage und Antwort –, nach der wir alle unterrichtet worden sind. In vielen Annoncen wird gegen Ende des Jahrhunderts gefordert, daß die gesuchte Lehrkraft nach der Berliner Methode unterrichten können müsse. – Was den Zusammenhang der von mir untersuchten Städte Düsseldorf und Elberfeld betrifft, so ist erst einmal klar, daß sie beide im Herzogtum Berg lagen. Sie sind damals mit Abstand die größten Städte auf bergischem Gebiet gewesen. Ausschlaggebend für meine Wahl war, daß Düsseldorf ganz überwiegend katholisch gewesen ist und Elberfeld zu einem ähnlich hohen Prozentsatz evangelisch, mit deutlichem Überhang der Reformierten. Ein Ziel der Ausführungen war es zu zeigen, daß die unterschiedlichen Glaubensrichtungen Auswirkungen auf die Art und den Grad der Bildung gehabt haben. Natürlich spielt der Unterschied zwischen einer Residenzstadt und einer entwickelten Gewerbestadt eine Rolle.

K. Andermann: Im kurpfälzischen Kernraum bestanden ähnlich gemischte konfessionelle Verhältnisse wie im Bergischen Land. In der Kurpfalz gab es allerdings ganz erhebliche Konflikte zwischen den Konfessionen. Ich habe aus Ihrem Vortrag den Eindruck gewonnen, daß im Bergischen im Verhältnis der Konfessionen alles viel friedlicher zuging. Ist dieser Eindruck korrekt?

Wesoly: Tatsächlich ging es in Berg friedlicher zu, allerdings erst im 18. Jahrhundert; in der Zeit davor gab es in der Tat Konflikte. Offenbar fand man sich in Berg etwas früher mit der Existenz Andersgläubiger ab und tolerierte sie. In diesem Zusammenhang möchte ich eine sehr schöne Aussage des ersten Velberter Bürgermeisters vom Anfang des 19. Jahrhunderts zitieren. Er berichtete der Obrigkeit: *Sectenhaß und Verfolgungsgeist sind weit von uns entfernt, und die Ehen verschiedener Religions Parteien sind hier sehr gewöhnlich, und der Geist der Tolleranz ist in unserer Mitte.* Wahrscheinlich hatten die Berger, die noch heute als die größten Dickköpfe des Rheinlandes gelten, irgendwann erkannt, daß ein Kopf nicht unbedingt und nicht immer das Ziel von Schlägen sein muß, sondern daß man damit auch denken kann.

Kirchgässner: Ich möchte nur eine persönliche Frage einschieben: Sie sprachen von der Öffnung dieser Bibliothek – das scheint ein Stück kurpfälzischer Tradition zu sein, denn die Bibliothek der Kurpfälzischen Akademie der Wissenschaften in Mannheim war unter Karl Theodor auch öffentlich zugänglich, wobei man natürlich »öffentlich« nicht mit modernen Maßstäben messen darf. Es sind aber immerhin erstaunliche Ausweitungen in der Benutzung von Beständen, die erhebliche Werte darstellten; Bücher waren in der Tat teuer.

Wesoly: Ein Hinweis hierzu: Die Anregung für die Einrichtung der Bibliothek kam nicht vom Kurfürsten, sondern vom bergischen Vizekanzler Knapp. Allerdings ist die Idee von Karl Theodor sehr unterstützt worden. Er hat nicht nur einen wesentlichen Teil der Bücher für die Erstausstattung geliefert, sondern sich mehrfach über den Fortgang und die Bestandsentwicklung der Bibliothek berichten lassen.

Kirchgässner: Karl Theodor scheint in der letzten Zeit eine gerechtere Beurteilung erfahren zu haben; es war eine seiner guten Seiten, daß er tüchtige Leute mit einiger Selbständigkeit hat wirken lassen.

Hahn: Herr Wesoly, Sie haben vorhin am Beispiel von Elberfeld hervorgehoben, wie sehr auch gesellschaftliche Kräfte im Zusammenwirken mit den staatlichen Stellen um 1800 um die Verbesserung des Schulwesens bemüht waren. Mich interessiert darüber hinaus, wie sich dieses Zusammenwirken von gesellschaftlichem Engagement und staatlicher Politik in der nachfolgenden Zeit fortsetzte, vor allem in der napoleonischen Ära. Seit 25 Jahren gibt es in der deutschen Geschichtswissenschaft ja eine Aufwertung der rheinbündischen Reformen. Und es ist in diesem Zusammenhang auch versucht worden, die Bildungsreformen der Rheinbundstaaten den preußischen Bildungsreformen gleichzustellen. Welche Rolle spielt nun die Bildungspolitik im Bergischen Land während der französischen Zeit und inwieweit greift die Bürokratie dabei noch auf jene Reformansätze zurück, die Sie für die Zeit vor 1800 dargestellt haben?

Wesoly: Man muß unterscheiden zwischen der bergischen Zeit, die bis 1806 dauert, und der Zeit des von den Franzosen eingerichteten Großherzogtums. Zuvor hat es zwar von 1795 bis 1801 schon eine Besetzung durch die Franzosen gegeben, bei der jedoch die bergische Verwaltung intakt geblieben ist. Allerdings gab es eine Lähmung aller begonnenen Reformen, nicht zuletzt wegen der drückenden Kontributionszahlungen. Davon war auch der Schulbereich betroffen. Erst 1806 beginnt die eigentliche Franzosenzeit, die bis 1813 dauert. Nach dem kurzen Intermezzo des Generalgouvernements fällt Berg 1815 schließlich dauerhaft an Preußen. Ich habe nun die Zeit der Franzosenherrschaft nicht mehr mitbehandelt, obwohl sich in dieser Zeit einiges im Bildungsbereich tut. Insbesondere gibt es eine Reihe von statistischen Aufnahmen zur Schulsituation. Ich habe nicht systematisch in die Quellen Einblick genommen, dennoch scheint es mir, als handele es sich überwiegend um eine Fortführung von Reformansätzen, die bis in die bergische Zeit zurückreichen. Manches davon wird dann erst in den zwanziger Jahren des 19. Jahrhunderts von der preußischen Schulverwaltung wieder angepackt.

DISKUSSION ZUM VORTRAG HAHN

U. Andermann: Herr Hahn, erlauben Sie mir, noch einmal aus der Perspektive des Mediävisten zu fragen. An Ihrem Vortrag hat mich die Frage interessiert, was die Mitglieder dieser Gesellschaften ausgezeichnet hat, welche Qualität sie bildungsmäßig besaßen. Konkret hat mich interessiert, inwieweit sich der Begriff des »Gelehrten« durchgehalten oder gewandelt hat. Das letzte Kriterium für einen Gelehrten könnte seine Lateinmächtigkeit geblieben sein. Sie haben in Ihrem Vortrag viele Begriffe und auch Zuordnungen sozialer Art genannt. Sie haben von »Gelehrten«, auch von »Gebildeten« gesprochen. Dann haben Sie gesagt, es gehörten Adelige, Kleriker, Beamte, schließlich auch Akademiker und Kaufleute dazu. Aber welche Qualitäten mußten sie wirklich bildungsmäßig mitbringen? Sie sprachen einmal davon, daß sie enorm hohe Aufnahmegelder zahlen mußten. Ist die wirtschaftliche Leistungsfähigkeit wirklich das einzige Kriterium? Sie sagten in einem Nebensatz, die Überlieferung enthielte auch Statuten. Läßt sich an ihnen das Selbstverständnis dieser Personen ausmachen? Hat man gesagt, man muß diese oder jene Schule besucht haben? Vielleicht spielte sogar das Latein eine Rolle.

Hahn: Die Frage nach der Qualität der Bildung und des Selbstverständnisses der Mitgli der ist natürlich bei einer Zahl von 400 bis 600 Gesellschaften in ganz unterschiedlich stru turierten Städten nicht leicht zu beantworten. Man muß von Stadt zu Stadt sehr differenzi gewichten. Zunächst zum Begriff »Gebildeter« oder »gebildete Stände«. Er wird erst seit zweiten Hälfte des 18. Jahrhunderts verstärkt als Selbstbezeichnung genutzt. Auch hängt mit dem Verselbständigungsprozeß dieser aufstrebenden bürgerlichen Schicht zus men. Oft werden die Begriff »Gebildeter« und »Gelehrter« noch synonym verwende Gelehrte werden später aber vor allem solche Personen bezeichnet, die zugleich publizi Der Begriff »Gebildete« umfaßt also vielleicht einen größeren Kreis als der Begriff »Ge te«. »Gebildete« sind zunächst einmal all jene, die für ihre Berufstätigkeit ein Universit dium absolvieren müssen. Dieser Kreis stellt in der Anfangsphase der Lesegesellsc ganz eindeutig die meisten Mitglieder. Dies zeigt etwa der Blick in die Sozietäten der Jena und Weimar, zu denen Jens Riederer gerade eine noch unveröffentlichte Disse vorgelegt hat (Aufgeklärte Sozietäten und gesellige Vereine in Jena und Weimar zw Geheimnis und Öffentlichkeit 1730–1830, phil. Diss., Jena 1995). Hier sind Kaufle andere stadtbürgerliche Kreise bis ins frühe 19. Jahrhundert hinein nur in wenigen A mefällen vertreten. Es sind also die Universitätsprofessoren, es sind die höheren Bea Weimar und Angehörige des Hofes, die offenbar auch von ihrem eigenen Selbstver her die kaufmännische Welt, die dort natürlich nicht so ausgeprägt war wie in de Handelsstädten, und erst recht die Handwerkswelt als nicht gleichwertig ansahen u sen Gesellschaften zunächst einmal unter sich blieben. Wenn man sich aber andere S schaut, dann kommt es dort schon früher zu einer Durchmischung von Gebild Kaufleuten. – Was das Latein betrifft, so spielte es im 18. Jahrhundert schon in d aufgeklärten Sozietäten eine immer geringere Rolle, trat sogar bei den gelehrten G ten in seiner Bedeutung zurück und spielte, nach allem was ich weiß, in den Leseg ten überhaupt keine Rolle mehr. Das, was man dort las, waren in der Regel Schrift scher Sprache, beziehungsweise auch englisch- und französischsprachige Texte. die Bildung des Kaufmanns betrifft, so scheinen die aufstrebenden Familien des s Handelsstandes im Laufe des 18. Jahrhunderts einen immer größeren Wert auf legt zu haben. Man strebte nicht nur eine gute Ausbildung für den Beruf, sond fassende allgemeine Bildung der Kaufmannssöhne an. Zum Teil geschah dies du rer, in zunehmendem Maße aber auch durch private Schulen. Die Kaufmanns den aufgeklärten Sozietäten mit den »Gebildeten« verkehrten, waren daher Sicht der Akademiker keine »ungebildeten« Personen, sie verfügten nur übe Form von Bildung, die durchaus viele Anknüpfungspunkte zu der Welt der Ak Dies galt etwa für die Wertschätzung von Literatur, Theater, Musik und Male rische Interessen. Der Mäzenatengeist des Wirtschaftsbürgertums des 19. Ja hier im übrigen eine wichtige Wurzel. Das Neue der Aufklärungszeit und i war eben, daß sich diese unterschiedlichen bürgerlichen Sozialformationen meinsamer Interessen zusammenfanden. Innerhalb des wirtschaftenden Bür freilich zunächst nur eine schmale Schicht, die diese Wege beschritt, aber sie um in andere stadtbürgerliche Kreise hinein. – Was die Zugangskriterien bei schaften angeht, so sind also vor allem Besitz und Bildung zu nennen. Viele ten schotteten sich durch extrem hohe Aufnahmegelder nach unten ab. Ich feld gesprochen.

Wesoly: Direkt dazu: Die hohe Aufnahmegebühr konnte man umgehe verpflichtete, eine Reihe von Vorträgen zu halten. Diesen Weg wählten di ten.

Hahn: Was ich noch hinzufügen möchte: Man darf aber nicht nur auf bestrebungen achten, man muß zugleich sehen, daß die Lesegesellschafte klärte Sozietäten beachtliche Beiträge zur Auflockerung gesellschaftlic leisteten. Sie waren ein wichtiger Teil im Konstituierungsprozeß eines

schlechtern. Das endete allerdings gegen Ende des 18. Jahrhunderts, besonders mit der Romantik, mit dem Konzept der Geselligkeit. In Karlsruhe gab es dementsprechend gleichzeitig zwei Modelle: Einmal die Lesegesellschaft, die sich später Museum nannte und die eine Männergesellschaft war, und zum anderen – mit teilweise denselben männlichen Mitgliedern – die Gesellschaft vom Haarenen Ring. Diese Gesellschaft, in der auch die Ehefrauen Mitglieder waren, pflegte die Geselligkeit, nicht die Gelehrsamkeit. Gab es auch in anderen Städten diese Pole, daß Gelehrsamkeit in Männergesellschaften, Geselligkeit in gemischtgeschlechtlichen Kreisen gepflegt wurde?

Kirchgässner: Wann war das vorherrschend?

Asche: In den Jahrzehnten um 1800.

Hahn: Die von Frau Asche angesprochenen Tendenzen kann ich für die gerade untersuchten Städte Weimar und Jena bestätigen.

Kirchgässner: Wenn man diese Überlegungen zusammenfaßt, hat der französische »Salon« zwar dort eine erhebliche Rolle gespielt, sich aber bei uns vor dem Ancien Régime noch nicht durchgesetzt.

Fouquet: Sie haben uns Wetzlar vorgestellt, eine der typischen kleineren Reichsstädte am Ende des Alten Reiches mit einem gering ausgeprägten zünftischen Gewerbe und Handwerk. Dort, in Wetzlar, bot die von Ihnen beschriebene »Gemeinnützige Gesellschaft«, bestehend zunächst aus Kaufleuten, dann auch aus Handwerkern, die Plattform, die formulierten Ziele: Schulpolitik, ausreichende Allgemeinbildung für Erwachsene und Neuregelung des Armenwesens zu diskutieren. Sie sagten, wenn ich Sie richtig verstanden habe, daß diese Pläne dann auch in praktische Politik umgesetzt wurden. Wie hat die Gesellschaft dies gemacht und zuwege gebracht? – die erste Frage. War der Rat sozusagen spiegelbildlich in dieser »Gemeinnützigen Gesellschaft« vertreten und konnte dann deren Programmatik in die Praxis umsetzen? Die zweite Frage zielt auch auf dieses Feld zwischen Programmatik und Wirklichkeit. Sie sprachen von der »Patriotischen Gesellschaft« in Hamburg, die sich 1765 konstituiert hat. Mich hat dabei besonders interessiert, daß diese Gesellschaft Hygienisierungsmaßnahmen besprochen und thematisiert hat, die dann tatsächlich seit der Mitte des 19. Jahrhunderts während großer Hygienisierungskampagnen in zahlreichen Städten umgesetzt worden sind. Ist von jenen Plänen der »Patriotischen Gesellschaft« in Hamburg irgendetwas umgesetzt worden oder ist alles reines Programm geblieben?

Hahn: Was Wetzlar angeht: Der gesamte Rat wurde mitgerissen von dieser Reformbewegung, am Ende waren alle Ratsherren Mitglieder der »Gemeinnützigen Gesellschaft«. Man hat nicht nur Programme formuliert, man hat auch versucht, das Schulwesen umzubauen. Zunächst wurde vor allem das Elementarschulwesen verändert, aber auch im Bereich der lutherischen Oberschule gab es entscheidende Verbesserungen. Nun müssen Sie aber bedenken, daß das neue Konzept um 1799/1800 auf den Weg gebracht wurde. Da stand die Stadt unter starkem äußeren Druck. Sie hatte schon erheblich unter den Revolutionskriegen zu leiden. Die Prozeßfrequenz am Reichskammergericht war seit den neunziger Jahren stark rückläufig. Dies wirkte sich ebenfalls negativ auf die wirtschaftliche Lage aus. Es war also eine ausgesprochen schwierige Situation. Hinzu kam, daß die Stadt selbst ja nur noch bis zum Jahre 1802 eigenverantwortlich handeln konnte, dann kam die Mediatisierung. Bezeichnend ist aber nun, daß der neue Landesherr, Karl Theodor von Dalberg, in seiner Politik an die Reformkonzepte der »Gemeinnützigen Gesellschaft« anknüpfte. Das galt für das Schulwesen wie für das Armenwesen. Darüber hinaus griff er auch auf das personelle Reformpotential zurück, etwa bei der Besetzung der Schulkommissionen. – Auch in Hamburg kann man feststellen, daß Dinge in die Praxis umgesetzt worden sind. Natürlich blieb gerade auf dem Gebiet der Hygiene im Laufe des 19. Jahrhundertes noch viel zu tun. Ich erinnere an die harte

Kritik an der städtischen Politik, die am Ende des 19. Jahrhunderts im Zuge der großen Cholera-Epidemie noch einmal aufkam. Es wurde seit der Gründung der »Patriotischen Gesellschaft« nicht mit einem Schlage alles verbessert. Aber man wird sagen können, daß bei diesen patriotisch-gemeinnützigen Gesellschaften nicht nur programmatische Ziele formuliert wurden, sondern daß man sich durchaus bemühte, konkrete Verbesserungen herbeizuführen, wenngleich aus unterschiedlichen Gründen vieles unzureichend bleiben mußte. Die neuen Ansätze wirkten aber ins 19. Jahrhundert hinein, und deshalb halte ich die reformerischen Aufbruchversuche des städtischen Bürgertums an der Wende vom 18. zum 19. Jahrhundert für außerordentlich bedeutsam. Es war eben nicht so, daß nur der Staat mit neuen Mitteln in die Entwicklung der Städte eingriff und den »Schlendrian« beseitigte. Das städtische Bürgertum zeichnete sich vielmehr auch durch eigenständige Modernisierungsleistungen aus, die eine zu sehr auf den Staat konzentrierte Geschichtsschreibung lange vernachlässigt hat.

Diefenbacher: Ich möchte zum Thema Lesegesellschaften und Frauen beziehungsweise Frauen in Lesegesellschaften eine kleine Ergänzung beisteuern. Sicher ist es richtig, daß die Humanistenkreise eher reine Männergesellschaften waren, aber es gab auch Frauen, die in diesen Zirkeln mitgewirkt haben. Ich denke in diesem Zusammenhang an Caritas Pirckheimer in Nürnberg oder an ihre weniger bekannte Schwester Klara. Die literarischen Vereinigungen des 17. und 18. Jahrhunderts sind dann stark von Frauen mitgeprägt worden wie beispielsweise der Pegnesische Blumenorden von Catharina von Greiffenberg. Im literarischen Salon des frühen 19. Jahrhunderts sind Frauen dann tonangebend.

DISKUSSION ZUM VORTRAG GNIFFKE

Felger: Man sollte an dieser Stelle vielleicht auch den Begründer des Volkshochschulwesens erwähnen, den dänischen Theologen und Pädagogen Nicolai Grundtvig (1783-1872). Unter dem Einfluß der Romantik begründete er insbesondere Heimvolkshochschulen, die vor allem der Pflege der dänischen Sprache dienen sollten, nachdem zuvor die deutsche Sprache das Dänische teilweise zurückgedrängt hatte.

Kirchgässner: Muß man das Ganze nicht in den breiten Strom reformerischer Bewegung einbetten? Die Sozialdemokratie hat ja gerade in den 1890er Jahren entscheidende Wandlungen durchgemacht. Wenn ich recht verstanden habe, war das Ganze eine sehr geschickte Kombination, um Leute aus anderen Flügeln einzubinden. Darüber hinaus habe ich noch eine rein technische Frage zu den Abendveranstaltungen. Wann wurden diese Kurse gehalten? In einer Zeit, in der der Zehn- oder Zwölfstunden-Tag üblich war, am Abend noch Bildungsveranstaltungen zu besuchen, erfordert einen großen Einsatz. Schließlich wäre zu klären, ob die Wandlung zu einer eigentlichen Volkshochschule ein späterer Prozeß ist, denn diese kennt dann wieder Tagesveranstaltungen.

Gniffke: Es sind in der Regel Abendveranstaltungen. Das einzige, was nachmittags stattfindet, sind Volkskonzerte, Volksvorstellungen. Das sind die Sonntagnachmittage, das heißt die freien Tage der Arbeiter. Ansonsten ist in der Regel Vorlesungsbeginn abends um 20 Uhr oder um 20.30 Uhr. Das heißt, die Leute kommen gerade von der Arbeit, haben also keine Gelegenheit mehr, nach Hause zu kommen, weil ihr Heimweg ja oft auch eine Stunde dauert. Die kommen so, wie sie in der Arbeit waren, zu diesen Veranstaltungen, die zum Teil von bis zu 1 000 Leuten besucht waren. Das ist wirklich eine beachtliche Leistung, und es muß auch eine beachtliche Motivation dahinterstecken, um sich dazu zu überwinden, abends noch etwas für die Bildung zu tun. Was ich zeigen wollte, ist die Tatsache, daß die Unzufriedenheit mit staatlicher Sozialreform den Fokus bei den Gewerkschaften auf die kommunale Ebene verlagerte, die nun zunächst einmal für die ersten Jahre nach dem Auslaufen des Sozialistengesetzes wirklich den zentralen Ansatzpunkt für sozialpolitische Aktivitäten der Gewerkschaften bildet. Die Besonderheit Frankfurts besteht eben darin, daß es hier diese Konstruktion mit der Parität beziehungsweise später sogar mit der Überparität gibt. Das ist ein Angebot, das so attraktiv ist für die Arbeiter und die organisierte Arbeiterbewegung, daß man da nicht mehr widerstehen kann. Deshalb auch der Ansatz, in Frankfurt zu prüfen, warum es eigentlich zu dieser besonderen Fixierung auf die kommunale Ebene kommt, die sich dann im Zuge einer stärkeren Rückbesinnung auf staatliche Sozialreform insgesamt in Deutschland in den ersten Jahren nach der Jahrhundertwende deutlich verändert. Die skizzierte Parallele zu Erfurt ist diese Zweigleisigkeit. Das war eigentlich auch das theoretische Grundmodell, das es den Arbeitern ermöglichte, sich zu beteiligen, dabei aber stets einzuschränken: Wenn wir einmal in der Lage sein werden, dann werden wir eigene Bildungsbestrebungen unternehmen und dann werden wir die bürgerlichen »Krücken«, die wir jetzt noch benutzen und benutzen müssen, abwerfen. Das heißt also kurzfristig immer Beteiligung, aber mit dem Zusatz: wir werden es irgendwann nicht mehr brauchen, und dann haben wir das Ganze. Insofern die Parallele zu Erfurt.

Kirchgässner: In Zusammenhang mit der Frage nach der Mitwirkung von Arbeitervertretungen möchte ich doch an die Berufsgenossenschaft erinnern. Übrigens haben nach meiner Kenntnis in der badischen Fabrikinspektion auch Arbeiter mitgewirkt, so daß das ein breiterer Strom der Entwicklung ist, als man gewöhnlich meint. Eine solche Mitwirkung ist aber nicht allein mit gutem Willen möglich, sondern setzt entsprechende Kenntnisse voraus. Wie hat man sich diese Entwicklung vorzustellen?

Gniffke: Ja, das ist das, was ich skizziert habe, mit der Institution des gewerblichen Schiedsgerichtes. Und das ist wirklich eine Frankfurter Besonderheit, daß hier – und dann auch später in den anderen Institutionen – Arbeitervertreter auf Grund ihres Amtes als Vertreter des Fachvereins oder später als Vertreter des Gewerkschaftskartells vertreten sind. Da gibt es zum ersten Mal die Konstruktion dieses offiziellen Delegierten einer Arbeiterorganisation, und das eben zum Teil während der Geltungsdauer des Sozialistengesetzes.

Kirchgässner: Ich möchte noch einmal danach fragen, woher diese Leute eigentlich ihr Wissen hatten.

Gniffke: Meine These war, daß in Frankfurt keine Funktionärsausbildung stattfindet, sondern stattdessen das Prinzip »learning by doing« gilt. In Frankfurt gibt es sehr früh Mitwirkungsmöglichkeiten für Arbeiter, und die Arbeiter qualifizieren sich über die Tätigkeit in den verschiedenen Institutionen. Im Ausschuß für Volksvorlesung fand eine Funktionärsausbildung ja auch nicht statt; im Mittelpunkt der Tätigkeit des Ausschusses standen naturwissenschaftliche, medizinische und literaturgeschichtliche Vorträge.

Brüchert-Schunk: Mainz hatte vor dem Gewerbegerichtsgesetz von 1890 noch kein paritätisch gewähltes Schiedsgericht wie Frankfurt. 1890 wurde dann das Gesetz erlassen, danach mußten alle Gewerbegerichte im Deutschen Reich paritätisch besetzt sein. Hier in Mainz wurde das Gewerbegericht 1891 eröffnet. Es wurden 52 Beisitzer gewählt, 26 von der Arbeitgeberseite und 26 von der Arbeiterseite, wobei per Liste gewählt wurde. Diese 26 Beisitzer mußten nicht bei jeder Versammlung anwesend sein, sondern sie kamen zwei Wochen im Jahr zum Zug. Die Vorsitzenden waren meist ausgebildete Verwaltungsjuristen (in Mainz zum Beispiel lange Jahre der Beigeordnete und spätere Oberbürgermeister Dr. Gaßner, der auch den Verband deutscher Gewerbegerichte mitgründete), und die Beisitzer waren eben Laien-Beisitzer so wie bei jedem Schiedsgericht; sie hatten keine juristische Ausbildung und entschieden auf Grund ihres im Arbeitsleben erworbenen praktischen Sachverstands über Streitfälle wie Weiterbeschäftigung oder Nichtlohnzahlung. Für die aufgewendete Zeit erhielten sie ihren Lohn ersetzt, der Arbeitgeber mußte die Zeit also nicht bezahlen. Ein Großteil der Arbeit lag beim Vorsitzenden, der zunächst allein mit den Parteien verhandelte und versuchte, eine Einigung herbeizuführen. Eine Sitzung wurde erst einberufen, wenn das nicht gelang. Die größte Schwierigkeit dieser Gewerbegerichte war, daß die Arbeitgeberseite nicht gezwungen werden konnte zu erscheinen. Dann konnte die Verhandlung nicht stattfinden, und es konnte auch kein Urteil gesprochen werden. Das war ein beliebter Trick der Arbeitgeber, wenn sie ahnten, daß das Urteil zugunsten der Arbeiter ausfallen würde. In diesen Verhandlungen haben die Arbeitervertreter auch sehr viele Erfahrungen gesammelt. Zum großen Teil waren es Gewerkschaftsfunktionäre, die sowieso schon in Partei- und Gewerkschaftsversammlungen zu sprechen gewohnt waren. Sie haben dann aus der Praxis gelernt und waren auch sehr geübt in solchen Verhandlungen, ohne jemals eine juristische Ausbildung erhalten zu haben.

Kirchgässner: Natürlich kann man nicht an eine volle juristische Ausbildung denken, aber die Mitwirkung setzt im Einzelfall doch erhebliches Können voraus.

Asche: Sie haben, Herr Gniffke, gesagt, daß Clara Zetkin in Frankfurt Vorträge hielt. Sie war zu dieser Zeit innerhalb der Sozialdemokratie zuständig für die Organisierung der sogenannten proletarischen Frauenbewegung. Sind die Themen überliefert, über die Clara Zetkin gesprochen hat?

Gniffke: Es ist in der Tat so, wie Sie gesagt haben. Es sind hier allgemeine Vorträge gehalten worden. Vielleicht wäre in diesem Zusammenhang anzumerken, daß es 1902 zur Gründung eines Mädchen- und Frauenbildungsausschusses in Frankfurt kam, der allerdings keine umfängliche Tätigkeit entfaltet hat.

Kirchgässner: Man sollte allerdings nicht vergessen, daß das Recht und die Rechtsprechung nicht so schrecklich kompliziert waren wie heutzutage.

Kremer: Meine Frage gilt der Interaktion zwischen den lokalen, möglicherweise halbautonomen Bildungsaktivitäten der organisierten Arbeiterbewegung in Frankfurt und Umgebung sowie den zentralen Bildungseinrichtungen der Sozialdemokratie auf Reichsebene. Im Kaiserreich war es durchaus üblich, Partei- und Gewerkschaftsmitglieder zu Schulungskursen an die Berliner Parteihochschule zu delegieren oder aber umgekehrt Redner und Dozenten von dort in die verschiedenen Städte und Regionen zu entsenden. Könnten Sie, falls solche Missionen auch in Frankfurt eine Rolle spielten, nähere Angaben zu Personen, Zeitdauer und Hintergründen machen?

Gniffke: Delegierte zur Ausbildung hat es in Frankfurt nicht gegeben. Redner von auswärts wurden zu Einzelvorträgen eingeladen, Arbeitervertreter aus Frankfurt wurden an die Parteischule delegiert.

Kremer: Vermutlich hat sich auch in Frankfurt eine zeitgenössische Spezies von nachweislich recht debattierfreudigen Arbeiterbildungsvereinen, den sogenannten Karl-Marx-Clubs, an den kommunalen Bildungsveranstaltungen beteiligt. Wissen Sie vielleicht etwas über deren Existenz und Tätigkeit?

Gniffke: Leider nein.

Felger: Der Beginn des Volkshochschulwesens in Stuttgart fiel ins Jahr 1919; der sozial stark engagierte Unternehmer Robert Bosch war der Geldgeber, Theodor Bäuerle, der spätere württembergische Kultusminister, war maßgeblich beteiligt. Im übrigen diente auch die ebenfalls im Jahr 1919 in Stuttgart gegründete erste Waldorfschule sozialpolitischen Zwecken: Emil Molt, Direktor der Zigarettenfabrik Waldorf-Astoria in Stuttgart, rief eine Schule für die Kinder der Arbeiter und Angestellten seines Unternehmens ins Leben, Rudolf Steiner wurde Leiter der Schule.

DISKUSSION ZUM VORTRAG FÖRSTER

Kirchgässner: Bei der Beobachtung der Entwicklung des Patentwesens möchte ich an die Geigy-Festschrift erinnern, in der mit Nachdruck die glaubhafte These vertreten wurde, der rasante Aufstieg Deutschlands zur industriellen Weltmacht sei zum großen Teil den Technischen Hochschulen zu verdanken. Daß Großteile der Forschung im naturwissenschaftlichen und technischen Bereich in die Betriebe verlagert worden sind, ist eine – historisch gesehen – sehr junge Entwicklung.

Hahn: Ich möchte zunächst einmal das unterstreichen, was Herr Kirchgässner zu dem Vortrag gesagt hat. Auch mir hat es sehr gut gefallen, wie Sie die Bedeutung der neuen Entwicklungen im technischen Bildungswesen für den deutschen Industrialisierungsprozeß dargestellt haben. Ich stimme im übrigen Ihren Einschätzungen im großen und ganzen völlig zu, würde aber für die frühe Phase des Industrialisierungsprozesses in drei Punkten die Akzente etwas anders setzen. Einmal haben Sie beim Vergleich mit Frankreich gesagt, daß der Partikularismus in Deutschland der Bündelung der Kräfte eher entgegenstand. Ich finde das Beispiel, das Sie dann gebracht haben, das Großherzogtum Baden, zeigt uns gerade, wie fruchtbar doch eigentlich die föderativen Strukturen in Deutschland auch für den wirtschaftlichen Modernisierungsprozeß sein konnten. Die zentralistischen Strukturen in Frankreich haben die dortige Entwicklung im 19. Jahrhundert vermutlich eher gebremst als gefördert. Man sollte die föderativen Strukturen in Deutschland bei allen Nachteilen, die sie teilweise brachten (Zollpolitik), daher nicht nur unter der Rubrik »wachstumshemmende Faktoren« verbuchen, sondern auch auf die motivierende Wirkung der Konkurrenz von Einzelstaaten und Regionen verweisen, deren positive Seiten in Ihrem Vortrag dann ja auch zur Sprache kamen. – Zum zweiten Punkt: Sie haben von der wirtschaftlichen Rückständigkeit Deutschlands um 1800 gesprochen. Gewiß gab es große Abstände insbesondere zu England. Aber maßgebliche Wirtschaftshistoriker, etwa Knut Borchardt, haben die Ansicht vertreten, das deutsche Entwicklungspotential sei um 1800 doch schon so beträchtlich gewesen, daß es unter Umständen auch einen autochthonen – also nicht abgeleiteten – deutschen Industrialisierungsprozeß hätte geben können. Man sollte deshalb auch im Hinblick auf die Technik das um 1800 in Deutschland vorhandene Potential nicht unterschätzen. – Zum dritten Punkt, der Bedeutung der polytechnischen Schulen für die frühe Phase des Industrialisierungsprozesses. Ich möchte hier ein bißchen vor einer Überschätzung warnen, weil viele technische Fortschritte in dieser Phase noch von »Praktikern« und keinesweg nur von einer technisch geschulten Funktionselite kamen. Man findet natürlich Beispiele dafür, welch wichtige Grundlagen die polytechnischen Schulen legen konnten, etwa beim Lokomotivenbauer Emil Kessler, der auf dem Polytechnikum in Karlsruhe war. Man findet aber eben auch andere Beispiele, die zeigen, daß die staatliche Förderung der Technikentwicklung keineswegs immer in raschen wirtschaftlichen Erfolg mündete und daß die Ausbildung in der frühen Phase offenbar oft noch zu wenig den Erfordernissen der Praxis genügte. Zwei Beispiele aus Preußen mögen dies unterstreichen. August Borsig, der auf dem Beuth'schen Gewerbeinstitut in Berlin war, wurde dort als wenig talentiert wieder nach Hause geschickt, um dann seine große Karriere als Maschinenbauer zu starten. Und in Schlesien, wo die staatliche Technologieförderung in der frühen Industrialisierungsphase besonders umfangreich war, blieben die erwarteten Erfolge aus, weil die vom Staat geförderte modernste Technik nicht zu den dort vorhandenen gesellschaftlichen und wirtschaftlichen Strukturen paßte.

Förster: Zur ersten Frage und dem Zweifel daran, daß der Partikularismus einer Bündelung der Kräfte entgegenstand. Ich teile Ihre Skepsis und denke, daß hier die Forschungen weiter vorangetrieben werden müßten, um zu sehen, welche Ansätze im Ingenieurschulbereich vor dem Ende des Alten Reiches überhaupt bestanden. Hieran wäre zu ermessen, welches bildungsspezifische Potential durch die politischen Zäsuren zu Beginn des 19. Jahrhunderts paralysiert worden sind. In Mannheim gab es während des 18. Jahrhunderts diverse kleine Ingenieurschulen, teils privater, teils halbstaatlicher Art, die mit den Ereignissen der

Jahre 1803/06 verschwanden. Genaueres hierzu ist nicht bekannt. Ich denke, daß der aktuelle Forschungsstand einfach noch nicht ausreicht, um jetzt schon eine Gewichtung in der einen oder anderen Richtung vorzunehmen. – Zweitens. Sie sagen, die industrielle Ausgangslage Deutschlands zu Beginn des 19. Jahrhunderts werde häufig unterschätzt. Tatsache ist, daß Deutschland, an den Industriebranchen gemessen, ein anderes Profil entwickelte als zum Beispiel Großbritannien, das in der Entwicklung wegweisend war. Zwar hat man auch im Bereich der Montanindustrie in Deutschland später Akzente gesetzt, aber Maschinenbau, Elektrotechnik, Chemie und Metallindustrie waren die Branchen, die in Deutschland zur Blüte geführt wurden. Was die Ausgangssituation Deutschlands im Industrialisierungsprozeß um das Jahr 1800 angeht, denke ich, daß auch hier die Detailforschung noch nicht soweit vorangetrieben worden ist, um eine umfassende Wertung vornehmen zu können. – Zur dritten Frage, der Bedeutung der polytechnischen Anstalten für den Industrialisierungsprozeß. Auch in diesem Zusammenhang komme ich auf die Operationalisierung zu sprechen. Es heißt zum Beispiel, wenn ein Schulstandort untersucht werden soll, die Wirkungsgeschichte sei genauer zu beleuchten. Das bedeutet dann konkret: »welche großen Köpfe hat die Schule hervorgebracht«? Das beispielsweise könnte ein Indikator sein. Wenn nun eine Schule tatsächlich eine Reihe großer Köpfe hervorgebracht hat, könnte man zu der Folgerung kommen, daß hier entscheidende Akzente gesetzt wurden. Ist dieses Faktum nun gewichtiger und ausschlaggebender als die Wirkung einer anderen Schule, die eine zehnfache Anzahl von Absolventen entließ, welche dann mehr auf der mittleren Ebene Akzente setzten? Auch hier: wie will ich das messen? Daß die Polytechniken insgesamt einen wesentlichen Beitrag zur Industrialisierung Deutschlands insbesondere in den Jahren ab 1880 leisteten, das steht außer Zweifel. Die Gewichtung in der Frühphase der Entwicklung ist doch stark zu relativieren – ich erinnere an die Tatsache, daß die Polytechniker bei Gründung der Karlsruher Einrichtung im zarten Alter von 13 Jahren den Unterricht begannen, das Studium dauerte etwa drei bis vier Jahre, und man kann sich vorstellen, daß die Inhalte, die vermittelt wurden, ohnehin rein deskriptiver Art waren und vielleicht auf einem gehobenen Fachschulniveau angesetzt werden könnten. Entscheidend im Industrialisierungsprozeß war letztendlich dieser Paradigmenwechsel im Technikverständnis, der ganz elementar die Entwicklung voranbrachte. – Zu Ihrer dritten Anmerkung bezüglich der Bedeutung der Polytechniken in der ersten Phase des Industrialisierungsprozesses: Dies ist sicherlich insofern ein Problem, als die Operationalisierung keine eindeutig quantifizierbaren Indikatoren an die Hand gibt. Und von daher stimme ich durchaus Ihrer Auffassung zu, daß man auch diesen Aspekt eher mit einer gewissen Zurückhaltung betrachten sollte.

Becht: Meiner Ansicht nach unterschieden sich die Polytechnikumsgründungen in den ersten Jahrzehnten des 19. Jahrhunderts von den späteren noch durch einen weiteren, nicht unwichtigen Umstand. Die eingegangenen Gründungen der Jahre 1803/1806 haben ganz sicher unter den Zeitumständen gelitten, aber es gab ja auch Gründungen aus dem zweiten Jahrzehnt, die ebenfalls in den zwanziger Jahren wieder eingingen, etwa das Polytechnische Institut in Freiburg, das es zwischen 1818 und 1822 gab. Mir scheint ein ganz wichtiger Aspekt zu sein, daß ab den dreißiger Jahren die Ausbildung am Polytechnikum Perspektiven im Staatsdienst eröffnete; der zunehmende Straßen- und Brückenbau sowie besonders ab den 40er Jahren der Eisenbahnbau seien als Stichworte genannt. Erst dadurch konnte sich letzten Endes das Institut der »Polytechnischen Schule« etablieren. – Eine Anmerkung am Rande: Die von Ihnen erwähnte Gewerbeschule in Pforzheim ist ebenso wie die Kunstgewerbeschule, die 1877 gegründet worden ist, von Anfang an in staatlicher Regie betrieben worden, war also keine Gründung der Kommune, wurde mithin von der Kommune auch nicht unterhalten. Die Stadt war in beiden Fällen lediglich an der Planung und den Kosten beteiligt.

Dirlmeier: Herr Kirchgässner hat heute Vormittag in einem Diskussionsbeitrag die Frage aufgeworfen, wie erfreulich eigentlich für die Betroffenen die Fortschritte im Bildungssektor waren, über die hier berichtet wird. In dem eben gehörten Beitrag haben mir solche kritischen Untertöne ganz entschieden gefehlt. Es war eben nicht so, daß die Technikerausbildung rundheraus ein strahlender Erfolg war. Gerade was sozialverantwortliches oder auch umweltverantwortliches Denken und Handeln angeht, waren doch ganz massive Defizite eingebaut, die man nicht völlig übergehen sollte.

U. Andermann: Ich habe gestern in meinem eigenen Vortrag versucht, zwischen Bildungseinrichtungen *in* der Stadt und Bildungseinrichtungen *der* Stadt zu unterscheiden. Nach den bisherigen Vorträgen ist mir aufgefallen, daß Sie einen Perspektivenwechsel vorgenommen haben. Sie haben nicht – was unser Thema ist – Stadt und Bildung in den Blick genommen, sondern vielmehr Staat und Bildung und die Stadt lediglich als Standort von Bildungseinrichtungen behandelt. Meiner Erwartung hätte es mehr entsprochen, wenn Sie herausgestellt hätten, wo die Stadt Entscheidungsträger, auch rechtlicher Träger solcher Schuleinrichtungen im gewerblichen Bereich gewesen ist. Ihr Beitrag bestätigte, daß die beiden Einrichtungen in Pforzheim keine kommunalen waren. Ich hätte gewünscht, daß der kommunale Aspekt für die Arbeit der Tagung stärker im Vordergrund geblieben wäre.

Nieß: Mir scheint bezeichnend zu sein, daß es Mannheim eben nur bedingt geschafft hat, zum Zuge zu kommen. Und die Ingenieurschule wird ja von einer innovationsfreudigen Stadtverwaltung an Land gezogen, insofern trifft der Vortrag schon das Thema. Und ich glaube, es ist aus Mannheimer Sicht ein bezeichnendes Beispiel, daß es hier auch einen innerbadischen Gegensatz gibt. Der Zentralismus wird dann auch, je nachdem, welche Epoche wir uns anschauen, zum Problem.

Förster: Es wurde an meinen Ausführungen kritisiert, daß ich das Thema »Stadt und Bildung« im Zusammenhang mit dem technischen Bildungswesen nicht ausreichend berücksichtigt hätte; dies ist richtig. Das Thema der Trägerschaft hat in meinem Beitrag in der Tat eine nachgeordnete Rolle gespielt. Mir schien allerdings auch angezeigt, angesichts der Komplexität des Forschungsgegenstandes zunächst einen Überblick über die Konstituierung des technischen Schulwesens zu präsentieren. Hierbei bedarf es zur Erläuterung der Hierarchisierung der technischen Bildung zusätzlich etwa der Berücksichtigung des ebenfalls recht komplizierten Technikwandels. Das ist ein Zusammenhang, der aus meiner Sicht die Komplexität des Themas insgesamt erst verständlich macht. Wie soll man Entwicklungen etwa auf lokaler oder regionaler Ebene interpretieren, wenn eine Verortung in größere Zusammenhänge nicht möglich ist? Von daher schien mir die präsentierte Vorgehensweise durchaus plausibel.

Wesoly: Ich meine, wir sollten hier keinen Gegensatz konstruieren zwischen den Fällen, in denen die Stadt selbst Träger der Schule war, und denjenigen, in denen jemand anderes den Rahmen gab. Wichtiger scheint mir doch zu sein, daß der Unterricht in den Schulformen, die wir heute betrachtet haben, in der Stadt seinen Platz hatte. Im bergischen Bereich gibt es bis zum Ende des Alten Reiches keine städtische Schulpolitik. Einer der Schulmeister in Düsseldorf wird zwar Stadtschulmeister genannt, die Stadt tut aber nichts zu seinem Unterhalt dazu. Das bißchen Gehalt, das er neben dem Schulgeld hat, kommt von kirchlicher Seite. Insofern hätten die Themen der Tagung anders lauten müssen, wenn wir Ihrer Forderung gefolgt wären, Herr Andermann. Natürlich halte auch ich es für wichtig, immer wieder zu fragen, wer initiiert die Schulen, und diese Frage möchte ich an Sie, Herr Förster, richten. Sie haben von privaten Schulunternehmern gesprochen. Das würde ich doch noch gern ein bißchen genauer dargestellt haben.

Förster: Man kann generell sagen, daß Privatschulunternehmer jene Lücke füllten, die der Staat oder die Kommunen hinterließen. Ein Schulunternehmer trat im Prinzip wie ein Geschäftsmann auf. Er hatte einen Betrieb, ein Dienstleistungsunternehmen, er offerierte Bildung, Qualifikation. Er meldete sein Unternehmen beim Gewerbeamt an und bezahlte Steuern. Er beschäftigte Dozenten und bezahlte sie natürlich auch. Was das Motiv der Gründung angeht, muß man individuell unterscheiden. Daß sich hierbei auch eine Reihe fragwürdiger

Elemente als private Schulunternehmer etablierte, das ist sehr ausgiebig in die zeitgenössische Literatur eingegangen. Es gab Unternehmer, die innerhalb von vier bis sechs Wochen – bei anderen dauerte es drei Monate – fertige Elektroingenieure ausbildeten, deren Qualifikation natürlich unterhalb des Niveaus eines Studenten lag, der über fünf Semester die Schulbank gedrückt hatte. Daß damals der Titel des Ingenieurs ungeschützt war, konnten diese Schulen beliebig Zeugnisse mit dem Titel des Ingenieurs verleihen, und man hat von dieser Möglichkeit auch ausreichend Gebrauch gemacht.

Schadt: In einer Tagung von Stadthistorikern darf man doch sicherlich die Frage stellen, wie die Stadt als Persönlichkeit in die Geschichte eingreift, ob sie Subjekt oder ob sie nur Objekt einer Schulpolitik ist. Eine zweite Frage sei erlaubt: Was bedeutet die Schule für die städtische Entwicklung? Und da glaube ich, daß die Ingenieurschule Mannheim einige Antworten bereithält. Herr Förster hat ja sehr schön ausgeführt, daß die Gründung auch das Ergebnis von Bemühungen des Oberbürgermeisters und der Mannheimer Wirtschaft war. Andererseits beobachten wir, daß diese Ingenieurschule im 20. Jahrhundert die Wirtschaft und die Industrie in Mannheim und in der Region bedient. Zum Stolz dieser Ingenieurschule oder der Fachhochschule für Technik, wie sie sich jetzt nennt, gehört, daß sie mit Dr. Ludwig Ratzel und dem derzeitigen Amtsinhaber Gerhard Widder zwei Oberbürgermeister hervorgebracht hat.

Diefenbacher: Es gibt durchaus Beispiele dafür, daß nicht der Staat in Städten technische Schulen gründete und förderte, sondern die Städte selbst. Sie haben das Polytechnikum Nürnberg genannt. Johannes Scharrer, ein führender Vertreter des Nürnberger Vereins zur Förderung der Vaterländischen Industrie und zu jener Zeit rechtskundiger Magistratsrat der Stadt Nürnberg, erreichte es zusammen mit Gleichgesinnten, daß die Stadt in den 20er Jahren des 19. Jahrhunderts eine polytechnische Schule ins Leben rief und unterhielt.

Förster: Was die Rolle der Kommune hinsichtlich der Etablierung der Mannheimer Ingenieurschule angeht, so ist das nur zu unterstreichen, was Herr Schadt gesagt hat. Es lag im Interesse Mannheims, daß diese Einrichtung am Ort Wurzeln schlug. Oberbürgermeister Beck hat seit Anfang der 1890er Jahre eine kommunale Politik betrieben, die sehr stark von der Notwendigkeit ausging, Industrie auf die Gemarkung zu ziehen; er erwartete, daß die Funktion des Endpunktes in der Rheingroßschiffahrt abhandenkommen würde. Mannheim verlor dadurch als Handelsplatz die Rolle einer Drehscheibe für den gesamten südwestdeutschen Raum. Mannheim hat sich des weiteren lange um eine Baugewerkschule gekümmert, die, anders als die Ingenieurschule, im Baufach Architekten und Techniker ausbildete. Die Mannheimer Bauwirtschaft brauchte qualifiziertes Personal und am besten bildete man das am Ort aus.

Hauer: Ich möchte mich Herrn Andermann und Herrn Schadt anschließen und auf die Möglichkeiten der Städte hinweisen, selbst in die Schulpolitik gestaltend einzugreifen. Die vor Ort gegebene Vielfalt wird von der Forschung noch viel zu wenig zur Kenntnis genommen. In den Sozialwissenschaften versteht man Modernisierung vornehmlich als »Modernisierung von oben«. Die vielen Initiativen zu einer pädagogischen »Modernisierung von unten« kommen so nicht in den Blick. In Tübingen beispielsweise hatte im Verlauf des 19. Jahrhunderts der Gemeinderat als Initiativ- und Beschlußgremium eine wichtige bildungspolitische Funktion.

Förster: Sie haben einen interessanten Aspekt angesprochen, nämlich den der Rolle der Stadtverwaltung hinsichtlich der Akzeptanz der Standortofferte eines Privatschulunternehmers. In Mannheim hat der Stadtrat – entsprechende Ratsprotokolle bezeugen dies – die Offerte des Schulunternehmers Witsack durchaus kontrovers aufgenommen. Es gab mahnende Worte diverser Stadtverordneter, die darauf hinwiesen, daß man die Offerte mit größter Vorsicht zu prüfen habe. Man unterzog sich sogar der Mühe, direkt in Zweibrücken Auskünfte einzuholen, um sich ein Bild von diesem Privatschulunternehmer machen zu können. Insofern bin ich durchaus Ihrer Auffassung.

Reuter: Vielleicht kann man auf etwas hinweisen, das dieses empfundene Defizit doch etwas aufhebt. Es ist ein Vortrag ausgefallen, und der wäre in diesem Zusammenhang wichtig gewesen, da er das Berufsschulwesen behandeln sollte. Es ist von den Gewerbevereinen hergekommen und in den Städten mit deren Unterstützung von der ansässigen Industrie und vom Handwerk betrieben worden. Erst später wurde es vom Staat durch gesetzliche Bestimmungen überwölbt. Die Stadt setzt beim vorhandenen Bedarf ein, der Staat sucht Bildungs- und Erziehungsziele durchzusetzen. Daraus kann sich eine Konkurrenzsituation ergeben. Es sind mehrfach die privaten Schulunternehmer angesprochen worden, auch sie kommen vom Bedarf her. Wir haben in Worms eine Reihe von Privatschulen gehabt, die sich mit Landwirtschaft, Bierbrauerei und Müllerei beschäftigt haben. Solche Schulen entstehen nur dann, wenn das am Ort und in der Umgebung wirklich notwendig ist. Das Müllergewerbe ist zurückgegangen, die Brauereien sind auch weniger geworden, aber die Landwirtschaftsschule hätte bestehen bleiben können. Nun hat aber das Großherzogtum Hessen-Darmstadt die Landwirtschaftliche Winterschule eingeführt, das heißt staatlich finanzierte und organisierte Schulen, in denen im Winter Unterricht gehalten worden ist. Das hatte den Effekt, daß die privat geführten und kostenpflichtigen Privatschulen, die ja auch Steuerzahler in den Städten waren, infolge des Schülerrückganges schließlich aufgegeben haben.

DISKUSSION ZUM VORTRAG ASCHE

Diefenbacher: Im Rahmen der Tagung wurde eines recht deutlich: Bildung ist konfessionsgebunden. Herr Wesoly hat gestern begonnen, diese These zu unterfüttern, Frau Asche baute dies aus. Aus Ihrem Referat ging deutlich hervor, daß der Frauenverein hauptsächlich in evangelischen Gegenden tätig war. Gab es denn ein Pendant im katholischen Baden und, wenn ja, unterschied sich dann die Arbeit in den badischen Frauenvereinen je nach Konfession?

Schadt: Ich wollte nur fragen, wie weit das Judentum bei dieser Emanzipationsbewegung eine Rolle gespielt hat.

Asche: Der badische Frauenverein war von seiner Zielsetzung her multikonfessionell angelegt. Im Kreis seiner Gründerinnen waren protestantische und katholische Frauen und eine Jüdin. Trotzdem blieb der Verein protestantisch geprägt. Das liegt auch daran, daß katholische Priester dagegen antraten, wenn in ihrer Gemeinde der Versuch unternommen wurde, einen Zweigverein zu verankern. Die katholische Frauenbewegung, die auch aus der Tradition der Barmherzigkeit kam, war in den katholischen Gegenden schon vertreten. Es gab z.B. den katholischen Frauenbund, allerdings erst seit Beginn des 20. Jahrhunderts, und auch andere Frauenvereine, die sich der Frauen und Mädchen im karitativen Sinne annahmen. Die Erziehung zu hausfraulichen Fähigkeiten vertraten sie wie die Protestantinnen. In Karlsruhe finden wir darüber hinaus eine enge Zusammenarbeit zwischen den katholischen und protestantischen Frauenvereinen bei der Lösung alltäglicher Probleme. Jetzt zu der ganz wichtigen Rolle des Judentums für die Emanzipationsbewegung der Frauen: Ich habe die Namen Anna Ettlinger und Robert Goldschmit genannt. Anna Ettlinger hat für das Mädchengymnasium eine große Rolle gespielt und war Jüdin. Robert Goldschmit, der in der Schulkommission war, war Jude. Zudem ist es auffallend, daß die Zahlen jüdischer Schülerinnen am Gymnasium, gemessen an dem prozentualen Anteil an der Bevölkerung, sehr hoch waren. Das hängt mit der traditionell starken Rolle der Frauen im Judentum zusammen und natürlich mit der Achtung vor der Bildung allgemein. Zudem betrafen Latein und Griechisch, was die Mädchen ja auf dem Gymnasium lernten, nicht das in der jüdischen Kultur hoch angesehene Talmud- und Thorawissen, was ja wiederum den Männern vorbehalten war.

Nieß: Was mich bei dem Vortrag besonders gefreut hat, ist, daß auch auf die Unterschicht eingegangen wurde. Ich habe den Eindruck, daß in der Literatur bislang vor allem die höhere Mädchenbildung im Vordergrund stand und daß gerade dieses Phänomen der Arbeiterschichten noch gar nicht angesprochen ist. Meine erste Frage geht dahin, ob Sie etwas hinsichtlich der Zahlen gefunden haben. Mein Eindruck – zumindest für Mannheim – ist, daß die Volksschulbildung bei Mädchen sehr viel früher als bei Knaben abgebrochen wird. Es ist zumindest auffällig, daß die Mädchenbildung im Durchschnitt wesentlich geringer ausfällt. Die zweite Nachfrage betrifft den höheren Bildungszweig. Ist nicht gerade durch diese Ausbildung auch wieder ein Bewußtsein der Eigenemanzipation geschaffen worden? Wer sind die führenden Köpfe? Dann noch eine logische Nachfrage: Sie haben vom »einheitlichen Mittelschulwesen« gesprochen. Dazu muß ich noch anmerken, »Mittelschulwesen« meint in Baden die höheren Lehranstalten, das heißt, es ist gerade nicht einheitlich, und deshalb ist es mir nicht ganz klar, was damit gemeint sein kann. Sie haben das Schulgeld erwähnt. Gab es an den höheren Schulen Schulgeldbefreiung?

Becht: Frau Asche, Sie haben über »Disziplinierung und Emanzipation: Kommunale Bildungspolitik für Mädchen und Frauen im Großherzogtum Baden« referiert, sprachen aber – aus natürlich durchaus verständlichen Gründen – vor allem über Karlsruhe, wo sich für meine Begriffe doch sehr antizipative Entwicklungen abspielten. Ich möchte Sie nun doch gerne bitten, kurz auf die Entwicklung in anderen Regionen des Großherzogtums einzugehen und deutlich zu machen, wie die Karlsruher Entwicklung einzuordnen ist. Denn wenn ich an das Mädchenschulwesen in kleineren Industriestädten wie zum Beispiel Lörrach denke, da sieht es nun doch ganz anders aus, die Verhältnisse waren dort doch weit weniger fortschrittlich, von den ländlich geprägten Kleinstädten und Dörfern, wo ja die meisten Badener lebten, gar nicht zu reden.

Asche: Die Zahlen des Schulbesuchs der Mädchen der Arbeiterschicht kann ich ihnen jetzt nicht auswendig sagen. Allerdings besuchten die Mädchen auch in Karlsruhe sehr viel weniger Schuljahre die Schule als die Jungen, und zwar in allen Schultypen. Was die Entstehung einer Emanzipationsfreude durch Ausbildung angeht, muß man die damalige Annahme eines geschlechtsspezifischen Charakters berücksichtigen. Die wurde von dem bürgerlichen Flügel der Frauenbewegung vertreten und gleichzeitig so gedreht, daß die Frauenvereine auf der Grundlage der Anerkennung dieser Geschlechterpolaritäten folgendes Politikkonzept entwickelten: Wir müssen in der Gesellschaft den Fraueneinfluß verstärken, denn mit dem Sinken des Fraueneinflusses sinkt der sittliche Wert einer Gesellschaft. Die Frauenbewegung – und dazu zählt auch der Badische Frauenverein – versuchte, eine Art von Frauenkultur auszuprägen und an die Gesellschaft heranzutragen. Das Mädchengymnasium dagegen war Ausdruck eines anderen, eines Gleichberechtigungs-Konzeptes; damit war ein Durchbruch gelungen. Zur Frage des Mittelschulwesens: Ich habe von einem einheitlichen weiblichen Mittelschulwesen vor der Zeit des Mädchengymnasiums gesprochen. Im Karlsruher Mädchengymnasium gab es auch Schulgeldbefreiungen. – Was das Mädchenschulwesen und die kommunale Bildungspoltik in Baden außerhalb Karlsruhes angeht, so waren die von mir genannten höheren Töchterschulen – wie ich auch ausgeführt habe – in allen Städten zu finden. Der von mir als Kernstück kommunaler Bildungspolitik für Mädchen erwähnte und vom Badischen Frauenverein geforderte Handarbeitsunterricht war im gesamten Großherzogtum, also auch in Lörrach, vorgeschrieben. Zudem hat der Badische Frauenverein durch die Ausbildung der Handarbeitslehrerinnen, die häufig aus den Dörfern und Städten des Großherzogtums nach Karlsruhe geschickt wurden, für die Verbreitung der neuen Unterrichtsmethode in ganz Baden gesorgt. Die von mir beschriebene kommunale Bildungspolitik war also durchaus keine auf Karlsruhe beschränkte Erscheinung. Nur bei dem Mädchenabitur spielte Karlsruhe als Vorläufer und Schrittmacher eine Sonderrolle, die allerdings – wie sich ja zeigte – weit über die Stadt hinaus Bedeutung erlangte.

Bräunche: Es war früher schon und ist heute noch so, daß man im Land gerne schaute, was in der Hauptstadt geschah. Ich wollte deshalb noch einmal auf die häufig zitierte Vorreiterrolle von Karlsruhe bei der Gründung von Mädchengymnasien zurückkommen. Wurde die Gründung des Karlsruher Mädchengymnasiusm in anderen badischen Städten, aber auch außerhalb von Baden, diskutiert, ist man explizit auf das Karlsruher Vorbild eingegangen?

Asche: Bei den Versuchen in Frankfurt, ein Mädchengymnasium einzurichten, wurde explizit das Karlsruher Vorbild genannt. Aber ohne Erfolg, die Frankfurterinnen scheiterten.

Nieß: In Mannheim hat die Stadt auch versucht, ein Gymnasium zu errichten, damit ist man nicht durchgedrungen. Das Karlsruher Modell schwebt in der Schulpolitik in vielen Fragen inbesondere auch bei der Reformschule vor.

Asche: Ich habe doch noch ein paar Zahlen: 1916 gab es 77 deutsche Anstalten für Mädchen, die auf das Abitur vorbereiteten, und davon waren 52 Realgymnasien, das heißt, die humanistische Vollbildung für Mädchen wurde nicht reichsweit übernommen, sondern eher das realgymnasiale Modell.

Schadt: Mir ist aufgefallen, daß Sie eigentlich auf die kommunalpolitischen Willensbildungsprozesse nicht eingegangen sind. Kann man diese Prozesse aufgrund der Quellenlage im Stadtarchiv Karlsruhe denn nicht nachvollziehen, die in Karlsruhe – soweit ich weiß – besser ist als zum Beispiel in Mannheim. Wie stellt sich übrigens der Anteil der Sozialdemokratie dar, die in ihrem Programm zwar immer die Emanzipation der Frau gefordert, im Alltagsleben ihrer Mitglieder aber allzuoft vernachlässigt hat?

Asche: Zur Quellenlage: Wir haben leider das Problem, daß wir nur die Bürgerausschußvorlagen haben, es gibt keine Protokolle über den Verlauf der Sitzungen. Daher ist auch das Abstimmungsverhalten der einzelnen nicht überliefert. Wir wissen nur von einer großen Mehrheit 1892/93 für die Unterstützung der Schule. Damals war der Stadtrat rein nationalliberal besetzt. Auch für den Entschluß des Jahres 1897, die Schule in städtische Regie zu nehmen, ist keine Spezifizierung des Abstimmungsverhaltens überliefert. Die Sozialdemokratie tut sich überhaupt nicht hervor in dieser Frage, zumal Gymnasialausbildung ganz allgemein ja nicht das vorrangige Anliegen der SPD war. Was die Präsenz von sozialdemokratischen Frauen im Stadtgeschehen angeht, so gab es eine Karlsruher Kinderschutzkommission der Sozialdemokratie und eine sozialdemokratische Frauensektion, die mit den bürgerlichen Frauenvereinen teilweise zusammenarbeiteten.

U. Andermann: Ich möchte noch einmal auf unseren Gesamtzusammenhang »Stadt und Bildung« verweisen und darauf, daß wir an unserem Untersuchungszeitraum festhalten sollten, und der reicht vom Mittelalter bis zur Neuzeit. Wenn ich auf die Wandlungen der Bildungsgeschichte schaue, ist für mich das Entscheidende, daß den Frauen der Zugang zur universitären Bildung eröffnet wurde. Spannend ist die Frage, ob diese Möglichkeit auch genutzt wurde? Wer studierte nun wirklich von den Frauen? Vom Standpunkt des Mittelalters gesehen, dürfen wir nicht aus dem Blick verlieren, daß die Frauen nie vollkommen ungebildet gewesen sind. Der Begriff »puer/pueri« ist keineswegs immer einseitig mit Knaben/Jungen zu übersetzen, denn im Latein gilt er ursprünglich für Kinder beiderlei Geschlechts. – Dann zum privathäuslichen Unterricht: Es ist unstreitig, daß die mittelalterlichen Frauen auch eine Position im Gewerbe, im Kaufmannshaus gehabt, die Buchführung beherrscht und Korrespondenz geleistet haben. Und ich denke auch an die Frauen, die im Mittelalter schon Lehrerinnen waren. In der Bamberger Schulordnung von 1491 wird sogar vorgeschrieben, daß sie mit dem Schulmeister verheiratet sein müssen. Es gibt darüber hinaus private Bildungsstipendien, die auch gerade Mädchen berücksichtigen, um ihnen zumindest eine elementare Bildung angedeihen zu lassen.

Asche: Ich stimme Ihnen zu. Es ist so, daß sich die Situation für Mädchen und Frauen im Zuge der Vereinheitlichung und Verstaatlichung der Schulbildung verschlechterte, insbesondere in der ersten Hälfte des 19. Jahrhunderts. Von den Abiturientinnen des Karlsruher Gymnasiums studierten vor dem Ersten Weltkrieg etwa 90 Prozent. Sie studierten vor allem Pharmazie, Medizin und Chemie. Je verbreiteter das Abitur unter Mädchen wurde, um so mehr sank der Anteil derjenigen, die anschließend studierten. Das war eine Angleichung an die Jungen.

Kirchgässner: Ich habe wesentliche Teile der feministischen Literatur sehr aufmerksam verfolgt. Zumindest einige der Vertreterinnen dieser Gattung haben richtig erkannt, daß die Verschlechterung der Stellung der Frau eine frühneuzeitliche Angelegenheit ist. Die Stellung der Frau im Hoch- und vor allem im Spätmittelalter war so schlecht nicht, wie man das lange Zeit glaubte.

Asche: Die Annahme der Verschlechterung der Situation für Frauen in der frühen Neuzeit gegenüber dem Mittelalter ist gemeinhin in der Forschungsliteratur Konsens. Darüber hinaus muß man für unser Thema bedenken, daß im Mittelalter die Bildung nicht so hoch geschätzt wurde wie im 18./19. Jahrhundert.

Drollinger: Die reguläre Anstellung von Frauen im Lehrerberuf ließ lange auf sich warten. In Württemberg erhielten Frauen erst 1858 per Gesetz die Möglichkeit, an Volksschulen zu unterrichten. 1874 wurde dann in Stuttgart ein Seminar für Lehrerinnen an Höheren Schulen eingerichtet. Die Verwendung im Schuldienst war allerdings dadurch eingeschränkt, daß nur unverheiratete Frauen als Lehrerinnen tätig sein konnten. Gab es auch in Baden eine solche Zölibatsklausel?

Asche: Es gab natürlich auch in Baden ein Lehrerinnenzölibat.

Brüchert-Schunk: In Mainz wurde erst 1889 die Höhere Mädchenschule eröffnet. Da konnte man aber noch kein Abitur machen, erst über zehn Jahre später hat diese Schule eine gymnasiale Oberstufe bekommen. Fast von Anfang an waren aber sogenannte »Seminarklassen« angeschlossen, in denen Lehrerinnen an dieser Höheren Mädchenschule ausgebildet wurden, also nach dem zehnjährigen Schulbesuch noch zwei Jahre weitergehen konnten.

DISKUSSION ZUM VORTRAG NIESS

Kirchgässner: Hier muß noch manches mitgespielt haben: Etliche der bedeutenden Ludwigshafener Industriellen wohnten eben in Mannheim, das die traditionsreichere und kulturell führende Stadt war. Ludwigshafen hat sich da schwergetan, auch in seiner baulichen Entwicklung.

Asche: Kann man den Quellen entnehmen, wer in dem von Ihnen genannten Trägerverein für die Ferienkolonien war? Und gibt es Hinweise auf eine Beteiligung des Mannheimer Zweigvereins des Badischen Frauenvereins? Sie haben gesagt, ab 1902 durften Mädchen in Mannheim höhere Schulen besuchen – galt das auch für das Gymnasium?

Nieß: Sie haben mir die Antwort etwas vorweggenommen. Die Quellen geben meines Wissens nicht sehr viel her, was den Trägerverein betrifft. Wir haben ja – und das ist das größte Problem – aus den Volksschulen selbst kaum mehr irgendwelche Überlieferungsbildung. Allenfalls könnte die Überlieferung im Generallandesarchiv Karlsruhe, die ich nicht exakt beurteilen kann, noch Hinweise geben. Was nun die jüdischen Schüler/-innen anbelangt, so fällt es schon auf, daß am humanistischen Gymnasium die höchsten Zahlen vorherrschen, wenn wir nur die Mädchen betrachten, die eine gymnasiale Ausbildung absolvierten. Aber das geht in absoluten Zahlen nicht über 30 hinaus, insofern bleibt dies auch ein relativ kleiner Kreis. Kaum sind die Barrieren für die höhere Mädchenschulbildung nach 1900 weggefallen, erleben wir eine unglaublich rasante Entwicklung.

Brüchert-Schunk: Mich wundert, daß die Überlieferung für die Volksschulen bei Ihnen so schlecht ist. In Mainz gibt es ganz detaillierte jährliche Berichte von den Oberlehrern der Volksschulen, die sind alle erhalten. Es gibt so ganz exakte Statistiken über Schülerzahlen, Klassenfrequenzen, über die Namen und Gehälter der Lehrer usw. Und was die Frage nach den Trägervereinen der Ferienkolonien betrifft, so wurde Anfang der 1880er Jahre, von Frankfurt ausgehend, die Gründung örtlicher Vereine in vielen Großstädten des Deutschen Reiches angeregt, die sich dann – zum Beispiel in Mainz – »Verein für Ferienkolonien« nannten. In diesem Verein waren hier zum Beispiel der Oberbürgermeister, fast alle Beigeordneten und deren Gattinnen und sehr viele Ärzte. Das war vor allem eine Angelegenheit des Bürgertums und der Honoratioren.

Nieß: Es ist in der Tat richtig, daß wir in den Verwaltungsberichten kurze summarische Angaben finden.

Förster: Sie haben auch darauf hingewiesen, daß die Kommunen bei der Ausgestaltung des kommunalen Schulwesens zumindest bis in die 20er Jahre einen relativ großen Spielraum gehabt haben. In Ihren Ausführungen ist mir aufgefallen, daß mehrfach der Terminus der Begabtenförderung fiel. Und wenn ich da nun an die Ingenieurschule denke und an das Engagement der Stadt, fällt mir ein, daß man sich 1901, als man der Ingenieurschule das neue Gebäude zur Verfügung stellte, die Möglichkeit sicherte, zehn Stellen an der Ingenieurschule nach Einkommenskriterien zu besetzen. Kann man soweit gehen zu sagen, daß innerhalb des Konzeptes der Mannheimer Schulpolitik die Begabtenförderung eine übergeordnete Bedeutung eingenommen hat, oder würde man da über das Ziel hinausschießen?

Nieß: Es geht nicht ganz soweit. Man muß sich fragen: Wer hat die Begabtenförderung erlaubt? Das ist keine rein städtische Angelegenheit, sondern das sind ja oft Stiftungen des Großbürgertums, die hier verantwortlich zeichnen.

Hauer: Ich würde noch gerne auf das Amt und die Funktion des Stadtschulrats zu sprechen kommen. Herr Nieß, Sie haben die eindrucksvolle Entwicklung der Mannheimer Schulverhältnisse zu einem ausdifferenzierten Schulwesen beschrieben. Wie würden Sie den Einfluß des Stadtschulrats auf die Gestaltung dieser in Mannheim gegebenen kommunalen bildungspolitischen Freiräume einschätzen? Vielleicht darf ich in diesem Zusammenhang auf Georg Kerschensteiner hinweisen: auch er gilt als »Reformpädagoge«, auch er war vor dem Ersten Weltkrieg als Stadtschulrat tätig (in München).

Nieß: Der Stadtschulrat ist ja der Volksschulrektor, das heißt, er hat die technische, aber auch die dienstliche Aufsicht über die Volksschullehrer. Kerschensteiner ist nie in der Verwaltung richtig durchgedrungen. Sickinger ist ein Verwaltungsfachmann und daran scheitert Kerschensteiner, der von der pädagogischen Seite gekommen ist; Sickinger hingegen von der organisatorischen. Das Sickinger-Modell gerät daher in pädagogischer Hinsicht sehr schnell in Vergessenheit.

Kirchgässner: Es ist fatal, daß wir die Bürgerausschußprotokolle nicht mehr haben; mit diesem schweren Verlust müssen wir in der Mannheimer Ortsgeschichte eben leben.

SCHLUSSDISKUSSION

Kirchgässner: Herrn Andermann, darf ich noch nach der verwendeten Sprache fragen. Darüber hinaus würde mich interessieren, ob der »clericus conjugatus« nicht doch sehr lange nachgewirkt hat.

U. Andermann: Albert Krantz hat in seiner Beobachtung recht, wenn er sagte, daß die hochdeutsche Schriftsprache in die Kanzleien der Mark Brandenburg eingedrungen sei. Wir wissen, daß dies von etwa 1504 bis 1525 geschehen ist. Krantz ist ferner ein guter Beleg dafür, daß »Klerikerjuristen« immer noch eine bedeutende Stellung in der Stadt besaßen. – Wenn wir die Stadt als Bildungsraum allgemein verstehen, hätte dieser sicherlich noch schärfere Konturen erhalten, wenn wir unsere Tagung mit dem Thema »Land und Bildung« konfrontiert hätten. Liegt hier nicht ein Dualismus zweier verschiedener Kulturen vor? Ich meine zum einen die Bildung in der Stadt als Schriftkultur und zum anderen die Bildung auf dem Land, die wir wohl mehr als Sprechkultur bezeichnen müssen.

Wesoly: Sie haben ja gezeigt, daß die Juristen die Sprachgrenze eben nicht überschreiten. Das gleiche habe ich vor Jahren bei den Handwerksgesellen feststellen können. Auch hier wirkte der Unterschied zwischen der hoch- und niederdeutschen Sprache als Barriere, die nur vereinzelt durchbrochen wurde.

Kirchgässner: Ich erinnere hier an die Forschungsergebnisse Hektor Ammanns, daß der oberdeutsche Bereich doch seine Grenzen in weitem Umfange, so zum Beispiel in der Wanderung der Gesellen, an den Mittelgebirgen gefunden hat.

Diefenbacher: Herrn Andermanns Dualismus »Stadt-Bildung« – »Land-Bildung« sollte meiner Meinung nach noch einmal vertieft und erweitert oder verfeinert werden. Ich glaube, daß innerhalb der »Stadt-Bildung« beispielsweise die Differenzierung zwischen bürgerlicher Bildung und proletarischer Bildung in vieler Hinsicht lediglich ein Streit von Gelehrten ist. In Nürnberg kann man sehr gut sehen, daß die proletarische Bildung häufig nichts anderes ist als eine Kopie der bürgerlichen Bildung. Nürnberg war ja Dank der nationalen Verklärung seiner Geschichte und unter Inanspruchnahme seines Stadtbildes seit dem späten 19. Jahrhundert Veranstaltungsort diverser reichsweiter, also nationaler Festivitäten. Ich erinnere in diesem Zusammenhang nicht nur an die bayerischen Landesausstellungen von 1882, 1896 und 1906, sondern auch an das deutsche Bundesschießen 1897, das deutsche Turnfest 1903, das Bundessängerfest 1912 und an solch nationale Feiern wie den 400. Geburtstag von Hans Sachs 1894. Die Zeremonie dieser Feste mit Umzügen, Reden und ähnlichem war im Prinzip gleich gestaltet, egal ob es sich beispielsweise im Falle von Hans Sachs um den Festzug und die Ansprachen der Arbeiterschaft für den Schuhmacher Sachs oder des Bildungsbürgertums für den Dichter Sachs handelte.

Warmbrunn: Ich hätte noch zwei kleine Ergänzungen. Die erste betrifft das bereits von Herrn Ulrich Andermann im Zusammenhang mit den Landschulen angesprochene Quellenproblem. Für die Frühe Neuzeit könnten die Visitationsprotokolle, die ja für die Erforschung des nachreformatorischen beziehungsweise nachtridentinischen Kirchenwesens eine wichtige und oft unentbehrliche Quelle sind, eine Lücke schließen. Da das Schulwesen weitgehend der kirchlichen Kontrolle unterstand, enthalten diese oft ausführliche Angaben zu diesem Bereich, beispielsweise zu den Namen der Lehrer, ihrer Besoldung und Unterkunft, dem Schulbesuch der Kinder und Jugendlichen und dem Katechismusunterricht. – Zu der von Herrn Nieß angesprochenen überregionalen Ausstrahlung des Mannheimer humanistischen Gymnasiums bis ins Ausland hinein könnte ich auch eine Parallele aus der Frühen Neuzeit anführen. Das Augsburger Jesuitengymnasium wurde nicht nur von Schülern aus weit entfernten Gegenden des Reichs, sondern sogar von Kindern Graubündener Protestanten sowie von polnischen Prinzen aus der Familie Radziwill besucht. Freilich bin ich mir bewußt, daß man eine mittelalterliche oder frühneuzeitliche Ordensschule mit einem staatlichen Gymnasium, wenn überhaupt, dann nur sehr bedingt vergleichen kann.

Kirchgässner: Damit darf ich die diesjährige Tagung beschließen mit dem Dank an alle, die für Vorbereitung und Durchführung, für Referate und Diskussion ihren Beitrag geleistet haben.

VERZEICHNIS DER VERFASSER UND DISKUSSIONSTEILNEHMER

Dr. Kurt ANDERMANN, Karlsruhe
PD Dr. Ulrich ANDERMANN, Osnabrück
Dr. Susanne ASCHE, Karlsruhe
Dr. Hans-Peter BECHT, Pforzheim
Dr. Ernst Otto BRÄUNCHE, Karlsruhe
Dr. Hedwig BRÜCHERT-SCHUNK, Mainz
Dr. Michael DIEFENBACHER, Nürnberg
Prof. Dr. Ulf DIRLMEIER, Siegen
Dr. Kuno DROLLINGER, Stuttgart
Karl-Hans FELGER, Stuttgart
Dr. Wolfram FÖRSTER, Mannheim
Prof. Dr. Gerhard FOUQUET, Kiel
Dr. Kai GNIFFKE, Mainz
Prof. Dr. Hans-Werner HAHN, Jena
Wolfram HAUER, Tübingen
Prof. Dr. Bernhard KIRCHGÄSSNER, Mannheim
Prof. Dr. Wolfgang KLÖTZER, Langen
Hans-Jürgen KREMER, M. A., Pforzheim
Dr. Ulrich NIESS, Mannheim
Dr. Fritz REUTER, Worms
Dr. Jörg SCHADT, Mannheim
Olaf SCHULZE, Pforzheim
Dr. Paul WARMBRUNN, Speyer
Dr. Kurt WESOLY, Bonn
Dr. Wolfgang WÜST, Augsburg

ORTS- UND PERSONENNAMEN

bearbeitet von Olaf Schulze